"十四五"职业教育国家规划教材

高等职业教育公共管理与服务类专业系列教材

社会调查方法

第 3 版

主　编　赵淑兰

副主编　王　宁

参　编　周晓光

机械工业出版社

本书是目前市场上为数不多的社会调查方法项目式教材,其开发的理论依据是当代高职教育前沿课程理论和教育部基于工作过程导向的课程开发指导方针。

本书以培养社会调查的职业能力为核心,内容覆盖社会调查所要经历的全过程,并按照调查工作的先后顺序,将全书内容划分为选择调查课题、设计调查方案、制订抽样方案、社会现象测量、问卷设计、资料收集、资料处理、资料统计与分析、撰写调查报告等9个项目,每个项目包括若干个工作任务,共24个工作任务。这种设计充分体现了工作过程体系化的教材设计理念。

本书主要面向高等职业教育专科、高等职业教育本科和应用型本科院校公共管理与服务类各专业学生,也可作为相关行业培训教材,同时也是广大社会调查爱好者提升社会调查能力的有益参考读物。本书项目八中的任务二和任务三可以作为高等职业教育专科学生的选学内容;高等职业教育本科、应用型本科学生则应当学习本书的全部内容。

为方便教学,本书配备了电子课件、教案、习题集、SPSS数据库文件等教师用配套教学资源。凡使用本书的教师均可登录机械工业出版社教育服务网 www.cmpedu.com 下载。咨询可致电:010-88379375,服务QQ:945379158。

图书在版编目(CIP)数据

社会调查方法 / 赵淑兰主编. —3版. —北京:机械工业出版社,2023.9(2024.8重印)
高等职业教育公共管理与服务类专业系列教材
ISBN 978-7-111-73496-3

Ⅰ.①社⋯ Ⅱ.①赵⋯ Ⅲ.①社会调查—调查方法—高等职业教育—教材
Ⅳ.①C915

中国国家版本馆CIP数据核字(2023)第126777号

机械工业出版社(北京市百万庄大街22号 邮政编码100037)
策划编辑:孔文梅　　　　　责任编辑:孔文梅　张美杰
责任校对:薄萌钰　李　婷　封面设计:鞠　杨
责任印制:任维东
北京中兴印刷有限公司印刷
2024年8月第3版第3次印刷
184mm×260mm・16.5印张・404千字
标准书号:ISBN 978-7-111-73496-3
定价:49.00元

电话服务　　　　　　　　　　网络服务
客服电话:010-88361066　　　机 工 官 网:www.cmpbook.com
　　　　　010-88379833　　　机 工 官 博:weibo.com/cmp1952
　　　　　010-68326294　　　金 书 网:www.golden-book.com
封底无防伪标均为盗版　　　　机工教育服务网:www.cmpedu.com

关于"十四五"职业教育
国家规划教材的出版说明

为贯彻落实《中共中央关于认真学习宣传贯彻党的二十大精神的决定》《习近平新时代中国特色社会主义思想进课程教材指南》《职业院校教材管理办法》等文件精神，机械工业出版社与教材编写团队一道，认真执行思政内容进教材、进课堂、进头脑要求，尊重教育规律，遵循学科特点，对教材内容进行了更新，着力落实以下要求：

1. 提升教材铸魂育人功能，培育、践行社会主义核心价值观，教育引导学生树立共产主义远大理想和中国特色社会主义共同理想，坚定"四个自信"，厚植爱国主义情怀，把爱国情、强国志、报国行自觉融入建设社会主义现代化强国、实现中华民族伟大复兴的奋斗之中。同时，弘扬中华优秀传统文化，深入开展宪法法治教育。

2. 注重科学思维方法训练和科学伦理教育，培养学生探索未知、追求真理、勇攀科学高峰的责任感和使命感；强化学生工程伦理教育，培养学生精益求精的大国工匠精神，激发学生科技报国的家国情怀和使命担当。加快构建中国特色哲学社会科学学科体系、学术体系、话语体系。帮助学生了解相关专业和行业领域的国家战略、法律法规和相关政策，引导学生深入社会实践、关注现实问题，培育学生经世济民、诚信服务、德法兼修的职业素养。

3. 教育引导学生深刻理解并自觉实践各行业的职业精神、职业规范，增强职业责任感，培养遵纪守法、爱岗敬业、无私奉献、诚实守信、公道办事、开拓创新的职业品格和行为习惯。

在此基础上，及时更新教材知识内容，体现产业发展的新技术、新工艺、新规范、新标准。加强教材数字化建设，丰富配套资源，形成可听、可视、可练、可互动的融媒体教材。

教材建设需要各方的共同努力，也欢迎相关教材使用院校的师生及时反馈意见和建议，我们将认真组织力量进行研究，在后续重印及再版时吸纳改进，不断推动高质量教材出版。

机械工业出版社

前言

说起社会调查，人们也许会很自然地将它与了解情况联系在一起。在有些人看来，到需要了解情况或存在问题的地方或人群中去走一走、看一看、问一问，把看到的、问到的资料收集起来，用于情况分析或问题解决，就是社会调查。在另一些人看来，这种走马观花式的情况收集则根本不能称之为社会调查。那么，到底什么是社会调查呢？本书将对这一问题进行解答。

在社会现实生活中，有不少从来没有接受过社会调查方法训练的人也在做着各种各样的社会调查，这是不是意味着做社会调查不需要专业知识，人人天生就会做调查呢？对这一问题的回答是否定的。虽然，从认识论的角度来看，到实地去，零距离接触某种社会现象或直面某个社会问题，这本身就可以增加人们对该现象或问题的认识。但是，那些没有经过调查专业知识指导的调查往往会存在随意性大、对总体情况和样本情况都不怎么清楚的"双盲"情况，很难保证调查资料的准确性，更无法衡量调查结果的适用性。这样调查出来的结果很容易误导他人。

党的二十大报告指出：我们要"以社会主义核心价值观为引领""以科学的态度对待科学、以真理的精神追求真理""增强问题意识，聚焦实践遇到的新问题""深入群众、深入基层""紧紧抓住人民最关心最直接最现实的利益问题"，这些要求对社会调查方法课程的教学具有重要指导意义。做社会调查必须以科学严谨、实事求是的态度，收集资料，分析问题，透过现象看清问题的内在本质，把握住真正的规律。

"不做调查没有发言权""不做正确的调查同样没有发言权"。社会调查是一件讲究科学方法的、非常严谨的事情。对社会调查的基础知识与方法技术有一个基本的、正确的认识与了解，是动手做社会调查的前提条件。

本书具有以下特点：

（1）以社会调查的实际操作为主线，系统地介绍现代社会调查方法的基本知识和方法技术，从而帮助读者掌握以抽样调查技术为核心内容的现代社会调查方法这一了解社会、研究社会、认识社会、服务社会的有用工具。

（2）在内容安排上力求通过"理论知识"与"实作训练"两个途径来完成对每项能力的培养，融理论与实践于一体，强化技能训练，注重操作技能和职业能力的培养。

本次修订在编写模式方面与第 2 版保持一致，依然采用理实一体、项目任务式的编写模式。但在内容上做了一些修改，具体体现在以下五个方面：一是突出课程思政，将党的二十大精神融入教材，在调查课题选择标准之重要性标准、调查案例选择、练习实训题材的选择中增加了思政元素；二是突出信息化元素，增加了视频资源；三是提升本书的易学性与可读性，用通俗案例再现理论知识的运用；四是突出时代性，用新近发生的案例替换时间比较久的案例；五是突出前沿性，把比较成熟的新技术与新知识及时纳入内容，增加了专业调查平台（问卷星）的知识介绍和相关操作。

本书由重庆城市管理职业学院赵淑兰（社会学教授、高级调查分析师）担任主编，负责全书的组织协调、项目推进、内容确定、大纲审定、全书总纂及审定工作，重庆城市管理职业学院周晓光、昆明学院王宁参与编写。此次修订分工如下：重庆城市管理职业学院周晓光负责项目一至项目四的修订；昆明学院王宁、重庆城市管理职业学院赵淑兰负责项目五和项目六的修订；赵淑兰负责项目七至项目九的修订，同时负责全书统稿与审定工作。

为方便教学，本书配备了电子课件、教案、习题集、SPSS 数据库文件等配套教学资源。凡使用本书的教师均可登录机械工业出版社教育服务网（www.cmpedu.com）下载。咨询可致电：010-88379375，服务 QQ：945379158。

在编写和修订过程中，我们参考了许多同类教材与相关著作，在此向这些教材与著作的作者表示衷心的感谢！作为社会调查方法领域的耕耘者，我们深知书中肯定还会存在不足的地方，真诚地希望能够得到读者的批评与指正！本书的出版与修订得到了机械工业出版社孔文梅编辑的大力支持，在此一并致谢！

编　者

二维码索引

序号	名称	二维码	页码	序号	名称	二维码	页码
1	选择调查课题的标准		5	10	问卷的基本结构		94
2	调查课题明确化		11	11	问卷题型与答案设计		106
3	社会调查中的分析单位		25	12	网络调查法举例		120
4	调查方案的设计		30	13	数据录入		159
5	简单随机抽样		52	14	数据清理		165
6	系统抽样举例		54	15	数据转化		171
7	多阶段抽样		58	16	单变量描述统计		193
8	社会测量的层次		71	17	单变量推论统计		200
9	总加量表		79	18	双变量相关分析		220

目录

前言
二维码索引

项目一 选择调查课题 ... 1
    任务一 调查课题的选择 ... 2
    任务二 调查课题的明确化 ... 11
    本项目质量评价标准 ... 16
    知识拓展 ... 17
    思考与练习 ... 21

项目二 设计调查方案 ... 22
    任务一 调查设计前的准备工作 ... 23
    任务二 调查方案的设计 ... 30
    本项目质量评价标准 ... 38
    知识拓展 ... 39
    思考与练习 ... 41

项目三 制订抽样方案 ... 42
    任务一 认识抽样 ... 43
    任务二 抽样的程序 ... 49
    任务三 抽样方案的制订 ... 52
    本项目质量评价标准 ... 63
    知识拓展 ... 63
    思考与练习 ... 66

项目四 社会现象测量 ... 67
    任务一 操作化 ... 68
    任务二 量表的制作 ... 79
    任务三 信度与效度的测量 ... 84
    本项目质量评价标准 ... 89
    知识拓展 ... 90
    思考与练习 ... 91

项目五 问卷设计 ... 92
    任务一 问卷分析 ... 93

>   任务二　问卷题型与答案设计 104
>   本项目质量评价标准 115
>   知识拓展 115
>   思考与练习 116

项目六　资料收集 117
>   任务一　资料收集方法分析 118
>   任务二　调查员的挑选与培训 128
>   任务三　调查过程管理与质量监控 132
>   本项目质量评价标准 136
>   知识拓展 136
>   思考与练习 139

项目七　资料处理 140
>   任务一　原始资料的审核复查与问卷编码 141
>   任务二　数据录入 150
>   任务三　数据清理 159
>   任务四　数据转化 165
>   本项目质量评价标准 172
>   知识拓展 172
>   思考与练习 174

项目八　资料统计与分析 176
>   任务一　单变量描述统计 177
>   任务二　单变量推论统计 193
>   任务三　双变量相关分析 200
>   本项目质量评价标准 220
>   知识拓展 220
>   思考与练习 221

项目九　撰写调查报告 223
>   任务一　调查报告撰写的一般知识 224
>   任务二　应用性调查报告和学术性调查报告的撰写 232
>   本项目质量评价标准 238
>   知识拓展 238
>   思考与练习 239

附录 240
>   附录A　随机数表 240
>   附录B　标准正态分布表 242

附录C	Z 检验表	247
附录D	χ^2 分布表	247
附录E	t 分布表	248
附录F	F 分布表	249

参考文献 252

项目一 / Project 1

01 选择调查课题

☐ 项目描述

本项目要求学生认识社会调查的概念，了解选择调查课题的标准，掌握课题的选择途径和方法；通过查阅文献，能够对调查课题进行明确化操作，重点培养学生选择课题的能力、明确调查课题的能力、查阅文献资料的能力。

项目任务分解：调查课题的选择、调查课题的明确化。

任务一 调查课题的选择

学习目标

本任务主要通过学习调查课题的类型、重要性,以及选择调查课题的标准,了解和掌握选择调查课题的途径和方法。

理论知识

一、认识社会调查

人类研究社会的方式有很多,如实验研究、调查研究、实地研究和文献研究等。

实验研究源于自然科学,主要是为了研究变量之间的因果关系。研究者通常精心设计并高度控制实验条件,在实验过程中通过引入(或操纵)一个变量(即自变量),以观察和分析它对另一个变量(即因变量)所产生的影响。

实地研究源于人类学并被人类学家应用于研究非本族文化和原始部落群体。这种研究方法通过深入研究对象的生活背景中,以参与观察和无结构访谈的方式搜集资料,并通过对这些资料的定性分析来理解和解释社会现象。

文献研究主要是指围绕一定的调查目的,通过搜集和分析现有的以文字、数字、符号、画面等信息形式出现的文献资料,来讨论和分析各种社会行为、社会关系及其他社会现象的研究方式。文献研究可分为对文献的定量分析和定性分析,前者又可分为二手分析、内容分析和现存统计资料分析。二手分析是指利用他人先前收集的原始调查数据所进行的分析;内容分析是指对各种信息交流形式的明显内容进行客观的、系统的、定量的描述与分析;现存统计资料分析是指利用各种现存统计资料所进行的分析。

上述社会研究方法中所提及的调查研究,就是我们通常所说的社会调查。

(一)何谓社会调查

社会调查(或调查研究)是社会研究方法中最为常见同时也是运用得最多的一种方式,不同的学者对其有不同的定义。有的认为它只是一种搜集资料的方法,有的认为它是了解各种社会情况的不同活动形式的统称,有的认为它就是一种以自填问卷和结构式访问为主的社会研究方法。

我们所说的社会调查,指的是采用自填式问卷或结构式访问的方法,从取自总体的样本那里收集系统的、量化的资料,并通过对这些资料的统计分析来认识社会现象及其规律的社会研究方式。

社会调查包括3个要素,即抽样、问卷、统计分析。抽样是从总体中抽取样本的过程,因为现代社会的调查通常是通过样本来研究总体。抽样的运用使研究者的研究效率大大提高,并提高了研究者解决社会现实问题的能力。问卷是用来搜集资料的工具,问卷的运用规范了资料搜集的过程与形式,使社会研究变得更易于操作。统计分析主要是借助计算机和相应的统计软件进行数据分析并得出调查结果的过程,也是定性研究向定量研究转变的一个过程。

（二）为什么要学习社会调查方法

2023年，中共中央办公厅印发的《关于在全党大兴调查研究的工作方案》明确指出："调查研究是我们党的传家宝""习近平总书记强调指出，调查研究是谋事之基、成事之道，没有调查就没有发言权，没有调查就没有决策权；正确的决策离不开调查研究，正确的贯彻落实同样也离不开调查研究；调查研究是获得真知灼见的源头活水，是做好工作的基本功；要在全党大兴调查研究之风。"再次强调了调查研究的重要性。社会调查是一件讲究科学方法的、非常严谨的事情。对社会调查的基础知识与方法技术有一个基本的、正确的认识与了解，是动手去做社会调查的前提条件。

（三）社会调查的类型

1. 根据调查对象的范围，可以分为普遍调查和抽样调查

（1）普遍调查。普遍调查简称普查，指的是对构成总体的所有个体无一例外地逐个进行调查。普查的规模往往非常大，属于宏观层面的调查，如全国范围的人口普查、全省范围的经济调查、全市范围的学生情况调查、全县范围的企业调查等。

普遍调查是从总体中所有对象那里搜集资料，所以它能够全面了解国情、省情、市情和其他大规模情况，为各级政府部门制定各种政策提供了重要依据，也为各种科学研究尤其是社会科学研究提供了重要的参考资料。例如，我国于1953年、1964年、1982年、1990年、2000年、2010年、2020分别进行了七次人口普查，普查的主要目的是查清不同阶段我国人口在数量、结构、分布和居住环境等方面的变化情况，为经济社会发展提供科学准确的统计信息支持。

普遍调查的方式有两种：一种是统计报表，主要由普查部门制作普查表，由下级有关部门根据所掌握的情况进行填报。例如，国家统计局关于全国工农业总产值的数据，就是由涉及这一项目的每个具体企业、乡镇和单位根据统一的报表汇总得来。另一种是建立专门的普查机构，组织专门的调查员，制作专门的调查表，对总体中的每个成员进行直接的调查登记。例如，全国人口普查采取的就是这种方式。

普遍调查由于涉及对象多、范围广，所以工作量大，费时、费力、费钱，同时它也需要高度集中的组织和高度统一的安排，并且不能安排过多的调查项目，一般仅用于基本情况的调查。

（2）抽样调查。抽样调查就是按照特定的方法，从所研究的总体当中选取一部分个体进行调查，并将从这部分个体中的研究所得的结果推广到总体中。抽样调查的基本思想是通过部分来反映总体。

与普遍调查相比较，抽样调查节约时间、人力、财力。因为抽样调查所涉及的对象远远少于普遍调查，因此整个调查工作量要比普遍调查少得多。工作量的减少自然意味着所投入的人力、物力和财力的减少，时间也相应地减少。国家通常进行一次人口普查要耗时几年，而采用抽样调查的话，一般几个月就可以完成。

普遍调查因为调查涉及的对象非常多，工作量非常大，所以对每个调查对象所提出的问题就不能多，因而获得的信息相对少。抽样调查因为调查涉及的对象相对较少，所以在调查项目上就可以设置得相对详细，获得的资料也就相对丰富。

由于抽样调查具有方便、快捷、省时、省力且获取信息丰富等特点，所以，抽样调查被广泛地应用于社会生活的各个领域，如人口、经济、教育、卫生、居民生活、劳动就业等。

2. 根据调查研究的任务性质，可以分为应用性调查和理论性调查

（1）应用性调查。应用性调查是指为解答各个实际工作部门、各个社会领域中的具体问题而进行的调查。它是通过社会调查来了解不断出现的新现象和新问题，并运用社会理论对这些问题做出科学的说明和解释，提出解决问题的方案或政策性建议。

应用性调查的适用范围很广，这里大致分为以下3个大的应用领域：

1）政府部门，如相关职能部门在制定社会政策前通过社会调查了解社会现状，以了解社会发展变化及存在问题，为制订可行的社会发展计划提供信息；在政策实施后进行反馈调查，以便相关部门评估政策的实施效果等。

2）工商企业，如现在很多企业在市场营销部都配备有专门的市场调查人员，在进行营销决策之前先调研市场情况，以做出科学、有效的营销策略。

3）调查研究机构，如调查研究机构就社会热点问题所进行的各种社情民意调查，或者接受政府机构或工商企业的委托所进行的应用性社会调查。

（2）理论性调查。理论性调查是通过对社会现实问题的调查来发展和丰富理论，并提供有关社会发展一般规律的知识。它的主要任务在于解答社会科学领域和各个实践领域中的理论问题。

理论性调查的适用范围如下：

1）理论性调查注重分析社会现象的规律性，而且是通过大量现象或大量样本的归纳和比较得到。它的研究范围不仅涉及社会结构、生活方式、人的现代化等领域，还涉及社会科学各学科，如经济学、政治学、社会学、人类学、社会心理学、行政学、法学、教育学等。

2）理论性调查不限于建立学科理论，还包括建立指导各种实践活动的理论。例如，毛泽东在《湖南农民运动考察报告》《寻乌调查》《兴国调查》等研究中对中国社会的阶级状况进行了调查和分析，由此建立了指导中国革命的阶级理论。

除了上述划分角度，我们还可以根据收集资料方法，将社会调查分为问卷调查和访问调查；根据调查的目的和作用，分为探索性调查、描述性调查、解释性调查；根据调查的应用领域，分为行政统计调查、生活状况调查、社会问题调查、市场调查、民意调查和研究型调查等。

（四）社会调查的一般程序

现代社会调查已经发展成为一种系统的、科学的认识活动，在长期的、大量的社会调查研究实践中，逐步形成了一套流程，以保证社会调查的顺利进行。这一流程包括以下5个阶段。

1. 选题阶段

选择调查课题是一项社会调查活动的起点，是整个调查工作的第一步。调查课题一旦确定，整个调查活动的目标和方向也就随之确定。

2. 准备阶段

准备阶段是为实现调查而进行的道路选择和工具准备。在准备阶段，要做好以下5项工作：①文献查阅；②提出研究假设；③设计调查方案；④制订抽样方案；⑤准备测量工具。

3. 调查阶段

调查阶段也称收集资料阶段或调查方案的实施阶段。这个阶段的主要任务是具体贯彻调查设计中所确定的思路和策略，按照调查设计中所确定的方式、方法和技术进行资料的收集工作。

4. 分析阶段

分析阶段的主要任务是对调查所收集到的原始资料进行系统的审核、整理、统计、分析。

这里既有对原始资料的清理、转换和录入等工作，也对资料进行各种分析和研究工作。

5. 总结阶段

总结阶段的主要任务是撰写调查报告、评估调查质量、应用调查成果。调查报告是以文字和图表的形式将整个调查工作所得到的结果反映出来。从调查的目的、方式，到资料的收集、分析方法，到调查得出的结论、调查成果的质量，都要在调查报告中进行总结和反映。

二、选择调查课题的标准、途径和方法

调查课题就是调查所要说明或解决的社会问题。一项具体的社会调查往往开始于对调查课题的选择，因此，选题是社会调查的第一步。

（一）调查课题的分类

1. 按其关注点或侧重点的性质不同，可分为理论性课题和应用性课题两大类

理论性课题是指以揭示社会现象的本质及其发展规律为主要目的的课题。这类课题力图解释和说明某一类社会事物或社会现象是如何发生、发展和变化的，以及与其他社会现象之间的相互关系，侧重于探索现象之间的因果关系，落脚点在于理论知识，或者说增加人们对社会现象内在规律的理解和对社会事物的认识。

应用性课题是指以提出解决社会实际问题的方案或对策为主要目的的课题。这类课题通常通过迅速地了解社会现实状况，分析社会现象或社会问题形成的原因，来提出有针对性的建议或对策，以解决社会问题，帮助制定社会政策和评估社会后果等，其落脚点都是在现实问题。

当然，这两类课题并不是截然分开的，在研究同一课题时，往往既包括理论性研究成分，也包括应用性研究成分，只是关注的侧重点不同而已。

2. 按其来源不同，可分为自选课题和委托课题两大类

自选课题是指调查者根据自己的偏好和需要而选取的课题。例如，社会福利事业管理专业的学生选择调查社会福利院中老年人的生活状况。这类课题取决于研究者个人偏好，具有很大的自主性。

委托课题是指调查者受某机构的委派而从事研究的调查课题。这种课题往往来源于各级政府机构以及涉及社会各个具体领域的工作部门，如民政部门委托某调查机构所从事的"关于社区信息化建设的调查""社区服务设施建设状况调查"等。劳动就业部门、城市建设部门、公共交通部门、环境保护部门等也可能有相关的需求。委托课题的研究成果主要应用于委托部门及其负责的相关领域。

（二）选择调查课题的标准

选择一个合适的调查课题关系到调查研究的方向，体现了调查研究的水平，如果选题不当则会影响调查课题的质量，制约调查的过程。关于选题的好坏与否，常常用以下4条标准进行衡量。

1. 重要性

重要性是指选题的意义或价值——是否"值得研究"。这里的价

选择调查课题的标准

值可以是理论价值或实践价值或两者兼顾。理论价值主要体现在所研究的问题对学科发展、对已有理论的发展或验证，以及对社会现象的解释所做出的贡献。而实践价值则是指准确把握所研究的问题并提出解决问题的合理建议。例如，"政治认同与政治稳定调查"和"社区养老服务现状与问题调查"，前者看重理论价值，后者注重实践价值。

对社会调查课题的重要性进行判断时，应以社会主义核心价值观为引领，增强问题意识，尤其要聚焦实践中遇到的新问题，及时了解社情民意，反映群众诉求，更好地服务于人民日益增长的美好生活需要。

2. 创造性

创造性是指创新性或独特性，它是指调查课题应该与众不同，具有自己的特点。作为社会调查方法课程的初学者，选题时要"填补国内和国际空白"几乎是办不到的，但可以在研究对象、研究方法、研究角度或依据的理论上有别于别人，进行创新。例如，关于青少年网络成瘾现象问题的研究，可以从医学的角度研究，也可以从社会学的角度加以探讨，两者关注的视角不同，同样具有创新性。

3. 可行性

可行性是指研究问题是否具有可操作性或研究者是否具有完成课题所需的主客观条件。研究者的选题受到主观条件限制，如一名年轻的男性大学生研究"离婚妇女的心理冲突与调适"这样的课题，从主观上来说就具有局限性。无论从年龄、性别或社会经历来说，他都距离这个课题甚远。研究者的选题还受到客观条件限制，如某同学选择的课题"汽车行业：'奇瑞'的发展及其对安徽经济的带动作用"，如果没有企业配合，没有一手的资料或访谈，是无法完成的。

4. 合适性

合适性是指所研究的问题与研究者个人特点之间的契合度。如果这个问题研究者熟悉、感兴趣，且具有相关的条件，则这个选题比较适合该研究者。

合适性与可行性不同，可行性是关于这项课题"能不能做"的问题，而合适性则是关于这项课题对于研究者来说"是不是最好"的问题。具有可行性的课题也许会有很多，但对于某个具体的研究者来说，最适合他的课题往往不多。也就是说，可行的课题不一定是合适的课题，而合适的课题首先必须是可行的课题。

在以上介绍的4条标准中，重要性是最基本的标准，独特性是在重要性的基础上提出的新标准，可行性在某种程度上可以说是课题选择中的决定性标准，而合适性是在前三条标准的基础上提出的更高标准。

(三) 选择调查课题的途径和方法

明白了课题的重要性，也掌握了选择课题的标准，那么如何选题呢？选题有哪些途径和方法呢？

选题的具体方法取决于课题的来源、课题的性质和研究方向、研究者自身的特点等，因此，选题的方法灵活多样。

1. 常见的选题途径

(1) 从个人经历中寻找。人们对社会事物和社会现象的观察和理解往往离不开个人的经历和经验，社会调查以观察和理解社会现象为目的，因此离不开个人经历的帮助。

每个人对社会的认识与感受都不尽相同，他们独特的人生经历，也为人们观察现实世界提供了独特的视角。这就为我们寻找调查课题提供了众多的来源，各种经历、体验、观察、感受都可能成为有价值、有创造、切实可行的调查课题。

对于社会研究者来说，他身边发生的一件事、与朋友进行的一次交谈、参加的一次活动，都有可能导致一个调查课题的产生。所以这种从自身经历寻找课题的方式是一种十分简单实用的方法。

（2）从现有文献中寻找。我们平常可以接触到的文献资料有学术著作、学习教材、报纸杂志等。通过快速、大量地阅读文献资料，在比较中来确定选题，也是一种比较好的寻找课题的途径。通常是在资料积累到一定数量时集中一段时间进行快速浏览，这样便于对资料进行集中比较和鉴别，在理解、消化已有资料的过程中，提出问题，寻找自己的研究课题。

利用现有文献寻找课题，一般可按以下步骤进行：①广泛浏览资料。在浏览中要注意勤做笔记，随时记下资料的纲目，记录资料中对自己影响最深刻的观点、论据、论证方法等，记下脑海中涌现的点滴体会。②将阅读所得到的内容与体会进行分类、排列、组合，从中寻找和发现问题，材料可按纲目分类，如分成系统介绍有关问题发展概况的资料、对某一个问题研究情况的资料、对同一个问题几种不同观点的资料、对某一问题研究最新的资料和成果等。③将自己在研究中的体会与资料分别加以比较，找出哪些体会在资料中没有或部分没有；哪些体会虽然资料已有，但自己对此有不同看法；哪些体会和资料是基本一致的；哪些体会是在资料基础上的深化和发挥等。经过几番深思熟虑的思考，就容易萌生自己的想法。把这种想法及时捕捉住，再进一步思考，选题就会渐渐明确。

（3）从现实社会中寻找。我们每个人都生活在复杂的现实社会中，而社会其实就是各种社会调查最丰富、最经常的来源。如果我们能够善于观察和思考，养成对各种社会现象、社会行为、社会心理、社会问题经常问"为什么"的习惯，往往能够从纷繁复杂的生活大潮中、从变化无穷的社会现象中，找到值得研究和探讨的调查课题。

一项好的调查课题，也需要深入生活，需要灵感和火花，没有广泛地与现实社会生活密切接触，就无法产生灵感与火花。

有了寻找课题的途径，我们也要讲究方法。选题策划，首先要善于发现问题，若不能发现问题，也就很难进行选题策划。爱因斯坦曾说过："提出问题比解决问题更重要，因为解决问题也许仅仅是一个数学上或实验上的技术而已。而提出新问题、新的可能性，从新的角度去看旧的问题，都需要有创造性的想象力，而且标志着科学的真正进步。"因此，选题策划的思维方法，就是发现问题的思维方法。

2. 发现问题的思维方法

（1）提出疑问。通常情况下，学科发展水平越低，值得怀疑的结论越多；实践越依赖于经验和常识，可信度越低。当然，怀疑首先是建立在事实与经验的基础之上，并不是随心所欲地猜疑，毫无根据的猜疑不可能提出有研究价值的新问题。作为怀疑依据的事实与经验，总是与现有结论或常规不一致甚至相悖的。其次，怀疑还必须从逻辑推敲开始。逻辑是检验理论合理性的有效工具。对理论的逻辑推敲，可以从推敲概念，尤其是一门学科的基本概念做起，对于一时十分流行的概念也应仔细推敲。

（2）转换思维。转换思维，即转换思考的角度，是指从与原有结论不同的角度进行思考，或从不同的层面上来认识原有的研究对象，以形成关于对象的新认识。这种认识的产生不以否定原有的结论为前提，它需要摆脱原来的思维定式和已有的知识影响，另辟蹊径。运用转换思维角度的方式发现问题的可能性是较大的。因为人们对问题的认识是不可能一下子达到全面深入、完善的。

思维角度的转换是多类型的，常见的有如下几种类型。

1）在同一层次上的转换，从思考问题的一个方面转向另一个方面。例如，在学校教学工作中，历来把几门主要学科的教学放在第一位，而音乐、美术、体育等几门所谓副科一向不被重视。这些副科果真对学生的发展无足轻重吗？如果加强这些学科的教学会对其他学科的学习产生什么影响？有人就从过去被忽视的方面展开了研究，从而改变了研究学校工作的视角。

2）在不同层次上的转换，其中有的是从较抽象层次转化到较具体层次，有的则是从较具体层次的研究转向较抽象的层次。如教育家巴班斯基对教学过程最优化的研究就是一例，他努力用系统优化的理论作指导，寻找教学过程各因素、各阶段、各方面的最佳组合。

3）把研究的重点放到事物与事物之间，同一事物不同发展阶段之间的结合部。这往往是人们容易忽视也是可开发出新课题的地方。如提出幼儿园与小学、小学与中学、中学与大学各阶段的教育如何衔接等问题，就属于这一类型。

4）通过比较转换思维角度。可以是纵向的历史比较，如近代中国课程与现代中国课程的比较；也可以是横向的国家与区域的比较，如外国教育与中国教育的比较，我国城市中等教育结构与农村中等教育结构的比较等；还可以是其他类型的比较，如两个教育家教育思想的比较、两部作品的比较等。

上述几种转换思维角度的类型虽有许多不同，但有一点是相同的，那就是都是向研究较少、较薄弱的方面转化。

（3）类比移植。类比与移植是指通过与其他学科研究对象类比和借用其他学科的思维方式，来发现本学科研究的新问题。这种思维方式的特点是从其他学科研究中得到启发，找到发现问题的视角。关键是善于发现不同学科研究对象与思维方法之间的关系，善于借"他山之石"。我们可以根据现实需求从学科拓展和跨学科研究中选取新鲜题目，如近年来出现的公共关系学、市场学、地震社会学等研究成果都是基于选择了适应现代社会进程的新课题。又如，用系统论、信息论、控制论等观点与方法研究教育现象的课题，由于教育现象的复杂性与综合性，通过移植其他学科的思维方法和其他学科研究对象进行类比而提出新问题的可能性是存在的，也是可取的。

运用此种方法需要注意的是，一定要了解两类事物的相同或相似之处，而且两类事物之间要有一些本质相同之处。不注意这一点，运用类比法就容易出现错误。

（4）深入探究。如果说上述几种思维方法都与对事物的已有认识直接相关，那么，深入探究现象的思维方法则要求直接面向现象，从对现象本身的思考中提出新问题。我们生活在一个丰富多彩且变幻无穷的现象世界中，只要我们善于多问几个为什么，就会发现许多值得研究的新课题。我们可以从现代社会的需求出发，去研究新产品、新技术、新工艺的开发利用，去研究解决社会热点问题的方法和途径。例如，工业上各种新型材料的研究，政治上廉政建设系统工程的研究，教育上面向现代化、面向未来的探索等都是具有现实意义的选题范畴。对一些司空见惯的现象，我们的探究指向应是其背后的实质。像牛顿提出苹果为什么落地，瓦特提出壶盖为什么会动那样，我们也可以提出为什么提倡素质教育，素质教育的提法是否恰当，素质教育与全面发展教育的关系如何，素质教育与应试教育的关系怎样等问题。在日常生活中还经常出现一些新现象，诸如，市场经济给学校带来了什么影响，在市场经济条件下如何对学生进行思想教育，为什么当代青年的逆反心理表现较为突出等。

对新形势下出现的新现象，我们要善于捕捉和深入分析研究，只有这样，才能较快地在新形势中处于主动地位。只有乐于思考、勤于思考、善于思考，才能对各种各样的现象提出新的问题，从而发掘自己的学术优势，源源不断地获得有科研价值的选题。

实作训练

一、任务描述

某班同学在做社会调查课的课程设计时，每个小组分别根据自己的兴趣爱好选择了本小组的调查课题，如：

（1）有些同学通过前期的准备工作，了解到目前很多人都在关注"00后大学生价值观"这个话题，而作为"00后"大学生的一员，他们也同样对这个关系到自身的问题充满了兴趣。所以该组同学选择"00后大学生价值观调查"作为本小组的调查课题。

（2）有些同学通过各种途径发现目前社会上离婚率越来越高，他们对现代家庭的离婚问题比较关注。所以该组同学选择"现代家庭离婚问题调查"作为本小组的调查课题。

（3）有些同学对大学生就业问题比较关注，所以该组同学选择"大学生就业问题调查"作为本小组的调查课题。

（4）有些同学对经济困难家庭的同学比较关注，所以该组同学选择了"家庭经济困难大学生心理状况调查"作为本小组的调查课题。

请根据选择调查课题的4条标准讨论分析以上4个课题各自的优缺点。

二、任务分析

这是一个关于如何选择自己调查课题的问题。首先，我们可以确定这是一个自选课题，学生一般根据自己的兴趣爱好选择适合自己的调查课题。其次，既然是自选课题，则可以根据自己的日常生活经验，从现实社会中寻找；也可以通过查阅文献，了解当今社会面临的一些重大社会问题，其他学者已做过哪些研究，对于一些社会热点问题，我们是否有更独特的视角，采取更科学的方法来进行相关研究。最后，面对一些社会现象和社会问题，我们作为在校学生，是否有能力完成这样的研究课题。通过这样的思考过程来选择自己的研究课题，能够符合课题选择的一般标准。

三、操作过程

我们可以通过比较选题的4个标准——重要性、创造性、可行性、合适性来分析4个课题的优缺点。

1. 从重要性来分析

从重要性来说，上述几个课题都有一定的意义和价值。

关于"00后大学生价值观调查"这个课题，每个时代的青少年都有各自不同的特点，都带有时代的鲜明痕迹。"00后"生于社会快速发展、急剧转型的特殊时期，自然也具有鲜明特点，研究这个课题有一定的社会现实意义。

关于"现代家庭离婚问题调查"这个课题，一个社会如果离婚率高居不下，必然会带来一些不和谐的因素，造成一定的社会问题，影响整个社会的稳定运行，所以这个课题有一定的社会意义。

关于"大学生就业问题调查"这个课题，1999年开始的大学扩招在短短几年内就将我国高等教育迅速地带入了大众化教育时代，随着高等教育规模的急剧扩大，大学毕业生人数持续增长，其就业问题日趋严峻。有教育专家指出，当前我国高等教育事业发展的矛盾已经从"入口"转移到"出口"，从"入学难"转移到了"就业难"。大学生就业问题已经从一个家庭问题、学校问题上升为一个事关民生的重大社会问题，大学毕业生的就业直接影响经济的发展和社会的稳定。

关于"家庭经济困难大学生心理状况调查"这个课题，由于国家经济发展的不平衡、教育政策方面的调整，以及高校在校生人数的不断增加，家庭经济困难大学生的绝对数量也随之增多，部分家庭经济困难大学生由于家庭贫困而产生较大的心理压力，甚至已经影响其正常的学习和生活，从而给学校和社会带来不可忽视的影响。因此关注家庭经济困难大学生的心理健康问题，已成为国家、各级政府和高校必须面对且不容忽视的问题。

2. 从创造性来分析

关于家庭离婚问题，我们的前辈所做的研究也不少；家庭经济困难大学生在每个时期、每个地区都有；相比较而言，大学生就业困难是我们这个时代所面临的新的社会问题；而"00后"这个群体，本身就是这个时代的"新新人类"，和"80后""90后"相比具有明显的时代特征。

相关问题的研究肯定都会有前人涉猎过，但是如果我们采取新的视角或新的研究方法，对于相同的问题也可以取得一定的创新性。例如，关于家庭离婚问题，我们可以与社会转型相结合，从特定的社会环境这一视角来分析，这样就有了一定的创新性；关于家庭经济困难的大学生心理状况，我们可以结合心理学知识来研究这部分学生的心理压力与心理成长，也具有一定的创新性。这样一来，4个课题又都可以符合创造性这一选题标准。

3. 从可行性和合适性来分析

对于离婚问题的调查，大学生由于自身阅历的缺乏，可能会遇到较多无法克服的障碍；而关于家庭经济困难大学生心理状况的调查，非心理学专业大学生则会受到专业知识的限制；"00后大学生价值观调查"这个课题所涉及的内容太多，一次调查是难以完成的，因此，其可行性是存在问题的；"大学生就业问题调查"这个课题具有一定的可行性，也比较适合大学生做，但其主题还需要进一步明确化。

通过以上分析，对比选择调查课题的4条标准，我们对4个课题的优缺点应该有了一个比较清楚的认识。

四、实训小结

选择合适的调查课题对于整个调查工作起到决定性的作用。在选择调查课题前，要收集对自己研究有用的信息，激发自己的兴趣点。选题时除了要考虑自己的兴趣爱好，还要认真分析选题是否符合选题的基本原则：要使选题具有一定的现实意义和价值，要能够从新的视角或使用新的方法去研究，并且能保证自身所具备的各种条件有能力完成这项研究。

任务二　调查课题的明确化

学习目标

本任务主要学习调查课题明确化的概念、过程和方法，以及如何查阅文献。通过本任务的学习，学会通过查阅文献把一个抽象、含糊、笼统的概念变成具体、明确、特定的调查主题。

理论知识

一、调查课题明确化的概念

调查课题明确化指的是通过对调查课题进行某种界定，给予明确的陈述，将最初比较含糊的想法变成清楚明确的调查主题，将最初比较笼统、宽泛的研究范围或领域变成特定领域中的特定现象或特定问题。

很多初学者和一些缺乏经验的研究者，在选择实际调查课题时，经常容易犯一个毛病，就是选择的课题往往是一个比较宽泛、笼统、含糊的概念，如任务一中提到的4个选题。

我们知道，价值观是一个社会中人们所共同持有的关于如何区分对与错、好与坏、违背意愿或符合意愿的观念，是指一个人对周围客观事物（包括人、事、物）的意义和重要性的根本评价和根本看法，是人们对社会存在的反映，也是社会成员用来评价行为、事物以及从各种可能的目标中选择自己合意目标的准则。所以价值观是一个很宽泛的概念，如婚恋观、交友观、择业观、消费观、道德观等都是价值观的一种，那我们要研究的是哪一种呢？

同样，离婚问题也是个很抽象的表述，我们是要研究离婚的原因，调查现代家庭的婚姻状况，还是要研究离婚带来的社会影响？从这一题目表述中都无法得知。"大学生就业问题调查"同样也是一个不明确的表述。

那么，如何通过一些特定的方法，使含糊、宽泛的问题变得清楚、明确呢？以下介绍一些可操作的方法。

二、调查课题明确化的方法

1. 缩小问题的内容范围

调查课题明确化

通过缩小问题的内容范围，可以将宽泛的问题转化为细致的问题，将一般性的问题转换为特定的问题。如上述"00后大学生价值观调查"就可以缩小成"00后大学生消费观调查"或"00后大学生婚恋观调查"等，这样就增强了课题的可行性。

2. 清楚明确地陈述问题

问题陈述必须清楚明白，最好使用变量语言，采用提问的方式。其"公式"为：现象（变量）A 和现象（变量）B 之间存在什么关系？

如"现代家庭离婚问题调查"，可明确为"家庭离婚与子女教育问题调查"，这里就包括两个变量，一个是"家庭离婚"，另一个是"子女教育"，我们要研究的课题就是两者之间存在什么样的关系。

三、查阅文献的方法

文献查阅在我们做社会调查工作中起着重要的作用，从前期的探索性调查，到选题的确立，到调查实施过程中的资料搜集，到后期的分析论证都需要用到文献查阅。我们在选题阶段如何运用文献查阅呢？

当我们想对感兴趣的问题进行社会调查时，起初脑子里往往都只是有一个宽泛的概念，不知道该如何开始，此时我们就可以翻阅相关的文献。我们需要探索性地调查这个问题是如何形成的，它具体包括哪些方面的内容，等等。当我们逐步明确了需要调查的课题之后，我们还需要查阅文献，看看我们感兴趣的课题是否有其他人也做过类似的研究，别人是从哪些方面进行研究的，我们的研究是否有创新性；如果我们的问题已经有了很好的解答方法，那么我们的研究是否有进行的必要，或者他人的研究能否给我们提供一些思路，我们该从哪些更新的角度去重新审视所研究的问题。

随着现代信息技术的发展，查阅文献的方法也有很多，下面介绍几种常用的工具和方法。

（一）纸质文献的查阅

查阅一些工具类的图书，例如，语言性的工具书包括词典、字典；线索性的工具书包括书目、索引、文摘；参考类的工具书包括百科全书、类书、年鉴、专科辞典、手册、表谱、图录等。著作、统计资料、档案材料、期刊、报纸等，这些资料的查阅都可以在各大图书馆进行。

1. 纸质文献的优点

（1）可信度高。由于纸质文献有固定的出版规则和严格的编审制度，出版时间相对稳定，不仅质量可靠，而且权威性高。纸质文献也是学者们展示学术水平和科研实力的重要媒介，同时还可能作为评定其学术成果的直接依据。

（2）便于认真阅读和标注。对于一些篇幅长、内容多的文献，想完全读懂、理解、消化，往往需要长时间的推敲、琢磨。对于此种文献，读者一般选读纸质文献，因为电子文献虽然查询方便、使用灵活，但容易造成视觉疲劳，不宜精读，只适宜泛读。

（3）阅读成本低。图书馆的纸质文献资源多数是免费开放使用的，读者不需要负担任何费用。

2. 纸质文献的缺点

（1）文献信息量有限。随着文献信息量的急剧增长，纸质文献的存储空间和文献本身所含的信息量都受到了不同程度的限制。

（2）不便于大量复制。纸质文献容易变质和自然老化，并且其知识内容的复制需要大量的人力和时间。

（3）造成资源浪费。纸质文献以优质木材为原料，既占用人类的森林资源，又可能因制作纸张造成污染，破坏人类的生存环境。

（4）信息检索不便。纸质文献本身所含的知识量不大，许多相关的知识内容需要负载于大量纸质载体上，不利于人们的检索和利用。

（二）数字文献的查阅

随着信息技术的发展，图书馆的文献结构也在发生着变化，数字文献正以它诸多的优点越来越受到读者的欢迎。

1. 数字文献的分类

数字文献分为电子文献和网络文献。

（1）电子文献以社会普遍信息化为基础，用电子数据的形式把文字、图像、声音、动画等多种形式的信息存放在光、磁等非纸介质中，并通过计算机或网络通信等方式表现出来。电子文献包括电子期刊、电子书等。

（2）网络文献是指在互联网上存储、检索、利用或传递信息的过程中，依附于网络计算机存储设备并且以在线形式存在的信息单元或信息集合。网络文献包括文件、数据库、主体目录以及超文本文件等。

由于电子文献和网络文献都是以数字的形式加以存储，所以我们统称为数字文献。

2. 数字文献的特征

（1）信息存储形式为文本、超文本、多媒体、超媒体。

（2）存储介质转换为数字化的信息资源。

（3）内容丰富。

（4）传播速度快，范围广。

（5）检索方便，易复制。

（6）数据结构具有通用性、开放性和标准化的特点。

（7）具有高度的整合性，便于各种媒介信息的一体化。

（8）交互式性能增强。

3. 数字文献的查阅工具

（1）中外文电子图书数据库。

1）超星数字图书馆（http://book.chaoxing.com/）。超星数字图书馆设文学、历史、法律、军事、经济、科学、医药、工程、建筑、交通、计算机和环保等几十个分馆，拥有数字图书十多万种。覆盖范围包括51个学科分类，涉及哲学、宗教、社科总论、经典理论、民族学、经济学、自然科学总论、计算机等各个学科门类。收录年限为1977年至今。

2）读秀图书与阅读平台（http://www.duxiu.com/）。它是由海量数据及资料基本信息组成的超大型数据库，为用户提供深入图书章节和内容的知识点服务，部分文献的少量原文试读，以及高效查找、获取各种类型学术文献资料的一站式检索，是一个真正意义上的学术搜索引擎及文献资料服务平台。

3）方正阿帕比数字资源平台（http://w.apabi.cn/product/5.aspx）。它是专业的优质中文数字内容整合服务平台，旨在为用户读者提供在线阅读、全文检索、离线借阅、移动阅读、下载、打印等数字内容和知识服务。该平台有220余万册可供阅读的电子图书；在线运营报纸500多种；年鉴约800多种，6 000多卷，5 700万篇文章；工具书累计发布1 953种，2 452册，超过956万词条目，覆盖所有的工具书分类；图片包含30多万艺术类珍贵图片，16个艺术分馆，覆盖美术、书法、考古、历史设计等艺术领域等。

4）书生之家。它是以全息数字化技术为核心技术而建立起来的一个综合性读书网站，集成了图书、期刊、报纸、论文等各种出版物的（在版）书（篇）目信息、内容提要、精彩章节、全文。书生之家有电子图书100多万种，主要包括文学艺术、经济金融与工商管理、计算机技术、社会科学、历史地理、科普知识、知识信息传媒、自然科学和电子、电信与自动化等31大类。

（2）中文期刊全文数据库。

1）中国知网（http://www.cnki.net）。中国知网知识发现网络平台面向海内外读者提供中国学术文献、外文文献、学位论文、报纸、会议、年鉴、工具书等各类资源统一检索、统一导航、在线阅读和下载服务。

2）万方数据资源系统（http://www.wanfangdata.com.cn/）。万方数据库是由万方数据公司开发的，涵盖期刊、会议纪要、论文、学术成果、学术会议论文的大型网络数据库；也是和中国知网齐名的中国专业的学术数据库，集纳了理、工、农、医、人文五大类70多个类目共7 600种。

3）维普网（http://www.cqvip.com/）。原名"维普资讯网"，是重庆维普资讯有限公司所建立的网站，从1989年开始，一直致力于对海量的报刊数据进行科学严谨的研究、分析、采集、加工等深层次开发和推广应用。迄今为止，维普公司收录有中文报纸400种、中文期刊12 000多种、外文期刊6 000余种；已标引加工的数据总量达1 500万篇、3 000万页次，拥有固定客户5 000余家。维普数据库已成为我国图书情报、教育机构、科研院所等系统必不可少的基本工具和获取资料的重要来源。

4）国家哲学社会科学文献中心（http://www.ncpssd.org/）。国家哲学社会科学文献中心由中宣部指导，中国社会科学院牵头，教育部和新闻出版广电总局等相关部委配合，其他社科机构参与，共同建设和管理，依托社科院图书馆开展具体工作。该中心立足全国哲学社会科学领域，由国家投入和支持，开展哲学社会科学文献信息资源建设和服务。

（3）外文数据库。

1）Elsevier电子期刊全文（https://www.sciencedirect.com/）。Elsevier是荷兰一家全球知名的学术期刊出版商，每年出版大量的学术图书和期刊，大部分期刊被SCI、SSCI、EI收录，是世界上公认的高品位学术期刊。近几年该公司将其出版的2 500多种期刊和11 000种图书全部数字化，即ScienceDirect全文数据库，并通过网络提供服务。该数据库涉及众多学科：计算机科学、工程技术、能源科学、环境科学、材料科学、数学、物理、化学、天文学、医学、生命科学、商业及经济管理、社会科学等。国内 11 所学术图书馆于 2000 年首批联合订购 SDOS 数据库中 1998 年以来的全文期刊。

2）SpringerLink 学术资源平台（http://link.springer.com/）。德国科技出版集团施普林格（Springer-Verlag）通过 SpringerLink 系统提供其学术期刊及电子图书的在线服务。2002 年 7 月开始，Springer 公司在国内开通了 SpringerLink 服务。SpringerLink 的所有资源划分为 12 个学科：建筑学、设计和艺术；行为科学；生物医学和生命科学；商业和经济；化学和材料科学；计算机科学；地球和环境科学；工程学；人文、社科和法律；数学和统计学；医学；物理和天文学。

3）EBSCO（https://www.ebsco.com）。EBSCO 是一家大型文献服务专业公司，提供期刊、文献订购及出版等服务，总部在美国，在其他国家设有分部。它开发了数百个在线文献数据库，涉及自然科学、社会科学、人文和艺术等多种学术领域。其中两个主要的全文数据库是：学术期刊集成全文数据库（Academic Search Premier）和商业资源电子文献全文数据库（Business Source Premier）。

学术期刊集成全文数据库总收录期刊 7 699 种，主要涉及工商、经济、信息技术、人文科学、社会科学、通信传播、教育、艺术、文学、医药、通用科学等多个领域。

商业资源电子文献全文数据库总收录期刊 4 432 种，涉及的主题范围有国际商务、经济学、经济管理、金融、会计、劳动人事、银行等。

4）INSPEC（Information Service in Physics，Electro-Technology，Computer and Control）。INSPEC 是全球知名的科技文摘数据库之一，是理工学科最重要、使用最为频繁的数据库之一，是物理学、电子工程、电子学、计算机科学及信息技术领域的权威性文摘索引数据库，由英国机电工程师学会（IEE，1871 年成立）出版，专业面覆盖物理、电子与电气工程、计算机与控制工程、信息技术、生产和制造工程等领域，还收录材料科学、海洋学、核工程、天文地理、生物医学工程、生物物理学等领域的内容。

实作训练

一、任务描述

通过查阅文献，将调查课题"大学生就业问题研究"进行明确化。

二、任务分析

此任务主要是运用文献查阅方法，把宽泛、笼统、含糊的课题逐步明确化。

三、操作过程

（1）查阅文献。查阅中国知网，检索关键词"大学生就业"，迅速浏览相关文献，发现在众多的研究课题中，主要包括以下几个方面的研究：

1）关于大学生就业难的原因探究。

2）大学生就业心理的研究。

3）关注特定人群，如女大学生就业现状的研究。

4）大学生就业能力研究。

（2）分析资料。进一步分析文献资料，从之前的研究者的调查发现，大学生就业难的原因主要有以下几个方面。

1）客观因素。①全球性的金融危机影响着大学生的顺利就业。②大学毕业生求职人数与社会提供的就业岗位不相匹配，出现供需矛盾。③高校专业设置与社会需求脱节，高等学校人才培养模式呆板，就业指导工作低效。

2）主观因素。①大学毕业生的择业期望与用人单位实际需求相矛盾。②大学毕业生过于看重"专业对口"的问题。③大学生自身素质滞后与市场需求不相匹配，即就业意识与市场竞争的要求不匹配，就业能力与市场的选择需求不匹配，大学生职业生涯规划的意识不强。

（3）缩小范围。通过文献资料分析，我们可以把调查范围缩小，并进一步明确陈述调查题目。例如，我们可以从原因着手，选择我们熟悉并有亲身体会的高等教育体制以及高等教育人才培养质量方面来研究，并使用变量的语言来表达，这样我们就把原来宽泛的、笼统的、含糊的"大学生就业问题调查"明确化为"大学生就业难与高等教育质量观调查"。

四、实训小结

文献查阅是获取信息的重要途径，也是进一步明确化调查课题的重要手段。通过文献查找明确化调查课题的步骤是：检索文献—获取全文—阅读文献—分析文献—缩小范围—明确课题。在查阅文献时，通常能查到成百上千条甚至更多，这就需要对文献进行选择。选择文献可以遵循如下两条参考原则：一是相似性原则，选择与自己研究课题相似的文献研究。二是相近原则，根据时间，选择近期发表的文献研究。

本项目质量评价标准

序号	检测内容	分值（分）	评价标准	得分（分）
1	能够根据选题标准选择合适的调查课题	40	1. 选题能够满足重要性：0～10分 2. 选题能够满足创新性：0～10分 3. 选题能够满足可行性：0～10分 4. 选题能够满足适合性：0～10分	
2	会使用文献查阅工具查阅相关文献	20	1. 会使用数字文献查阅工具：0～10分 2. 查阅的文献满足调查课题需要：0～10分	
3	对选定的调查课题能够明确化	40	1. 能够通过查阅文献对相关概念进行界定：0～15分 2. 能够通过文献查阅清楚陈述调查课题：0～10分 3. 能够运用变量语言表达调查课题：0～15分	
合计		100		

 知识拓展

中国社会学调查研究方法和方法论发展的三个里程碑

第一个里程碑

1. 中国早期的社会调查研究

中国社会学早期代表人物，中国科学院原副院长陶孟和在1932年年底曾说："在中国，采用科学方法研究社会状况，只不过是近十年的事。"

从教育和科学研究系统看，中国的社会调查研究活动大多起始于20世纪初的一些教会学校或一些学校中的外籍教授。他们为指导学生学习，从事一些小规模的调查研究。例如，1917年清华学堂美籍教授狄德莫（C. G. Dittmer）指导学生在北京西郊调查195家居民的生活费用。1918—1919年，美籍教士西德尼·D.甘博（Sidney David Gamble）与燕京大学教授步济时（John Stewart Burgess）等曾仿照美国春田社会调查的成例，调查北京社会状况，于1921年在美国出版《北京的社会调查》（Peking: A Social Survey），这是高等学校城市社会调查研究的开端。这时在上海有沪江大学社会学教授葛学溥（Daniel Harrison Kulp II）指导学生在广东潮州调查有650人的凤凰村，1925年在美国出版《华南农村生活》（Country Life in South China），这是高等学校乡村生活社会调查的开始。

从此之后，社会调查研究的活动逐渐盛行，出版的作品也逐渐增多。到1935年前后发展到了高峰。

2. 第一个里程的代表作——李景汉主编的《定县社会概况调查》

这本书是中国首次以县为单位的系统的实地调查研究著作，调查全面翔实。全书83万字，分为17章，包括地理、历史、县政府以及其他地方团体、人口、教育、健康、卫生、农民生活费、乡村娱乐、风俗与习惯、信仰、财税、县财政、农业、工商业、农村借贷、灾荒、兵灾，是一部大型调查报告。它是20世纪30年代中期社会调查研究发展到高峰时期具有里程碑意义的一部调查成果。

第二个里程碑

中国教育与科研系统的社会学，在调查研究方法上的第二个里程是20世纪30年代中期至1952年。其特点是于30年代中期以后异军突起，开始了一个新的尝试，这就是所谓的"社会学调查"或称之为"社区研究"。在这之前，社会学界只讲"社会调查"而无"社会学调查"之说。可以说，在社会学的调查研究方法上，"社会学调查"是"社会调查"在理论和操作上的深入和发展，也可以说是中国社会调查研究的一次重大突破。之所以这样说，是因为第一个里程的社会调查在方法与方法论上已经越来越不能满足社会学研究的需要。

1. 第一个里程的调查研究方法存在的主要缺点

（1）缺乏一套明确的方法论指导。

（2）客观主义的调查法使调查者与被调查者双方不易沟通。

（3）把社会调查与研究割裂开来。

（4）调查资料烦琐，轻重不分。

2. 异军突起

20世纪30年代，一支对于中国社会学发展具有重大影响的新军开始组建，这支新军就是以燕京大学社会学系主任吴文藻为首的年轻的中国社会学者集体。

新军的创始人吴文藻在中国社会学、人类学、民族学发展史上做出了重要的贡献，强烈的事业心使他不仅在学术上留下了许多令人难忘的著作，更重要的是他在整个学术事业发展和培养人才上做出了巨大的贡献。

这是一个矢志深入社会的青年社会学者群体，他们都是燕京大学的学生。当中国人民又一次陷入内忧外患、危机存亡之时，社会学系学生联想到中国实际，焦急万分地要了解：中国何以落得这步田地？他们在系主任吴文藻的指导下成立了一个"小小的学术团体"叫作"社会学社"，虽不是正式组织，但却是有共同志向的年轻人组成的向心力极强的团体。为了实践自己的志愿，他们纷纷出发去各地调查。费孝通与新婚爱人王同惠去广西，写出了《花蓝瑶社会组织》，林耀华写出了《福建的一个民族村》，徐雍舜写出了《河北农村社区的诉讼》，黄石写出了《河北农民的风俗》，廖泰初写出了《变动中的中国农村教育》，李有义写出了《山西的土地制度》等。正是这个青年学术集体为中国的社会学开创了一个新的境界。

3. 社会学调查

开创一个新境界，就是开创一个"社会学调查"的新境界，开创中国社会学方法和方法论发展的新境界。

根据这一套社会学调查的指导思想可知，社会学者进行的调查是不同于一般的社会调查的，它需要有一定的社会学专业知识和调查研究的经验，否则便无法进行，因为这不是散发一些调查问卷，进行一些固定项目的访问就能奏效的。

在社会学调查方法的指导下，除了在1935—1936年进行的一些调查外，抗日战争爆发后，在大后方主要有云南大学社会学研究室进行的农村和工人调查，华西大学进行的边疆地区少数民族的研究。但较有代表意义的还是云南大学社会学研究室的工作。

这个研究室是以吴文藻倡导的"社区研究"为中心而开展调查研究工作的。参加工作的先后有田汝康、张之毅、史国衡、谷苞、李有义、胡庆钧等十余人。他们通过对云南农村和工厂的调查研究，最后有费孝通的《禄村农田》、张之毅的《易村手工业》、史国衡的《昆厂劳工》等著作出版问世。

4. 第二个里程的代表作——《江村经济》

从中国社会学方法和方法论发展的角度，来检阅一下在第二个里程里的诸多研究成果中，费孝通的《江村经济》更具有代表性。

《江村经济》在社会调查研究方法和方法论上的贡献如下：

（1）成功地把功能主义人类学的研究方法和观点移植到社会学中。
（2）深入社区，完全参与。
（3）社会学调查方法初展风采。
（4）从实证主义走向理解社会学。
（5）模式比较法的起跑点。

第三个里程碑

1. 对社会学方法论的新挑战

社会学自1979年恢复以来,可以认为在调查方法与方法论上走入了第三个里程。在中国社会学的发展中,不仅采用并发展了现代西方以数理统计和电子计算机处理为基础的量化分析、模式分析、网络分析的新技术、新理论,而且在社会调查研究方法的普及方面也是显著的。无论政府、企业、各种集体的社会活动中,广泛重视以现代社会调查研究方法作为决策步骤,并以之作为发展取向的指南。这就显示出中国社会学调查研究方法与方法论的发展,进入到第三个里程的特点。但结合中国社会发展的不同时期,最为系统、最有创新意义、在方法和方法论上做出重要发展的,要数费孝通领导的社会调查或称社区研究。

2. 第三个里程——社区研究的新开拓

改革开放以来,中国社会发生了一些什么变化?这是许多社会学者为自己提出的研究课题,可以从各个方面进行研究。但从改革开放的历史轨迹追寻,可以认为了解农村社会究竟发生了什么变化,既是了解中国社会发展变化的起点,也是了解中国发展变化的钥匙。

研究的起点是从对农村做微观的解剖开始。这项工作,众所周知,始于费孝通20世纪30年代的"江村经济"研究。当时调查的目的是认识中国农民的生活及其变化,了解中国农村社会的特点,探索中国农村社会现代化的道路。经过调查,形成了"人多地少,工农相辅""发展农村工业是提高农民生活水平的必由之路"等看法。20世纪80年代初期,研究者在过去调查的基础上,在江苏吴江县开始进行小城镇研究。1982—1984年,在小城镇的研究中,先是苏南,后是苏北、苏中。1984年后,组织人力,一路经浙江到福建、两广;一路经东北、内蒙古进入西北地区,到达甘肃、青海。此外还组织了河南、湖南和陕西的调查研究,这项以小城镇为中心的研究,已扩展为城乡发展和边区少数民族地区发展的研究,并已形成十余个省市区的调查研究网络。

那么,这项研究从方法和方法论的意义说,有哪些值得我们回忆的呢?

(1)社区研究的新开拓之一——小城镇的研究开辟了具有中国特色的社会学研究新领域。

(2)社区研究的新开拓之二——乡镇企业的兴起是农村社会经济发展的基本动力。

(3)社区研究的新开拓之三——模式比较法更趋成型和完善。

(4)社区研究的新开拓之四——理论工作者和实践工作者结合,分工合作,协同攻关。

(5)社区研究的新开拓之五——边区与少数民族地区发展研究。

3. 第三个里程的代表作——《行行重行行》

《行行重行行》是一部乡镇发展研究的论文集,全书35篇文章,是费孝通自1981年"重理旧业"至1991年约10年间社会学研究成果的精选本,主要是关于乡镇发展问题的论述。

具有中国社会学方法和方法论第三个里程碑意义的《行行重行行》,其贡献是:

(1)文化人类学应用方面"思想志在富民"的忠实记录。

(2)追踪江村数十年的变迁。

（3）"野马"精神是创新的精神。

4. 从调查研究的实践中解答了几个方法论上的疑点

从《行行重行行》以及费孝通其他调查研究论文中，可以发现有几个方法论上的疑点不断地得到询问并不断地从调查研究的实践中得到回答和辨析。这些疑点是：

（1）像中国人类学者那样，以自己的社会为研究对象是否可取？

这个问题是费孝通的老同学英国人类学家埃德蒙·利奇（Edmund Leach）在其《社会人类学》一书中提出的。利奇认为中国人研究中国社会是不可取的，这不仅与费孝通本人的看法不一致，也与他们的老师马林诺斯基的看法不一致。因为马林诺斯基在《江村经济》的序言里说"自我认识是最难获得的，但也是最有价值的成就"，是赞成并鼓励费孝通作为一个中国人类学者研究中国的。费孝通明白说出："个人的价值判断离不开他所属的文化和时代。我是出生于20世纪初期的中国人，正是生逢社会剧变、国家危急之际。"

利奇的看法首先是拘泥于古典社会人类学的信念，即"人类学是一门应用参与观察法研究其他人文社会的科学"，之所以产生这种看法，是由于"人类学是作为研究他文化（非西方文化）的一门科学起源于西欧的"。

（2）在中国这样广大的国家，个别社区的微型研究能否概括中国国情？

这是利奇对中国社会学提出的第二个诘问。乔健教授也曾提出"现代人类学方法不足以有效地研究中国这样内涵广博、历史悠久，而地域性差异极大的社会"。费孝通认为，从个别社区的微型研究起由点及面，是可以逐步概括不同程度的中国国情的。他说："吴江县小城镇有它的特殊性，但也有中国小城镇的共性。只要我们真正科学地解剖这只麻雀，并摆正点与面的位置，恰当处理两者关系，那么在一定程度上点的调查也能反映全局的基本面貌。"

（3）太重视调查研究，太重视应用，就忽略了理论的建构。

首先不妨问一问，究竟什么是社会学的理论？按照通常的理解，所谓社会学理论，就是对于社会生活中某一方面有关的事实和规律的系统性解释。或者引证美国社会学家默顿所说的"社会学理论是指逻辑上相关联并能推导出实验一致性的命题。"

费孝通说："我所看到的是人人可以看到的事，我所体会到的道理是普通人都能明白的家常见识，我写的文章也是平铺直叙，没有什么难懂的名词和句子。"这正验证了英国社会学家吉登斯所说的，这个世界是人们自己创造并自己加以解释了的。社会科学不过是对人们常理世界已经解说了的现象赋予再解说，即在日常生活的第一个层次解说的基础上进行第二个层次的解说，即所谓"诠释常理世界的诠释"，也即"双重诠释"。费孝通的自我评估，也正是表白了这个道理。社会学理论并不玄妙，高不可攀，它不过是"诠释常理世界的诠释"而已。

（4）功能主义人类学的反历史倾向，运用到中国具有悠久历史和高度文明而结构复杂的社会是有局限性的。

功能主义人类学是在否定过去历史主义人类学不重视实地调查，企图通过推论重新构筑人类社会往昔的历史。费孝通及其研究伙伴们在坚持采用功能主义的社区研究方法进行工作时，从来都是从现实出发，透视历史，再从历史分析，以正现实。无论是对

"江村"、云南三村还是从小城镇一直到边区和少数民族地区的调查研究，无不坚持这项原则。这种方法也许就是人类学家弗里德曼所说的"时空坐标的研究观点"，这种观点时空并重、相互印证，既重视共时性（synchrony），又重现历时性（diachrony）的。它们是功能主义的，但却是超越了功能主义的。

社区调查研究的新发展，在方法和方法论上以自己的长期实践，的确化解了社会人类学如上的几个疑点，同时为建设和发展具有中国特色的社会主义的社会学、人类学显示出了令人乐观的前景。所以，不妨说，中国社会学调查研究方法和方法论的第三个里程叫作新社会学调查阶段。

（资料来源：https://wenku.so.com/d/ee8aa37b526942ddc7dac593544d0ced，有删改）

思考与练习

一、判断题

1. 普遍调查指的是对构成总体的所有个体无一例外地逐个进行调查。（   ）
2. 理论性课题和应用性课题在实际研究中往往是截然分开的。（   ）
3. 选择调查课题时，最重要的是符合自己的兴趣爱好，是否可行并不重要。（   ）
4. 选择的课题可以是一个比较宽泛、笼统、含糊的概念。（   ）
5. 可以通过缩小问题的内容范围，将宽泛的问题转化为细致的问题，将一般性的问题转换为特定的问题，从而使调查课题明确化。（   ）

二、简答题

1. 什么是社会调查？社会调查的基本要素有哪些？
2. 选择调查课题的基本标准有哪些？
3. 什么是调查课题的明确化？为什么要对调查课题明确化？

三、实训题

1. 下面有几个课题，请选择你认为最恰当的一个课题，并说明理由。
（1）当代青少年价值观研究。
（2）当代青年结婚消费观问题调查。
（3）重庆市城市居民居住方式与邻里关系研究。
（4）青少年犯罪问题研究。

2. 根据自己的兴趣爱好，并结合课题选择标准，选择一个合适的社会调查课题，作为本课程学习的实践案例。

项目二 / Project 2

02 设计调查方案

❏ 项目描述

本项目要求培养学生如何围绕调查目的,系统规划调查研究工作的能力;重点培养学生区分调查对象、分析单位、抽样单位的能力,选择恰当调查方法的能力,以及制订具体调查方案的能力。

项目任务分解:调查设计前的准备工作、调查方案的设计。

任务一 调查设计前的准备工作

学习目标

本任务主要学习调查设计前的准备工作，通过分析调查目的，确定分析单位，准确把握分析单位、调查对象、抽样单位等相关概念的含义。

理论知识

调查设计是指对整个调研工作进行规划，制定探索特定社会现象或事物的策略，确定研究的最佳途径，选择恰当的方法，以及制订具体的操作步骤及方案等。调查课题选定之后，就可以开始调查设计前的准备工作了。我们知道，做任何事情都需要事前进行周密的计划。社会调查是一项系统工程，特别是一些涉及范围广的社会调查，需要耗费大量的人力、物力、时间，那么在调查前如何做好系统规划，显得尤为重要。

实际上，调查课题一旦确定，也就规定了本次社会调查需要完成的任务是什么，即调查目的，而一切的设计规划将围绕着调查目的进行。

一、明确调查目的

明确调查目的是调查设计前的首要问题。只有确定了调查目的，才能确定调查的范围、内容和主要方法。一项调查的具体内容千差万别，可以调查人们对一些事物的看法、态度、认知等问题；也可以调查人们的理想、价值观、人生观等抽象概念；还可以调查具体的习惯或行为，如学生的学习习惯、对学习科目的偏好、常用的学习方法；还可以研究某些事物之间的相互关系等。可见，实际上调查目的是要解决"调查什么"的问题。

那到底我们在社会调查中能够"调查"的是什么呢？概括起来大致可以分为3类：一是调查我们感兴趣的，但又不了解的社会现象，通常称为探索性调查；二是调查某种社会现状，通常称为描述性调查；三是调查社会现象之所以发生的背后深层次的原因，通常称为解释性调查。

（一）探索性调查

当我们对某个较新或较陌生的社会议题感兴趣时，就需要运用社会调查的方法来做一些探索性的研究。如新农转非政策，以前农村户口要转为城市户口通常需要有适当的理由，而且办理手续相当烦琐，而这次由政府主导的帮助农民转为非农户口，不但手续简单，且享有一定福利。对于这种新的政策我们不太了解但又比较感兴趣，可以通过网络搜索一些资料，了解相关的政策内容；也可以咨询这方面的工作人员，或者找专家学者，通过对他们的访问了解需要的知识。以上都是可以做的一些调查，这些调查就可以称为探索性调查。

探索性调查的基本目的是通过调查找到一些资料，帮助调研者认识和理解所面对的问题。探索性调查常常用于一种更正式的调查之前，帮助调研者将问题定义得更准确、帮助确定相关的行动路线或获取更多的有关资料。这一阶段所需的信息是不精确定义的，调查过程很灵活，也没有什么结构，如向行业专家咨询进行探索性调查的样本量一般较小，也不具有广泛的代表性，原始数据一般是定性的。探索性调查的结果一般只是试验性的、暂时性的，或作为进一步调查研究的开始。

（二）描述性调查

描述性调查是解决研究对象"是什么"的问题，它需要对研究对象的状况、特点和发展过程做出客观、准确的描述。描述性调查可以是应用性方面的调查，如民意测验、市场调查、人口普查、犯罪问题和婚姻问题的调查等，也可以是理论性方面的调查，如社会阶级状况研究、中国当前的社会结构研究以及对近年来中国社会变迁过程或社会机构的运转情况的描述等。系统周密的描述是正确认识与解释社会现象的前提，只有先正确认识客观现实，才能比较准确地分析现象间的因果联系，从而进一步探讨一些新现象和新问题。

在描述研究对象时，应该注意描述的准确性和概括性。准确性是指在描述研究对象时，应该对它的各种特征做出具体准确的说明。概括性是指在描述研究对象时，应该能反映总体及其组成部分的一般性和普遍性特征，而不是片面地、个别地描述。

在进行描述性调查时，通常从观察入手，而不是从理论或假设开始。在调查方案设计上，描述性研究比解释性研究要简单些，但调查不是盲目的、无计划的，而是建立在对描述的问题、内容、对象、范围有明确认识基础之上的。

（三）解释性调查

解释性调查是解答"为什么如此"的问题，它往往需要通过调查来分析社会现象发生的原因，探讨社会现象之间的因果联系。

解释性调查一般是从理论假设出发，对现象的原因或现象间的因果关系做出尝试性或假设性的说明，然后通过观察、调查来系统地检验假设。

在调查方案的设计和调查程序上，解释性调查比描述性调查更为复杂、严谨，像自然科学研究那样需要事先制订较周密的实施方案。提出假设的方式主要有以下3种。

1. 列出现象的原因或结果

例如，某课题组在调查中发现，随着我国社会的发展，青少年犯罪现象明显增多，要探寻这一现象与其他现象的因果关系，研究人员可根据现有的理论，或依据日常经验找出各种可能的原因，然后从中挑选出几种主要的原因，建立多因一果的假设（见图2-1）。

例如，通过研究发现，青少年犯罪现象呈增长趋势主要有以下一些原因：

1）整个社会大环境所造成。
2）青少年人口数量呈上升趋势。
3）预防青少年犯罪工作的缺失，没有对青少年犯罪现象进行很好的控制。

它们分别以 X_1、X_2、X_3 表示。

同样，通过研究也可以发现青少年犯罪会给社会带来如下一些影响：

1）对青少年个人的影响。

2）对青少年所在家庭的影响。
3）对犯罪青少年所在的学校和小区的影响。

它们分别用 Y_1、Y_2、Y_3 表示，然后建立一因多果的假设（见图2-2）。

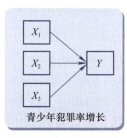

X 表示原因→Y 表示结果

图 2-1　多因一果

X 表示原因→Y 表示结果

图 2-2　一因多果

2. 提出主要原因（或后果）和次要原因（或后果）的假设

对一个现象有影响的因素可能有许多个，它们对现象的影响有大有小，有的起主要作用，有的只起次要作用。科学的解释是要找出最主要的、影响最大的因素来说明现象产生和变化的原因。

3. 建立因果模型

社会现象是错综复杂、相互影响、相互作用的。在两种现象之间即使存在着因果关系，也可能不是直接起作用的，而是通过一些中间机制（或因素）起作用。因此，科学的解释也必须说明现象间的作用机制。

二、确定分析单位

明确了调查目的，也就是明白了研究内容是什么。一个课题除了有研究内容，还有研究对象，也就是研究"谁"的问题。我们通常把研究对象称为**分析单位**（Units of Analysis）。社会调查通常把个人作为研究对象，即"个人"是社会调查中常用的分析单位，但并不是唯一的分析单位。在某些研究中，社会调查的分析单位还可能是群体、组织、社区或社会人为事实等。

无论是哪种分析单位，都具有以下两个特点。首先，调查所收集的资料直接描述分析单位中每一个个体。例如，分析单位是个人，则调查资料直接描述每个人的年龄、性别、职业、文化程度以及对某些现象的看法等；如果分析单位是家庭，则调查资料直接描述每个家庭的规模、结构、人均收入等。其次，将这些对个体的描述聚合起来，可以描述由这些个体所组成的群体，以及由这一群体所代表的更大的群体，或者用这种描述的集合解释某种社会现象。

例如，当进行一项社区居民对物业公司管理意见的调查时，社区居民就是该调查的分析单位，调查资料首先直接描述一个个社区居民的基本情况，包括他们的年龄、性别、职业、收入以及居住小区和他们对物业公司管理存在的意见，然后把对这些基本情况的描述通过平均数、百分比聚合起来，用以描述所调查的社区居民样本以及他们所代表的居民总体对物业公司管理的不同意见。

社会调查中的
分析单位

再如，如果我们想了解某班学生的消费观，那么该班学生就成了我们的研究对象，即该调查的分析单位是学生。如果采用抽样调查，那么在调查过程中，需要收集被抽中的每个学生的基本个人资料（如性别、年龄等），以及他们的消费行为和对消费的看法等资料。

为了更准确地把握分析单位，接下来进一步讨论社会研究中的5种分析单位。

1. 个人

"个人"是我们在做社会研究时最常见，也是最基本的分析单位。因为社会研究主要是研究社会现象，解决社会问题，而社会是由人构成的。当然也有一些研究不是以"个人"作为研究对象，正如美国著名社会学家艾尔·巴比（Earl Babble）指出的，"社会科学家绝对可以研究任何事物"。因此，社会研究的具体分析单位可以说是无限的，如实践、插曲、邂逅、角色、关系、聚落、空间、制度、文化、社会世界、生活形态、报刊、书籍、图片、建筑物等，都可以作为分析单位。

把个人作为分析单位，这种个人在具体的调查中是不一样的，他们可以是学生、工人、农民、军人，也可以是儿童、妇女、老人等。可通过对这些个人描述的聚合和处理，来描述或解释由这些个人所组成的各种群体，以及由这些个人的行为和态度所构成的丰富多彩的社会生活现象。

例如，当我们调查某市大学生经济状况时，大学生就是调查的分析单位。我们可以用年龄、性别、籍贯、学习情况来描述他们每个人的特征，用他们每月收入和消费支出来描述他们的经济状况，用他们父母职业、每月收入情况和家庭消费支出情况来描述他们家庭的经济状况。

一般情况下，以个人作为分析单位的调查研究主要是为了描述与解释由这些人所构成的总体或次总体的情况。在上例中，通过对一定数量的单个学生的调查，可以得到有关"该市大学生""家庭经济困难学生""家庭经济富裕学生"的情况。在此次调查中，还可以考察"家庭经济困难学生"是否比"家庭经济富裕学生"学习更加刻苦努力、学习成绩是否更优秀。

2. 群体

由若干个人组成的各种社会群体，也可以作为社会调查中的分析单位，如由姻亲关系和血缘关系组成的家庭。社会群体作为社会学研究的分析单位，它的特征不同于群体内个人特征的集合。例如，以家庭作为研究的分析单位时，可以根据家庭的收入、是否拥有汽车等来描述每个家庭，对家庭的平均收入和汽车拥有量进行归类，然后确定家庭收入与汽车拥有量的关系。

在某些情况下，社会群体的特征可以从其成员的特征中抽象出来。例如，用父母的年龄、教育程度等来描述家庭的特征。在描述性研究中，可以了解有多少比例的家庭中父母拥有大学学历。在解释性研究中，我们可以研究，在那些平均学历偏低的家庭中，拥有小孩的数量是多还是少。在这些例子中，分析单位就是家庭，也就是群体。但是，如果我们研究的是具有高学历的个人是否比具有低学历的个人拥有更多或更少孩子，那么此时分析单位就是个人了。

群体层次的其他分析单位还包括同事、夫妻、社团等。

3. 组织

各种正式的社会组织也可以作为社会科学研究的分析单位。组织作为分析单位时，要根据组织特征,对其构成要素或对其所属的更大群体进行描述。例如,对企业,可以根据职工数、净利润、资产等描述其特征。适合作为分析单位的其他正式社会组织还有机关、学校、医院等。

例如,比较外国企业和本土企业之间的差别、比较机关单位和企业单位之间的差别、比较全国大学排行等,都是以组织作为分析单位。

由于组织和群体一样,都是由若干个人组成的,因而作为分析单位的组织所具有的某些特征,往往也在一定程度上与组成它的个人有关。有时,对同一现象的研究,会依据调查侧重点的不同而使用不同的分析单位,这样就大大地增加了分析单位的复杂性。例如,当我们研究大学中教授的比例多少是否会影响学校招生时,分析单位是学校,但当我们研究各类学校研究生的科研能力这一课题时,调查的分析单位又变成了学生。

4. 社区

社区是一个区域性的社会生活共同体,也是社会的一个基本单位,一个社区就是一个具体的区域性的小社会,是整个社会不同程度的缩影。从一定意义上说,社区研究是研究整个社会的起点。同整个社会相比,社区显得具体,易于把握。整个社会普遍存在的一些现象往往会在各个社区里表现出来。社区研究是社会研究的具体化。人们通过社区研究对社会进行典型调查,见微知著,研究和探讨社会发展的普遍规律及同类社区的共同特点。

例如,我们可以探讨不同地域社区住房紧张情况、农村社区与城市社区教育资源分配不公问题、社区人口流动情况与犯罪率高低之间的关系等。在这样的社会调查中,社区就是我们的分析单位。从每一个具体的社区收集到的资料,既可以用来描述和反映这一社区自身的特征,又可以作为若干具体社区的集合中的一个个案,参与描述多个社区的集合的特征以及解释某些特定的社区现象。

5. 社会人为事实

不管是个人、群体还是组织,它们的基本组成都是人。在社会调查中,还有一类研究对象,其基本组成不是人,而是人类行为或人类行为的产物,如书本、绘画作品、建筑、汽车、笑话、歌曲、学生逃学现象或者一些科学发明等。我们把这类分析单位统称为社会人为事实。

例如,一些学者对性别角色是如何习得的比较感兴趣。他们选择了一些小孩的连环画作为分析范围。通过研究发现,在大部分连环画中,关于男性、男人、雄性动物的图画出现频率较高,而女性出现在标题、中心角色、图画和故事中的比例偏低。在这样的研究中,分析单位是连环画,是一种社会人为事实。再如,有些学者通过考察一份地方报纸的社论对当地一家大学的评论,来描述或解释一段时间内该报纸的立场是如何改变的,此时报纸社论成了分析单位。同样,社会互动也可以作为分析单位,如人们对婚礼的研究,如果婚姻双方都有宗教信仰,其婚礼形式是否与无宗教信仰人士的婚礼有所不同。此时,婚礼成了分析单位。

最后,我们在理解分析单位的同时,要注意将其与调查对象和研究内容或主题相区分。分析单位是一项社会调查中所研究的对象,这里的对象可以是人,也可以是人的集群、人类行为或人类行为的产物;调查对象则是研究者收集资料时所直接询问的对象,通常调查对象为个人;而研究内容或主题则是分析单位的属性或特征。例如,"现代家庭离婚问题调查"

这一课题的分析单位就是"家庭",研究的内容或主题是"离婚问题",而其调查对象则是这个家庭的成员。

三、分析单位的错误推理

在我们明确分析单位时,经常可能发生两个错误推理,那就是区位谬误和简化论。

1. 区位谬误

区位谬误(Ecological Fallacy)又称为层次谬误、区群谬误、生态谬误或体系谬误。"区位"在此是指比较大的群体、集合或体系。在社会调查中容易出现的一种推理错误——"区位谬误",是指将以区位为单位得到的结果推论到区位的个体中,换句话说,就是用一种比较大的集群分析单位作研究,却用另一种比较小的或非集群分析单位做出结论。

例如,当调查资料表明收入水平越低的农村社区青年人的平均结婚年龄越小时,并不能得出越穷的农民结婚年龄小的结论。因为也可能存在另一种情况,贫穷的农村社区中的富裕农民的结婚年龄普遍偏小。这说明以社区作为分析单位进行研究时,不能得出关于群体或个人的结论。

又如,在研究城市犯罪问题时,研究者发现,城市流动人口越多,犯罪率越高。如果研究者据此得出结论"流动人口比非流动人口的犯罪率高",研究者就犯了区位谬误。因为该研究中的分析单位是城市,得到的结论也只能是关于城市的,而不能是关于城市中的某一部分人口(即群体)的结论。

再如,当我们研究两个班级学生的学习情况时,发现A班学生的平均学习成绩低于B班,A班学生拥有游戏机的平均数量高于B班。由此得出结论"经常玩游戏机的学生的成绩低于不玩游戏机的学生的成绩"这一论断。这里同样属于区位谬误。因为我们调查的是班级学生的整体学习情况和拥有游戏机情况,而不是学生个体,不能用对班级的调查结果来推论该班级中学生个体或群体情况。

2. 简化论

简化论(Reductionism)也称还原论,是指用一组特别的、狭窄的概念来看待与解释整个事物或社会现象。分析单位往往有多种特征,简化论者只以其中某一种特征来解释和说明复杂的社会现象。例如,一个社区有经济、政治、文化、宗教信仰、风俗习惯等多方面的特征,如果只以经济特征来说明这一社区的生育率问题,就犯了简化论的错误。常见的简化论有:经济简化论,经济学家只考虑一些经济变量,如供给、需求、边际价格等;心理简化论,心理学家只考虑一些心理学变量,如人格类型、精神创伤等。

> **实作训练**

一、任务描述

请大家分别指出下面句子或段落中的分析单位。

(1)女人操持家务的时间比男人长,女人的亲子时间比男人长,男人的收入普遍比女人高。

（2）中华全国工商业联合会发布的《2022中国民营企业500强调研分析报告》显示，2021年，民营企业500强的营业收入总额38.32万亿元，增长9.13%。资产总额41.64万亿元，下降17.92%。税后净利润1.73万亿元，下降12.28%。民营企业500强销售净利率、资产净利率、净资产收益率分别为4.51%、3.74%、11.44%，人均营业收入、人均净利润分别为350.24万元、15.79万元，总资产周转率为82.98%。19家500强企业营业收入超3 000亿元。共有28家民营企业500强入围世界500强。产业分布方面，第二产业入围企业342家，较上年增加23家，营业收入总额、资产总额较上年分别增加3.92个百分点、13.16个百分点。制造业企业301家，继续保持主导地位。民营企业500强前十大行业共包含307家企业，黑色金属冶炼和压延加工业、综合、建筑业继续位居前列。

（3）智能建筑是一种更智慧、更节能、更舒适的新型建筑。国际上智能建筑的发展趋势是调动一切技术构造手段来达到低能耗、减少污染、可持续性发展的目标，依据人体对环境生理、心理的反应，创造健康舒适而高效的室内办公环境。

智能建筑因其高舒适度和低能耗的特点，决定了其具有很高的价值。真正的智能建筑涉及一个全球的生态保护问题，就是通过大面积建筑节能优化控制，来达到减少能源消耗和环境污染的目的，同时提高室内环境舒适度，提高智能建筑的市场竞争力。

（4）2022年8月份，70个大中城市中商品住宅销售价格下降城市个数有所增加，各线城市涨幅回落或降幅扩大。新建商品住宅和二手住宅销售价格环比下降城市分别有50个和56个，比上月分别增加10个和5个。一线城市新建商品住宅销售价格环比上涨0.1%，涨幅比上月回落0.2个百分点；二手住宅销售价格环比由上月上涨0.2%转为持平。二线城市新建商品住宅销售价格环比由上月持平转为下降0.2%；二手住宅销售价格环比下降0.3%，降幅比上月扩大0.1个百分点。三线城市新建商品住宅和二手住宅销售价格环比分别下降0.4%和0.5%，降幅比上月分别扩大0.1和0.2个百分点。新建商品住宅销售价格同比下降城市有49个，比上月增加1个；二手住宅销售价格同比下降城市有61个，个数与上月相同。

8月份，一线城市新建商品住宅和二手住宅销售价格同比分别上涨2.8%和0.8%，涨幅比上月分别回落0.3和0.1个百分点。二线城市新建商品住宅和二手住宅销售价格同比分别下降1.0%和2.8%，降幅比上月分别扩大0.5和0.3个百分点。三线城市新建商品住宅和二手住宅销售价格同比分别下降3.7%和4.2%，降幅比上月分别扩大0.5和0.3个百分点。

二、任务分析

在分析以什么为分析单位时，请大家注意：先要清楚这句话的主要意思，然后确定这个句子的中心词，这个中心词往往就是我们所要的分析单位。

三、操作过程

（1）分析单位是个人。人是这里的中心词。

操作：该句话主要通过统计分析女人与男人在操持家务、亲子和收入这几个方面的具体情况，并把这些特征数据进行聚合和处理，从整体上描述和解释了由个人组成的各个子总体，即女人和男人的一般特征。因此，这里的分析单位是个人。

（2）分析单位是企业，属于组织。企业是这里的中心词。

操作：该段文字主要描述了我国民营企业2022年的发展情况。通过统计分析了我国民营企业的营业收入总额、资产总额、销售净利率、资产净利率、净资产收益率、人均营业收入、人均净利润等各项经济指标,并把这些数据进行聚合和处理,从整体上描述和解释了我国民营企业的经济发展状况,因此,这里的分析单位是企业,企业属于组织。

(3)分析单位是社会人为事实。智能建筑是这里的中心词。

操作:该句话主要描述的是智能建筑的特点及价值,因此,分析单位是建筑,建筑属于一种社会人为事实。

(4)分析单位是社区。城市是这里的中心词。

操作:该段落文字主要描述了70个大中城市中商品住宅销售价格变化情况。因此,分析单位是城市,城市属于一种社区。

四、实训小结

分析单位就是研究对象,调查中要保证分析时和作结论时所使用的是同一分析单位,否则就会出现推理错误。在确定分析单位时,要先找到调查中的核心概念,分析这一核心概念是个人、群体、组织、社区或是社会人为事实,尤其要注意组织和社区的区分。

任务二 调查方案的设计

学习目标

本任务主要学习在开展社会调查之前,如何根据调查目标,对整个调查研究工作的内容、方法、程序等进行规划设计。

理论知识

上一个任务,我们学习了调查设计开始前应该做哪些准备工作,如明确调查目的、确定分析单位等,接下来要完成调查内容、调查方法、调查程序的设计,并撰写调查方案。

一、设计调查方案

调查方案是调查设计的最终成果,是一份详细的调查实施计划,也可以说是一份研究计划书,是以文字的形式将调查研究过程中需要考虑的各个环节有条理地呈现出来。调查方案有两种功能:第一,作为研究者开展调查研究的行动指南和整个调查研究过程的备忘录;第二,向他人说明调查研究的目标、内容、研究方法和可行性。

调查方案的设计

1. 明确调查目的

开始一项研究,一般是基于个人的兴趣、对某些话题的关注、对某些问题的思考、希望印证一些相关的理论,所以我们在开始调查设计之初,要弄清楚自己到底进行的是什么目的的调查,是探索性的、描述性的,还是解释性的调查。因为调查目的不同,调查设计上会存在一些差异。例如，在是否需要提出研究假设这一点上，解释性调查需要提出研究假设，而探索性调查和描述性调查则不要求提出研究假设。

2. 概念化

一旦明确了调查目的，我们就可以开始下一步设计了，即概念化。我们通常对某些问题的看法很模糊，很抽象，为了使结论明确，就必须理清一些概念的含义，从而使得调查得以操作。例如，我们想研究大学生消费观方面的问题，那就得首先界定什么是"消费观"；我们想研究青少年犯罪问题，就必须先搞清楚"犯罪"是什么，在我国现行法律中，对"犯罪"的界定是怎样的。我们可以通过查阅资料、访谈或采取其他方法来对调查课题进行概念化。

3. 操作化

概念理清楚了，我们还必须把概念转变为可测量的指标，然后运用相应的方式和方法来进行测量。把概念定义为变量，把概念所包含的各层意思转化为变量的属性，这样才可以通过各种测量方法来进行测量，把抽象的概念通过量化的数字表征出来。

4. 抽样方案设计

由于客观条件的限制，我们不可能或者难以对我们感兴趣的所有对象进行观察研究，但我们可以运用统计学原理，选择部分样本来反映总体情况。抽样是一项复杂的工作，因此需要事先设计好抽样方案，包括总体的界定、样本数量的确定、抽样方法的选择等内容。抽样方案的设计能够影响整个调查工作的进展和调查结果的质量。因此，需要设计一种既符合调查目的和要求，又便于抽取到有代表性样本的方案。研究者应认真了解调查总体的现状和结构，了解收集被调查总体相关信息或接触被调查对象时所存在的困难和局限，分析自身所具有的各种现实条件（包括经费、时间、人力、关系等），尽量协调和平衡这3个方面，最终选择和确定抽样方案。

5. 资料收集、处理和分析

通过操作化把相关概念定义为变量，每个变量有自己的属性，可以通过一定的方法进行测量，测量可以得出一些数据资料，那么这些数据资料该怎么收集？在社会调查中，可供选择的方法也很多，如录音、摄像、文字记载等，通常在现代社会调查中最常见的就是通过调查问卷的方式来收集资料。调查问卷有自填式、访问式等形式，可以通过邮寄，也可以通过网络等各种途径收集，所以这些都需要我们在做调查方案时预先设计好，其中还包括对调查过程以及调查的组织与实施安排进行考虑，如调查人员的组织、培训、管理，经费的使用，时间的安排等。

资料的处理分析往往和资料的收集方式有着密切关系，特别是现代社会调查中通过结构化的问卷收集到的一些量化的数据，可以通过现代统计分析方法进行相关的处理分析。

6. 应用

数据处理分析完成后，会形成调查结果。通常我们需要跟他人交流分享自己的调查研究结果，如果是委派课题，往往需要把调查结果运用到相关的行业领域。因此，必须把自己的调查结果撰写成一份书面的报告。

如果把整个思路用图表来示意，大致如图2-3所示。

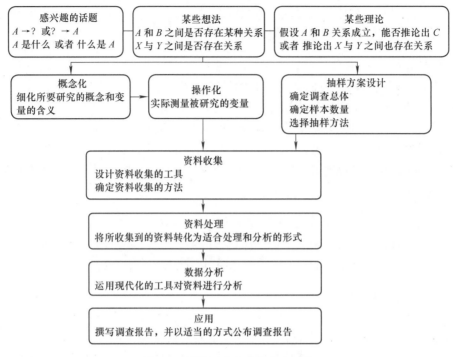

图 2-3 设计调查方案的基本思路

二、制订调查方案

上述过程是个人思考的过程,还需要把整个过程制订成调查方案。调查方案涉及一些具体事项的安排,如对调查工作的步骤、手段、工具、对象、经费、时间等进行规划,并形成完整周密的计划方案。一般来说,具体的社会调查方案应包括以下内容。

1. 描述调查目的和意义

调查目的,即为什么从事该项调查,是描述性调查还是解释性调查?调查中各个相关概念的明确定义是什么?这些在前期准备工作中都应完成,在制订调查方案时,就是把前面的思路进一步理顺、成文的过程。调查的意义即对本选题重要性的描述,通过此次调查能对学科的发展、社会规律的认识、社会现象的解释做出哪些贡献。调查意义的明确在选题之初就应该完成,在此也是对前面工作的整理成文。

2. 对调查内容进行说明

调查内容是围绕调查目的,通过操作化的方法,把调查目的具体分解和细化。如何把调查内容具体化在调查方案设计中显得尤为重要,关系着调查的具体实施。因为调查课题的确定只是指出我们所研究现象的大致范围或基本方向,至于在这个题目下究竟应该调查哪些具体现象,则是在调查设计中所要解决的问题和所应完成的任务。例如,我们的调查课题是"重庆市城区交通状况及问题研究",那么在调查设计方案中就可以将城区的交通状况分解为交通车辆状况、道路建设状况、人员流量状况等几个大的方面,然后在每一个大的方面中,对研究内容进一步细化。例如,将交通车辆状况分为机动车与非机动车、客车与货车、大车与小车等具体的调查内容。这样就可为指标的选择、问卷的设计等打下较好的基础。

3. 对理论假设进行说明

探索性调查的主要目的是通过了解情况来发现问题，建立不同现象之间的联系，是不需要事先建立起理论假设的。描述性调查的主要目的是全面描述某些社会现象的状况和特点，为进一步分析和探讨不同现象之间的联系打下基础，一般也不需要建立假设。只有在解释性调查中，它的目的是回答"为什么"，需要解释原因，说明关系，因此通常要从理论假设出发，经过调查，收集资料，并通过分析资料来检验假设，才能达到对社会现象进行理论解释的目的。所以在进行解释性调查时，应该在调查设计方案中对理论假设进行陈述和说明。

4. 对分析单位、调查范围和调查对象进行说明

分析单位是一项社会调查的研究对象，整个调查研究工作都要围绕分析单位来做。例如，在收集资料的过程中，研究者应当以分析单位为单位收集资料，在分析阶段，研究者应当就同一分析单位下结论。对调查课题的分析单位进行明确说明，有助于研究者围绕研究对象有针对性地收集研究所需的资料，避免犯层次谬误或简化论的错误。

对抽样调查来说，对调查范围和调查对象加以说明是非常重要的。调查范围即调查总体，就是实际抽取样本时所用的总体，为了保证调查结果能够推论到研究总体，制作抽样方案时，应当使调查总体无限接近直至等于研究总体。调查对象就是收集样本资料时所直接询问的对象，常常是人。调查对象与分析单位并不总是一致的。当分析单位是个人时，调查对象与分析单位都是个人，二者是一致的；当分析单位是群体、组织、社区或社会人为事实时，调查对象与分析单位是不一致的。在不同的社会调查研究中，由于其研究对象和研究目的不同，研究者所选择的调查范围和调查对象也不同。

从总体中所抽出的那一小部分样本对总体是否具有代表性、有多大的代表性，与抽样方法、样本容量密切相关。

5. 对调查资料收集方法与分析方法进行说明

资料收集方法有各种不同的形式，每一种具体的资料收集方法分别适用于不同的条件和场合。研究者的任务是要根据自己所从事的调查课题的具体情况，从中进行选择，以达到最好效果。现在通常使用的资料收集方法是问卷收集法，如通过自填式或访问式问卷将需要收集的资料收回。针对不同的调查目的、内容和要求，也需要选择不同的分析方法，比如，探索性调查主要依赖于定性分析方法，描述性调查主要侧重于基本的描述统计和推论统计，而解释性调查则主要依赖于双变量与多变量的相关分析及其他一些更为复杂的统计分析方法。

6. 对调查员组成、组织结构及培训安排进行说明

调查项目如果规模较大，通常需要多人合作，共同努力才能完成。在实施具体的调查任务中，还需要专门的调查员，调查员的工作是负责调查资料的收集，自填式问卷相对比较简单，如果是访问式问卷，则需要一定的访问技巧，这就涉及调查员的挑选和培训。因此，制订调查方案时，须对调查课题的组成人员及其在调查中所承担的任务进行全盘考虑，明确相应的组织管理办法。对调查员的挑选、培训工作也要事先确定切实可行的培训方案，以保证调查工作的顺利进行。

7. 对调查时间进度和经费使用计划进行说明

社会调查往往具有时效性，特别是现在应用广泛的市场调查，如果无法在特定的时间内完成将失去调查的意义，如某企业在开发新产品前对市场竞争情况进行的调查。所以，在制订调查方案时，从定下题目到完成报告，往往会规定时间范围以保质保量地完成研究任务。在时间的分配上我们要注意，给调查的准备阶段多安排一些时间，要给不确定的事项留有一点余地。对整个调查工作的时间分配和进度安排要合适。此外，经费的使用也应有一个具体的预算和合适的分配，以保证调查的各个阶段都能顺利进行。

以上7个部分是我们在撰写调查方案时通常需要完成的步骤。当然，这只是给我们提供一个参考，并没有规定所有的调查方案都必须具备这些组成部分，我们可以根据实际情况，选择适当的方式和方法。

实作训练

一、任务描述

现要进行一次重庆市主城区居民社会保障状况的调查，请设计一份调查方案。

二、任务分析

该任务主要是设计调查方案，总体思路涉及以下内容。

（一）调查方案的主要内容

（1）确定调查目的和意义。随着社会的发展，人们的生活水平越来越高，对社会保障的需求也越来越多，社会保障成为全民的需求。为了能更好地了解重庆市居民对社会保障的需求，我们特组织了这次调查。

（2）调查内容的说明。①目前居民所享有的社会保障项目；②居民对现有保障项目的意见或建议等；③居民还迫切需要增加或改善的保障项目等。

（3）理论假设。本调查属于描述性调查，所以不需要理论假设。

（4）确定调查范围、调查对象和分析单位。选用抽样调查的方式，抽样调查首先要根据调查目的和调查内容确定抽样的总体及抽样方法，由此确定抽样对象（即样本）。本次调查样本规模确定为1 000人，调查对象是居民，因此分析单位是个体。

（5）收集资料方法。入户结构式访问。

（6）数据分析方案。单变量的描述统计和推论统计，双变量的相关关系分析。

（7）其他内容。其他内容包括确定调查时间，安排调查进度，确定提交报告的方式，调查人员的选择、培训和组织等。

（二）调查方案的制订

1. 调查方案的格式

调查方案的格式包括摘要、前言、调查的目的和意义、调查的内容和范围、调查方式和方法、调查进度安排和有关经费开支预算、附件等部分。

2. 撰写调查方案应注意的问题

（1）调查方案的制订必须建立在对调查课题的背景的深刻认识上。

（2）调查方案要尽量做到科学性与经济性的结合。

（3）调查方案的格式可以灵活，不一定要采用固定格式。

（4）调查方案的书面报告是非常重要的一项工作。一般来说，调查方案的起草与撰写应由课题的负责人来完成。

（三）调查方案的可行性研究

1. 调查方案的可行性研究的方法

（1）逻辑分析法。逻辑分析法是指从逻辑的层面对调查方案进行把关，考察其是否符合逻辑和情理。

（2）经验判断法。经验判断法是指通过组织一些具有丰富调查经验的人士，对设计出来的调查方案进行初步的研究和判断，以说明调查方案的合理性和可行性。

（3）试点调查法。试点调查法是指通过在小范围内选择部分单位进行试点调查，对调查方案进行实地检验，以说明调查方案的可行性。

2. 调查方案的模拟实施

对于那些调查内容很重要、调查规模很大的调查项目，一般在正式调查开始之前，需要按照已被确定下来的调查方案进行一次模拟调查，以便为正式调查积累经验。

3. 调查方案的总体评价

调查方案的总体评价可以从不同角度来衡量。但是，一般情况下，对调查方案进行评价应包括4个方面的内容：调查方案是否体现调查目的和要求；调查方案是否具有可操作性；调查方案是否科学和完整；调查方案是否能保证调查质量高、效果好。

三、操作过程

重庆市主城区居民社会保障状况调查方案

一、调查的目的、意义

社会保障是指国家通过立法，积极动员社会各方面资源，通过收入再分配，保证无收入、低收入以及遭受各种意外灾害的公民能够维持生存，保障劳动者在年老、失业、患病、工伤、生育时的基本生活不受影响，同时根据经济和社会发展状况，逐步增进公共福利水平，提高国民生活质量。随着社会的发展，人们的生活水平越来越高，对社会保障的需求也越来越多，社会保障成为全民的需求。为了能更好地了解重庆市居民对社会保障的需求，我们特组织了这次调查。

二、调查的主要内容

此次调查从以下几个方面进行：①目前居民所享有的社会保障项目；②居民对现存保障项目的意见或建议等；③居民还迫切需要增加或改善的保障项目等。

三、调查总体、样本

本次调查的总体为重庆市所有 18 岁以上的居民（包括外来人口，但不包括因年龄太大等生理原因不能接受调查者）。本次调查的样本规模为：1 000 人。

四、资料收集与分析方法

调查资料的收集方法为入户结构式访问。

资料分析主要包括单变量描述统计、推论统计，双变量相关关系分析。

五、抽样程序

样本抽取采用多阶段随机抽样方法进行。

（1）从重庆市所有主城区中抽取 5 个主城区。

（2）从每个抽中的主城区中各抽取 2 个街道办事处，这样，总共抽取 10 个街道办事处。

（3）从每个抽中的街道办事处中各抽取 2 个居委会。这样，总共抽取 20 个居委会。

（4）从每个抽中的居委会中各抽取 50 户居民家庭，总共 1 000 个居民家庭。

（5）从每户抽中的家庭中抽取一位 18 岁以上的成员。

六、抽样的具体步骤与方法

第一阶段：从城市中抽取主城区。采用简单随机抽样的方法，列出全市所有主城区的名单，顺序编号，用写小纸条抽签的方法抽出 5 个城区。重庆市共有 9 个主城区，编为 1~9 号，写 9 张小纸条，也是 1~9 号，将每张小纸条叠起来，放进口袋里混合，从中摸出 5 张，这 5 张小纸条上面的号码所对应的城区就是所抽取的样本城区。

第二阶段：从主城区中抽取街道办事处。

采用简单随机抽样的方法，列出每个城区中的全部街道办事处的名单，顺序编号，同样用上述写小纸条抽签的方法抽出 2 个街道办事处。假设某城区共有 9 个街道办事处，编为 1~9 号，写 9 张小纸条，也是 1~9 号，将小纸条叠起来，放进口袋里混合，从中摸出 2 张。这 2 张小纸条上的号码所对应的街道办事处就是所抽取的样本街道办事处。

第三阶段：从街道办事处中抽取社区居委会。

采用简单随机抽样的方法，列出每个街道办事处的所有社区的名单，顺序编号，同样用上述小纸条抽签的方法，将小纸条叠起来，放进口袋里混合，从中摸出 2 张。这 2 张小纸条上的号码所对应的社区居委会就是所抽取的样本社区居委会。

第四阶段：从居委会中抽取家庭居民户。

采用系统抽样的方法，列出每个社区居委会中全部居民户的名单，顺序编号，计算抽样间隔，如间隔不为整数，则先利用简单随机抽样的方法剔除余数，再用系统抽样方法抽取样本。假设某社区居委会有 1 000 户居民，将 1 000 户居民按门牌号制作抽样框，计算抽样间隔为 20，从前 20 个中抽取一个随机起点，假设为 5，从 5 开始，每 20 个抽取 1 个，最后到抽样框中找到这 50 个所对应的家庭居民户。这 50 个居民户就是抽取的样本家庭居民户。

第五阶段：从家庭居民户中抽取被调查者。

采用简单随机抽样的方法，列出每个家庭居民户中所有成年人的名单，顺序编号，同样用上述小纸条抽签的方法，将小纸条叠起来，放进口袋里混合，从中摸出 1 张。这 1 张小纸条上的号码所对应的家庭成员就是所抽取的被调查者。

七、调查实施

（1）挑选调查员。调查员队伍最好由20～25名高年级大学生或者研究生组成，男女生比例最好相当。调查员应具有诚实、认真、吃苦、耐劳的品质，以及较强的与人交往能力、口头表达能力、自我保护能力。

（2）培训调查员。调查员必须经过短期专门培训，培训内容包括了解调查项目、调查要求、访问技巧、熟悉问卷、做试访问、分组和管理要求等。正式调查前，每个调查员必须完成一份试调查，经过集体总结后才能正式开展调查。

（3）联系调查。通过市、区的民政部门介绍（包括开介绍信、打电话等），与各街道办事处和居委会联系。努力争取街道与居委会的支持与配合。这一点对于调查的顺利进行，特别是对于减少调查过程中的阻碍、取得被调查者的信任和节省调查时间具有十分重要的作用。

（4）保证调查质量。建议将调查员分为几组，每组4～5名调查员。调查最好在双休日进行，以避免工作日大部分调查对象上班外出不在家的情况发生。建议每组每天集中调查一个居委会，完成20～25户（平均每人4～5户）。每天调查结束后，有人专门负责检查，及时发现问题，及时补救。每份问卷上需要有调查员和审核员的签名。

（5）调查员报酬。为保证调查员的工作质量和相应的劳动所得，按每份问卷10元给予调查员调查报酬（不包括市内交通费、饮料费等）；同时，为了保证被调查者的利益和便于调查的开展，给予每一位被调查对象价值5元左右的纪念品。

（6）注意调查员的人身安全。采取切实可行的措施，保证调查员的人身安全。最好在双休日白天进行调查，晚上调查必须两人一组进行，不能单独行动，21时前必须返回。

八、进度安排

准备阶段：2个月（4月1日—5月31日）

具体工作为设计调查问卷；组织调查员队伍；抽取城区、街道、居委会（若条件许可，抽到居民户）；联系街道和居委会；调查员培训；试调查。

调查实施阶段：1个月（6月1日—6月30日）

具体工作为按调查计划安排，将调查员分组，进入样本街道和居委会开展调查；实地抽取居民户以及户中抽人；以结构式访问的方式完成调查问卷；每天实地审核调查问卷，发现问题及时处理和开展补充调查。

资料整理阶段：1个月（7月1日—7月31日）

为保证资料质量，各地调查员统一将问卷于7月5日前送至××区调查点，由××区调查点集中编码和录入。××区调查点组织专门人员依据编码手册对问卷进行编码和录入。建议编码者和录入者为同一组人，编码和录入前一定要进行专门培训，强调认真仔细，切忌马虎。编码和录入时先慢后快，以减少录入中的错误。数据录入完毕后，经过计算机处理，于7月底以前将数据分别用电子邮件传给各个区的调查员。

分析资料和撰写调查报告阶段：4个月（8月1日—11月30日）

研究人员利用调查数据完成居民社会保障状况的调查报告一份，专题论文若干篇，并为编辑成果出版做准备。

九、经费预算

项　　目	预计经费（元）	备　　注
确定调查目标，制订调查计划	500	制订人劳务费
设计问卷	3 000	问卷设计人员劳务费（1 000元） 问卷印刷费用（1 000份×2元/份=2 000元）
调查队伍组织	2 000	调查员的挑选及培训 （培训教师劳务费1 000，培训场地租用、用具1 000元）
联系调查	10 000	与各街道办事处、社区居委会联系费用 （5个主城区×2个街道/城区×2社区/街道=20个社区） 20个社区×500元/社区=10 000元
资料收集	15 000	调查员劳务费用（1 000份×10元/份=10 000元） 礼品费用（1 000份×5元/份=5 000元）
资料整理分析	5 000	专业分析人员劳务费 （包括数据录入、分类、统计分析等）
调查报告撰写并印刷	5 000	撰写人稿费、印刷费用
合计	40 500	

四、实训小结

调查方案基本上是由调查的目的、调查内容、理论假设、分析单位、调查对象、调查方法和分析方法、人员组织和培训、时间进度和经费预算等几个部分构成的，但不同领域的调查方案设计会有不同的特点。调查方案中时间进度的安排要根据调查对象的数量、调查范围的大小、调查问题的难易程度等因素合理分配时间。调查方案中的经费预算要详细、合理。

本项目质量评价标准

序　号	检测内容	分值（分）	评价标准	得分（分）
1	3种不同目的的调查在调查设计上的差异	20	1. 调查方法上的差异：0～4分 2. 理论假设上的差异：0～4分 3. 样本规模上的差异：0～4分 4. 测量工具上的差异：0～4分 5. 分析方法上的差异：0～4分	
2	社会调查中常见的分析单位	20	1. 能列出5种常用的分析单位：0～10分 2. 能区分5种常用的分析单位：0～10分	
3	设计并撰写社会调查方案	60	1. 结构完整，语言表达流畅：0～10分 2. 对调查的目的和意义描述准确：0～10分 3. 能够正确地区分调查对象、分析单位和抽样单位，明确调查范围：0～10分 4. 能够根据调查目的，细化调查内容项目：0～10分 5. 对抽样方案的设计有一定的思考：0～10分 6. 能够合理安排调查时间进度、调查员工作及培训以及合理规划经费的使用：0～10分	
合　计		100		

 **知识拓展**

调查方案设计案例

重庆城市管理职业学院学生对食堂满意度调查方案

一、调查课题的目的和意义

了解重庆城市管理职业学院学生对学生食堂的满意程度，了解学生对食堂各方面的感受，找出学生食堂现存问题，并向有关部门反映，针对性解决问题，从而提高学生生活质量，增加学生对学校的认同感。

二、调查内容

本次调查的主要内容是学生对食堂的满意度，具体包括学生食堂满意度的主观评价和对食堂在营养搭配、供餐时间安排、餐具提供、卫生状况、饭菜价格、饭菜分量、饭菜质量、食材安全、食材新鲜度、菜品种类、菜品口味、菜色、食堂距离远近、就餐环境、就餐秩序、工作人员素质、工作人员服务态度等方面的满意程度。

三、调查范围、调查对象、分析单位、抽样方案与抽样步骤

调查范围：调查总体是重庆城市管理职业学院全体学生。

调查对象：学生。

分析单位：学生。

抽样方案：本调查采取多阶段抽样方法进行抽样，样本规模为800人。

抽样步骤：

第一步：从全校7个二级学院（民政与社会治理学院、商学院、大数据与信息产业学院、智能工程学院、财经学院、文化与旅游学院、智慧康养学院）中，用简单随机抽样方法抽取5个二级学院。被抽中的5个二级学院分别是民政与社会治理学院、大数据与信息产业学院、智能工程学院、财经学院、文化与旅游学院。

第二步：从被抽中的民政与社会治理学院、大数据与信息产业学院、智能工程学院、财经学院、文化与旅游学院等5个二级学院中抽取专业。用简单随机抽样方法从每个学院中抽取一半以上的专业。

民政与社会治理学院有社会工作、民政管理、现代殡葬技术与管理、社区管理与服务、公共事务管理、婚庆服务与管理、物业管理、劳动与社会保障、房地产经营与管理等9个专业，抽中社会工作、民政管理、婚庆服务与管理、物业管理、房地产经营与管理等5个专业。

大数据与信息产业学院有物联网应用技术、计算机网络技术、软件技术、计算机信息管理、大数据技术与应用、数字媒体应用技术（视觉传播设计与制作）等6个专业，抽中计算机网络技术、计算机信息管理、大数据技术与应用等3个专业。

智能工程学院有微电子技术、智能控制技术、电子信息工程技术、通信技术、工业机器人技术、安全技术与管理、建筑智能化工程技术等7个专业，抽中微电子技术、电子信息工程技术、工业机器人技术、建筑智能化工程技术等4个专业。

财经学院有金融管理、财务管理、会计等3个专业，抽中金融管理、财务管理等2个专业。

文化与旅游学院有文秘、人物形象设计、文化市场经营管理、服装设计与工艺（服装与服饰设计）、园林技术、会展策划与管理、酒店管理、空中乘务、旅游管理、摄影摄像技术、环境艺术设计等11个专业，抽中文秘、文化市场经营管理、园林技术、酒店管理、空中乘务、环境艺术设计等6个专业。

第三步：从每个被抽中的专业中，用简单随机抽样方法抽取2个班级。共抽中社会工作A1901、社会工作A2003、民政管理A2002、民政管理A2104、婚庆服务与管理A1901、婚庆服务与管理A2102、物业管理A1902、物业管理A2001、房地产经营与管理A2001、房地产经营与管理A2102、计算机网络技术A1902、计算机网络技术A2002、计算机信息管理A2001、计算机信息管理A2102、大数据技术与应用A1901、大数据技术与应用A2002、微电子技术A2002、微电子技术A2101、电子信息工程技术A1901、电子信息工程技术A2101、工业机器人技术A2001、工业机器人技术A2102、建筑智能化工程技术A1901、建筑智能化工程技术A2001、金融管理A2001、金融管理A2102、财务管理A1902、财务管理A2001、文秘A2001、文秘A2102、文化市场经营管理A1902、文化市场经营管理A2101、园林技术A2001、园林技术A2102、酒店管理A1901、酒店管理A2002、空中乘务A2001、空中乘务A2102、环境艺术设计A1901、环境艺术设计A2002等40个班级。

第四步：从每个被抽中的班级中，用简单随机抽样方法抽取20名学生，构成1个含800名学生的样本。这一步抽样需要调查员完成。

四、资料收集方法与资料分析方法

本调查主要采用自填式问卷和观察法收集资料。一方面，调查员采用个别发送发或集中填答法，收集问卷资料；另一方面调查员进入食堂进行观察，获取实地资料。

本调查主要采取单变量描述统计和推论统计、双变量交互分析两种方法对问卷资料进行分析。实地观察资料不做量化处理，仅仅作为调查资料质量评估的参考材料。

五、调查人员的组织和培训

（1）挑选调查员。调查员队伍由20名学生组成，男女生比例相当。要求调查员具有诚实、认真的品质，较强的人际交往能力、口头表达能力和自我保护能力。

（2）培训调查员。培训内容包括了解调查项目、调查要求、访问技巧、熟悉问卷、做试访问、分组和管理要求等。

（3）说明调查员报酬。

六、调查进程和费用预算

项　　目	时间分配（天）	预计经费（元）	经费使用说明
确定调查目标，制订调查计划	5	500	制订人劳务费
设计问卷	7	1 000	包括问卷设计、印刷费用
组织问卷调查和现场观察	7	4 000	调查员劳务费
资料整理分析	5	500	包括数据录入、统计、分类等
调查报告撰写与修改	7	700	撰写人稿费
调查报告印刷	1	200	印刷费用
合　　计	32	6 900	

七、调查项目执行团队

负责人：×××

主要成员：×××、×××、×××

调查员：×××等20人

思考与练习

一、判断题

1. 探索性调查常常用于一种更正式的调查之前帮助调研者将问题定义得更准确、帮助确定相关的行动路线或获取更多的有关资料。（　　）
2. 描述性调查一般是从理论假设出发，对现象的原因或现象间的因果关系做出尝试性或假设性的说明，然后通过观察、调查来系统地检验假设。（　　）
3. 简化论是指用一种比较大的集群分析单位作研究，却用另一种比较小的或非集群分析单位做出结论。（　　）
4. 描述性调查的主要目的是全面描述某些社会现象的状况和特点，为进一步分析和探讨不同现象之间的联系打下基础，一般也不需要建立假设。（　　）
5. 调查方案中可以没有经费使用方案。（　　）

二、简答题

1. 什么是调查方案？
2. 什么是分析单位？社会调查中常用的分析单位有哪些？
3. 调查方案的具体内容包括哪些？

三、实训题

1. 下列几个调查课题是解释性调查还是描述性调查？

（1）大学生就业与高等教育质量观研究。

（2）××市大学生月消费支出情况调查。

（3）××市高校大学生就业难的原因研究。

（4）××市老年人生活状况调查。

2. 请针对项目一"思考与练习"之下"三、实训题"的第2题所选择的调查课题，设计具体的调查方案。

项目三 / Project 3

03 / 制订抽样方案

❑ **项目描述**

本项目要求学生通过对抽样的基本知识、程序、具体方法以及如何确定样本规模等的学习,掌握抽样方案的设计方法,能够制订抽样方案,实际抽取样本。

项目任务分解:认识抽样、抽样的程序、抽样方案的制订。

任务一 认识抽样

学习目标

本任务主要学习抽样的相关术语、抽样的作用、如何确定样本规模、影响样本规模确定的因素。通过本任务的学习，要求学生掌握与抽样相关的基本知识及如何确定样本规模。

理论知识

在实际调查中，往往因为客观条件的限制，我们不能对总体中的所有个体逐一进行调查。所以，调查部分以反映总体的抽样调查成为最常用的调查研究方法之一，已被广泛应用到社会调查、市场调查、民意测验等多个领域。

一、抽样的概念及相关术语

1. 总体

总体一般与构成它的元素共同来定义，总体就是构成它的所有元素的集合，而元素是构成总体的最基本单位。在社会调查中，研究者一定要弄清楚研究总体与调查总体的关系。研究总体是理论上界定的总体，而调查总体则是实际操作过程中所能够把握的总体。从严格意义上讲，样本情况只能推论到调查总体中去。为了让样本情况能够推论到研究总体中去，制订抽样方案时，一定要使调查总体无限接近直至等于研究总体。例如，我们要对重庆市65岁及以上的老年人的健康状况做调查，那么，重庆市所有65岁及以上的老年人就是这次调查的研究总体。在实际抽样过程中，我们可能会根据户籍管理部门的统计资料来获取这些老年人的名单，这份名单所构成的是这次调查的调查总体。社会调查中，我们通常用 N 表示总体所包含的元素的数量。

2. 样本

样本就是按照一定的方式从总体中抽取出来的那一部分元素的集合。如上例中，如果我们从重庆市65岁及以上的老年人总体中，按照一定的方式抽取1 000位老年人作为对象进行调查，那么这1 000位老年人就构成了此次调查的一个样本。需要注意的是，一个总体中可以抽取若干不同的样本，因为任何一个元素的更换，都会形成一个不同的样本。我们的任务便是从这若干个不同的样本中得到比较有代表性的样本。样本所含元素的数目通常用 n 来表示。

3. 抽样

抽样就是从含有 N 个元素的总体中，按照一定的方式抽取出 n 个元素的过程。如上例中，从重庆市所有65岁及以上的老年人中按照一定的方式抽取我们所需要的1 000位老年人的过程即是抽样。

4. 抽样单位

抽样单位是一次直接抽样时所使用的基本单位。需要注意的是，抽样单位和样本元素有时相同，有时不同。如果是在简单随机抽样中，它们是一致的，但在整群抽样中，抽样单位是群体，而每个群体单位中又包含许多样本元素。如上例中，从重庆市所有65岁及以上的老年人中按照一定的方式抽取我们所需要的1 000位老年人时，如果直接抽取1 000位老年人，则抽样单位为个人，即样本元素；如果我们抽取的是700户家庭（假设这700户家庭正好有1 000位65岁以上的老年人），那么抽样单位就是家庭，这时抽样单位和样本元素就不同了。

5. 抽样框

抽样框也称抽样范围，是一次直接抽样时总体中所有抽样单位的名单。如果抽样是分几个阶段来进行的，那么每一阶段都需制订不同的抽样框。如上例中，我们在实际抽取样本时，不会选择直接以老年人为单位一次抽样，因为这样需要的是重庆市所有符合条件的老年人的名单，这项工作很难进行，所以我们一般会分阶段来进行抽样。可以先从城区中抽取部分城区，再从抽中的城区的所有街道中抽取部分街道，再从抽中的街道的所有社区中抽取部分社区，再从抽中的社区中的所有家庭中抽取部分家庭，最后从抽中的家庭中抽取出1 000位符合条件的老年人。在这个过程中，每个阶段的抽样单位都不同，第一阶段的抽样单位是城区，第二阶段的抽样单位是街道，第三阶段的抽样单位是社区，依此类推。所以在制订抽样框时，第一阶段的抽样框是所有城区的名单，第二阶段的抽样框是抽中城区中所有街道的名单，第三阶段的抽样框是抽中街道中所有社区的名单，依此类推。

6. 参数值

参数值也称为总体值，是指总体中某一变量的综合描述。例如，重庆市所有65岁及以上的老年人的平均年龄、每年用于医疗的平均费用等都是参数值。参数值需要对总体中每一个元素都进行测量才能得到。因为总体一般所含的元素很多，我们很难对每个元素进行分析而得出参数值，所以参数值多是理论值，难以确定。通常根据样本的统计值来推论总体的参数值。

7. 统计值

统计值也称为样本值，是指样本中某一变量的综合描述。统计值通常是实际统计分析的数值。如上例中，我们从重庆市所有65岁及以上老年人中抽取出1 000位老年人，对这1 000位老年人的平均年龄、每年用于医疗的平均费用进行计算，所得到的就是这一样本的统计值。

由于参数值通常是未知的，而统计值是可以通过计算得到的，所以，抽样的一项重要任务便是用样本的统计值去推断总体的参数值。

用样本统计值去推断参数值时，二者是一一对应的，如表3-1所示。

表3-1 参数值与统计值比较表

项目	参数值	统计值
定义	反映总体特征的指标	反映样本特征的指标
特征值	N（总体数） μ（总体均值） σ（总体标准差） P（总体百分比）	n（样本数） $\bar{x}$（样本均值） S（样本标准差） p（样本百分比）

8. 置信度

置信度，又称置信水平，是指总体参数值落在样本统计值某一区间内的概率，或者说，是总体参数值落在样本统计值某一区间内的把握性程度。例如，置信水平为95%，指的是总体参数值落在样本统计值某一区间的概率为95%，或者说，我们有95%的把握认为样本统计值将落在总体参数值周围的某一区间内。

9. 置信区间

置信区间是指在某一置信度下，样本统计值与总体参数值之间的误差范围。置信区间反映的是抽样的精确性程度。置信区间越大，即误差范围越大，抽样的精确程度越低。反之，置信区间越小，即误差范围越小，抽样的精确程度越高。

置信度与置信区间的关系：置信度反映的是抽样的可靠程度，置信区间反映的是抽样的精确程度。在其他条件不变的情况下，置信度越高，置信区间越大；置信度越低，置信区间越小。也就是说，在其他条件不变的情况下，对抽样的可靠程度要求越高，抽样的精确程度将越低；对抽样的可靠程度要求越低，则抽样的精确程度将越高。

10. 抽样误差

样本统计值与所要推论的总体参数值之间的均差值就称为抽样误差。它反映的是样本对总体的代表程度，又称代表性误差。抽样误差是由抽样本身的随机性引起的，是不可避免的。但是抽样误差的大小是可以控制的。抽样误差的意义在于它是衡量样本代表性好坏的标准：抽样误差越小，说明样本的代表性越好；反之，则越不好。

11. 异质性

社会中由不同的个人所组成的各种群体、组织等构成了社会调查的研究总体。它们所包含的个体相互之间总是存在着或大或小的差异，这种差异就用异质性来表示。不同总体中，个体之间的差异程度也不相同。抽样的最终目的是推断总体，当总体中个体之间的差异程度较大时，也就是说，总体中个体相互之间差别较大时，为保证样本对总体的代表性，需要增加样本容量。

12. 同质性

一个总体中的各元素之所以会归为这个总体中，总是存在着一些相似点或共同特征。同质性就是指总体中个体相互之间的相似程度，它与异质性相对应。一般来说，总体中个体之间差异越小，即同质性越强，所抽取的样本越容易代表总体。所以，在其他条件不变的情况下，从同质性较强的总体中抽取样本时所需要的样本规模小于从异质性较强的总体中抽取样本时所需要的样本规模。

13. 放回抽样

放回抽样是指每次从总体中抽取一个单位进行观察后再把这个单位重新放回总体，使之继续参加下次抽选。这种方法由于前一次抽中的单位又被放回总体中，不会影响后面的抽选，所以总体中每个单位被抽中的机会均等。连续抽选各单位都是独立进行的。

14. 不放回抽样

不放回抽样是指每次从总体中抽取一个单位进行观察后，不再把这个单位重新放回总体，这个单位不再继续参加下次抽选。这种方法由于每次抽中的单位不再放回总体中，每抽选一次，总体的单位就少一个，使连续抽选的各个单位互相不独立。

二、抽样的作用

抽样调查是从研究的总体中抽取部分单位作为样本，进行观察研究，并根据这部分单位的调查结果来推断总体，以达到认识总体的一种统计调查方法。

抽样调查主要用于如下两种情形：

（1）用于不可能进行全面调查的总体数量特征的推断。主要有两种情况：①无限总体的调查，如江河、湖泊、海洋中的鱼尾数，大气或海洋的污染程度等；②具有破坏性或消耗性的产品质量检验，如灯泡的寿命、轮胎的行程、人体的血液检验，以及糖果、烟酒等食品的质量检查，无法将所有产品一一检查和实验，只有采取抽样调查的方法。

（2）用于某些不必要进行全面调查的总体数量特征的推断。例如，城乡居民的家庭收支调查，虽然可以对城乡中每一户居民进行逐一调查，但工作量太大，耗费人力、物力和财力太多，而且常常缺乏原始记录。这时可以抽样调查，掌握部分家庭的收支状况，也就足以说明总体的特征。

三、样本规模

样本规模又称样本容量，就是指样本所含个案的多少。统计学中通常以30为界，把样本分为大样本（样本规模≥30）和小样本（样本规模<30）。但在社会调查中，样本规模一般不少于100个个案。

简单随机抽样中推论总体均值的样本规模计算公式为

$$n=(t^2\times\sigma^2)/e^2$$

式中，n 为样本规模，t 为置信度所对应的临界值，σ 为总体标准差，e 为研究容许的抽样误差。

简单随机抽样中推论总体百分比的样本规模计算公式为

$$n=[t^2\times P(1-P)]/e^2$$

式中，n 为样本规模，t 为置信度所对应的临界值，P 为总体百分比，e 为研究所容许的抽样误差。

在上述公式中，置信度和容许的抽样误差是研究者根据研究要求事先确定的，但总体标准差和总体百分比常常是未知的。因此，在实际抽样时，研究者往往无法直接使用上述公式来计算样本规模。但是，可以借助前人对同一总体所做调查得出的资料，估算总体标准差。在推论总体百分比的样本规模时，虽然我们不知道 P 是多少，但是我们知道，当 $P=50\%$ 时，$P(1-P)$ 将达到最大值。因此，为了保险起见，研究者可以取 $P=50\%$，这样，计算公式 $n=[t^2\times P(1-P)]/e^2$ 就转化为

$$n=t^2/4e^2$$

根据此公式计算95%置信度（此时 $t=1.96$）下不同抽样误差所要求的样本规模如表3-2所示。

表 3-2 95% 置信度下不同抽样误差所要求的样本规模

t 值	容许的抽样误差比例（%）	样本规模
1.96	1	9 604
1.96	1.5	4 268
1.96	2	2 401
1.96	2.5	1 537
1.96	3	1 067
1.96	3.5	784
1.96	4	600
1.96	4.5	474
1.96	5	384
1.96	5.5	317
1.96	6	267
1.96	6.5	227
1.96	7	196
1.96	7.5	171
1.96	8	150
1.96	8.5	133
1.96	9	119
1.96	9.5	106
1.96	10	96

四、影响样本规模确定的因素

1. 总体规模

按一般的想法，总体越大，样本也要越大，这样才能保证一定的精确性。但是，当总体规模大到一定程度时，样本规模的增加并不与它保持同等的增长速度。这种情况下，样本规模的增加对抽样误差的影响微乎其微，所以认为样本规模越大越好是一种误解。

2. 推断的把握性和精确性

一般来说，抽样调查的目的是通过样本推断总体，而推断的可靠性和精确度与样本规模有密切关系。置信度和置信区间是说明样本规模与抽样可靠性、精确度关系的两个重要概念。置信度反映抽样的可靠程度，置信区间反映抽样的精确程度。其他条件不变的情况下，置信度越高，即推断的可靠程度越高，所要求的样本规模就越大；置信区间越小，即样本值与总体值之间误差范围越小，所要求的样本规模就越大。反之，则要求的样本规模越小。例如，在同等条件下，99% 的置信度所要求的样本规模就比置信度为 95% 时所要求的样本规模要大。同样，在同等条件下，置信区间为 ±1% 时所需要的样本规模就比置信区间为 ±5% 时所需要的样本规模大得多。

3. 总体的异质性

一般来说，要达到同样的精确性，在同质性高的总体中抽样时，所需要的样本规模就小一些；而在异质性高的总体中抽样时，所需要的样本规模就大一些。其主要原因是，同质性越高，表明总体在各种变量上的分布越集中，波动性小，同样规模的样本对总体的反映就越准确。而异质性越高，表明总体在各种变量上的分布越分散，波动性大，同样规模的样本对总体的反映就会越差。

4. 调查者所拥有的人力、物力和时间

从样本的代表性、抽样的精确性考虑，样本规模越大越好。但抽样所得到的样本是要用来进行调查的，样本规模越大，意味着所需要投入的人力、物力和时间越多，可能受到的限制和障碍也就越多。

五、样本规模与抽样误差

抽样误差与总体标准差（总体百分比）成正相关关系，与样本单位数成负相关关系。在样本单位数确定的情况下，总体各单位标志值离散程度越小，抽样误差就越小；反之，抽样误差就越大。

对于特定调查总体而言，在总体标准差（总体百分比）不变的情况下，要减少抽样误差，就应当增加样本单位数量，即抽一个容量相对大一点的样本进行调查。当样本单位增加到与总体单位一样多时，就不存在抽样误差了。但是，为降低抽样误差而采取无限扩大样本容量的做法并不是一种明智的选择。因为，对于比较小的样本来说，样本规模上很小的一点增加，便会带来精确性方面很明显的增加；但对于较大的样本来说，增加样本量对提高精确性的作用并不明显。

实作训练

一、任务描述

给定总体规模及置信度和置信区间的要求，确定样本规模。

二、任务分析

样本规模的确定与调查的成败有密切关系，当确定总体规模及调查所需的可靠性和精确性后，能够确定所需的样本规模。

三、操作过程

试求置信度为 95%，置信区间为 ±3%，总体参数值以 50% 对 50% 比例均分，总体规模为 1 000 和总体规模为 10 000 时，所需的样本规模。

图 3-1 为 95% 的置信度、±3% 的置信区间和总体参数值 50% 对 50% 比例均分的假定时不同总体规模所需样本规模曲线图。由图可知，当总体规模为 1 000 时，曲线纵坐标所对应的样本规模约为 300；当总体规模为 10 000 时，曲线纵坐标所对应的样本规模约为 900。

由此可见，当总体规模增加时，样本规模也在增加，但是样本规模增加的速度远远小于总体规模的增加速度。

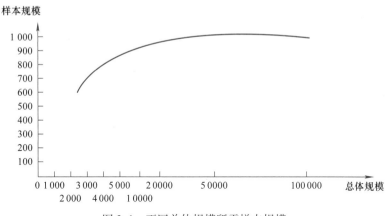

图 3-1　不同总体规模所需样本规模

（相对于 95% 的置信度、±3% 的置信区间和总体参数值 50% 对 50% 比例均分的假定而言）

四、实训小结

在抽样中，如果样本规模过小，就不能反映出总体的特征，就无法获取充分的证据，可能得出错误的结论；相反，如果样本规模过大，则会增加调查的工作量，造成不必要的时间和人力的浪费，降低调查效率，失去抽样的意义。

样本规模的确定是由总体规模、推断的把握性和精确性、总体的异质性程度几个要素决定的。也就是说，我们需要先了解总体所含个体的数量、个体间的差异程度、能容许的误差范围（即置信区间）和推断的把握性（即置信度）。当其中任何一个因素发生改变时，样本规模也会随之发生变化。

任务二　抽样的程序

学习目标

本任务主要学习抽样的程序。通过本任务的学习，掌握抽样的一般程序。

理论知识

虽然不同的抽样方法具有不同的操作要求，但从大体程序上看，按照一定原则进行抽样时，大致可包括如下几个步骤：

一、界定总体

界定总体就是在具体抽样前，对从中抽取样本的总体范围做出明确的界定。实际调查的总体与理论上设定的总体会有所不同，总体越复杂，二者的差别越大。例如，要研究某地青少年的犯罪状况，理论上的总体是这一地区符合一定条件的所有青少年，但实际上我们能够抽样的总体可能并不能全部包括，也就是说，只能根据我们所能够掌握的这一地区符合一定条件的青少年进行抽样。因此，抽样总体有时不等于理论上的研究总体，样本所代表的也只是明确界定的抽样总体。此外，由于调查研究内容的不同，对总体的界定也会有所不同。

对总体进行界定的原因有两个：①由抽样调查的目的决定的，抽样的目的是调查部分以反映总体，所以事先一定要明确界定样本所要推断的总体的范围；②界定总体是达到良好抽样效果的前提条件。事实证明，在没有明确界定总体前提下的抽样是很难正确反映总体情况的。1936年，美国知名杂志《文学文摘》为预测美国总统选举结果进行了一次民意调查活动。工作人员从电话簿与车牌登记单中挑选出来1 000万人发放调查问卷，最终收回230万张，调查结果显示，有57%的人支持共和党候选人阿尔夫·兰登，而当时在任的美国总统富兰克林·罗斯福的支持率仅为43%。两个星期以后全民选举的结果出来了，罗斯福以历史上最大的优势（61%的得票率）获得第二届任期。这说明，《文学文摘》的预测是失败的，为什么它的预测会失败？最主要的原因是此次调查的样本是从"电话簿与车牌登记单"中抽选出来的，也就是说，样本抽取的总体是有电话和汽车的人群，但实际上，此次调查的总体应该是美国全体选民。由于总体界定错误，使得《文学文摘》预测失败。由此可见，明确界定总体是达到良好抽样效果的前提条件。

二、样本设计

样本设计包括确定样本规模和选择抽样的具体方式。抽样的目的是用样本来推断总体，自然样本数越大，其代表性越高。但样本数越大，调查研究的成本也越大。因此，确定合适的样本规模和抽样方式是抽样设计中的一项重要内容。

三、确定抽样框

依据已经明确界定的总体范围，收集总体中全部抽样单位的名单，并对名单按随机原则进行统一编号，建立起供抽样使用的抽样框。

简单的总体可直接根据其组成名单形成抽样框，但对构成复杂的总体，常常根据调查研究的需要，制订不同的抽样框，分级选择样本。例如，进行全国人口抽样调查，先以全国的省市为抽样框选部分省、市为调查单位，然后再以这些省、市中的各县、区为抽样框选部分县、区为调查单位，这样依次到村或社区。

在概率抽样中，抽样框的确定非常重要，它会直接影响样本的代表性。因此，抽样框要力求全面、准确。准确的抽样框需满足两个基本原则：完整性和不重复性。这在实际操作中并不容易满足。例如，在城市居民户的抽样中，会经常出现一户居民有多处住房的情况，这样很容易把一户重复列入抽样框，使得他们在抽样中的中选概率高于其他居民；相反，许多城市居民居住条件比较差，很多居民同住在一个门牌号中，因此很容易遗漏。两种情况均违背了等概率原则。

四、实际抽取样本

实际抽取样本的工作就是在上述几个步骤的基础上，严格按照所选定的抽样方法，从抽样框中抽取一个个的抽样单位，构成调查样本的过程。

五、评估样本质量

评估样本质量即通过对样本统计值的分析，说明其代表性或误差大小。对样本代表性进行评估的主要标准是准确性和精确性：前者是指样本的偏差，偏差越小，其准确性越高；后者是指抽样误差，误差越小，其精确性或代表性越高。

评估样本的基本方法：将可得到的反映总体中某些重要特征及其分布的资料与样本中的同类指标的资料进行对比。若二者之间的差别很小，则可以认为样本的质量较高，代表性较好；反之，若二者之间的差别十分明显，则表明样本的质量和代表性不高。因而需要对前面的抽样步骤进行检查、修正，直到抽出质量较高、代表性较好的样本为止。

例如，从某高校的10 000名学生中抽取1 000名学生作为样本。同时，我们从学校教务处或学生处得到下列统计资料：全校男生占学生总数的53%，女生占47%；本市学生占40%，外地学生占60%。那么，我们可以对抽出的1 000名学生进行这两个方面分布情况的统计。假定样本统计得到的结果是：男生占52%，女生占48%；本市学生占41%，外地学生占59%。两相对比，可以发现二者之间的差距很小，这就在一定程度上说明，样本的质量较高，代表性较好，从这样的样本中得到的结果往往能较好地反映和体现总体的情况。

实作训练

一、任务描述

现在要进行一项关于重庆市主城区居民社会保障状况的调查，本次调查的总体为重庆市所有18岁以上的居民（包括外来人口）。本次调查的样本规模为1 000，请简要说明抽样的过程和每阶段所需的子样本数目。

二、任务分析

依据调查需要，明确抽样的程序及每阶段所需的子样本数目，为制订详细抽样方案奠定基础。

三、操作过程

样本抽取采用多阶段抽样方法进行。

（1）从重庆市所有主城区中抽取5个主城区。
（2）从每个抽中的主城区中各抽取2个街道，总共抽取10个街道。
（3）从每个抽中的街道中各抽取2个社区，总共抽取20个社区。
（4）从每个抽中的社区中各抽取50户居民家庭，总共抽取1 000户居民家庭。
（5）从每户抽中的家庭中抽取一个18岁以上的成员。

四、实训小结

多阶段抽样可以简化抽样的过程，当调查范围广、人数多时，我们可以按抽样单位的隶属关系，分阶段进行抽样。本例中调查范围是重庆市主城区，按抽样单位的隶属关系（城区—街道—社区—家庭—居民），分为五个阶段进行抽样，每个阶段抽取一定数量的抽样单位。需要注意的是，每个阶段在确定抽取数量时要考虑抽样的精确性和可行性。前几个阶段的抽样数目越大，样本分布的面就越广，样本的代表性就越好，但抽样的过程就越复杂；相反，前几个阶段抽样数目越小，样本分布面越小，样本的代表性越差，但抽样的过程就越简便。所以，要依据调查的需要，合理确定阶段数及不同阶段的子样本数目。

任务三　抽样方案的制订

学习目标

本任务主要学习抽样的具体方法。通过本任务的学习，结合任务二中所学的抽样程序，掌握抽样方案的制订方法，学会如何实际抽取样本。

理论知识

抽样的类型大体可分为两种，即概率抽样和非概率抽样。二者的根本区别就是在抽样过程中是否遵循等概率原则。所谓等概率原则，就是保证在抽样时总体中每一个个体被抽中的概率完全相等。由于概率抽样方法在抽样过程中能够满足等概率原则，所以用这种方法抽取出的样本往往更具代表性，可以用来推断总体；而非概率抽样方法在抽取样本的过程中并不遵循等概率原则，因此这样抽取出的样本往往代表性较差，很少用其推断总体。

一、概率抽样方法

社会调查中，常用的概率抽样方法有简单随机抽样、系统抽样、分层抽样、整群抽样和多阶段抽样。

（一）简单随机抽样

简单随机抽样是指按照随机原则从总体单位中直接抽取若干单位组成样本。它是最基本的概率抽样形式，也是其他几种概率抽样方法的基础。

简单随机抽样的具体抽样方法有两种：一是抽签法，二是随机数表法。

简单随机抽样

1. 抽签法

抽签法又称"抓阄法"，是先将调查总体的每个单位编号，然后采用随机的方法任意抽取号码，直到抽足样本。一般地，抽签法就是把总体中的 N 个个体编号，把号码写在号签上，将号签放在一个容器中，搅拌均匀后，每次从中抽取一个号签，连续抽取 n 次，就得到一个容量为 n 的样本。

抽签法的优点是简单易行，缺点是当总体的容量非常大时，费时、费力，又不方便。如果标号的签搅拌不均匀，会导致抽样不公平。

2. 随机数表法

随机数表法就是利用随机数表来抽取样本的方法。随机数表又称为乱数表，它是由 0～9 这 10 个自然数随机排列组成的，表中的数码和排列没有任何规律可言。由于每个数码的出现都是随机的，因而都有同等的可能性。使用随机数表时，可以选择任意一行和任意一列作为起点，选择的顺序既可以自上往下，也可以自下往上，既可以从左到右，也可以从右到左。利用随机数表抽取样本时，可以简化抽样的程序。表 3-3 是一个利用 Excel 自动生成的含有 500 个随机数字的随机数表。

表 3-3 随机数表（500 个随机数字）

列\行	1	2	3	4	5	6	7	8	9	10	11	12	13	14	15	16	17	18	19	20
1	2	8	5	9	6	0	0	0	9	4	6	4	4	0	9	7	3	9	6	4
2	9	2	6	0	6	7	3	3	0	5	7	6	8	7	0	5	7	3	7	1
3	3	0	3	6	6	5	2	8	9	7	0	1	4	2	7	4	8	9	2	1
4	4	5	7	7	9	2	5	6	8	0	0	5	7	4	6	5	2	1	8	9
5	9	5	5	9	9	1	6	6	5	8	2	5	1	2	9	9	7	9	0	9
6	1	2	0	4	3	0	2	0	8	1	5	9	2	9	5	5	0	7	0	7
7	6	0	7	6	6	7	9	2	3	2	4	6	1	7	3	1	1	3	9	
8	3	6	1	2	9	9	3	4	4	7	6	3	4	4	2	9	2	2	9	7
9	4	4	6	9	1	8	5	4	1	5	0	0	5	0	8	6	2	2	7	0
10	0	5	1	9	8	5	2	2	2	2	2	0	4	6	6	3	6	3	1	3
11	1	8	4	8	4	7	3	0	2	1	0	4	6	9	2	8	2	2	7	6
12	3	4	5	2	9	7	5	0	3	4	9	6	4	6	6	3	7	9	7	
13	7	9	4	6	6	0	5	5	2	7	5	8	4	4	9	6	5	1	0	
14	2	5	6	4	3	7	3	2	3	9	1	2	8	2	5	5	7	9	7	
15	7	6	6	9	5	2	5	3	4	3	9	5	7	2	2	2	6	1	4	
16	0	7	6	2	0	9	4	3	6	8	5	3	5	4	2	6	0	6	8	
17	7	0	1	4	4	7	7	8	7	0	7	5	2	0	1	5	9	2	6	
18	8	0	7	0	5	4	1	1	5	9	6	7	2	4	0	1	6	0	3	
19	0	0	2	8	6	4	8	7	1	0	0	3	1	4	8	1	9	0	1	3
20	4	4	1	2	4	0	9	1	7	8	3	0	5	3	0	5	2	6	7	
21	7	4	2	6	7	6	0	1	6	3	0	1	6	5	2	7	0	0	6	
22	1	1	3	2	8	9	7	4	5	8	6	8	5	1	3	1	9	4	0	
23	5	9	5	1	5	1	2	9	9	9	8	6	5	6	4	4	7	1	6	
24	2	5	0	4	3	5	7	5	3	5	7	6	2	2	1	1	0	8	2	
25	2	3	4	3	2	5	4	1	8	7	7	4	3	6	3	0	3			

利用随机数表进行抽样的具体步骤是：

（1）先取得一份调查总体所有抽样单位的名单（即抽样框）。

（2）将总体中所有单位一一按顺序编号（随机排列或不随机排列均可）。

（3）根据总体规模是几位数来确定从随机数表中选择几位数的随机数码。

（4）以总体规模为标准，对从随机数表中抽取的数码逐一进行衡量并决定取舍。

（5）根据样本规模的要求选择足够的数码个数。

（6）依据从随机数表中抽出的数码，到抽样框中去找出它们所对应的个体。这些个体的集合就构成了样本。

例3-1 某社区居委会要调查社区居民对社区服务的满意度，欲从某居民小组60户居民家庭中抽取10户作为样本，进行调查。利用表3-3所提供的随机数表抽取该样本的具体步骤如下：

第一步：将60户居民家庭编号，每一户家庭一个编号，即01～60。

第二步：由于总体是个两位数，因此，应当从随机数表中选择出两位数码。在表3-3中，随机确定抽样的起点和抽样的顺序。假定从第1列开始，连续选择两列，并从第1行开始，按从上到下的顺序抽样。

第三步：以总体规模60为标准，从随机数表中抽取的数码，如果小于等于60，并与之前抽取的数码不同，则留下；如果大于60，或与已抽中的数码重复，则舍弃。依次抽出的10个号码分别是：28、30、45、12、60、36、44、05、18、34。

第四步：到总体中找出上述10个号码所对应的居民家庭，即编号为28、30、45、12、60、36、44、05、18、34的家庭，这些家庭就构成一个样本。

上例中，若调查总体改为600户居民家庭，样本容量仍为10户。这10户居民家庭又如何产生呢？

第一步：对调查总体600户居民家庭进行编号，分别编号为001～600。

第二步：由于总体是个三位数，所以应选择三位数码，这里假定选择第1～3列，并将抽样起点定为第3行，按从上往下的顺序抽样。以600为界，决定号码的取舍。依次抽出的10个号码分别为：303、457、120、361、446、051、184、345、256、076。

第三步：找出上述10个号码所对应的居民家庭，这些家庭即构成一个样本。

采用随机数表法抽取样本，完全排除主观挑选样本的可能性，使抽样调查有较强的科学性。

无论是抽签法还是随机数表法，都不适合在总体数量和样本数量较大的情况下使用。因为由其产生样本的过程来看，如果总体所含元素过多，编号的过程就会十分复杂，如果所选用的样本规模大，则单次抽取样本的次数很多，这在实际操作中都是很难执行的。

（二）系统抽样

系统抽样是把总体中的个体进行随机编号并排序，再计算抽样间距，然后在每个抽样间距中抽取个体的号码来组成样本的方法。具体步骤如下：

系统抽样举例

（1）给总体中的每一个个体随机编上号码并按号码排序，即制作抽样框。

（2）计算抽样间距，公式为：$K = N/n$（K为抽样间距，N为总体规模，n为样本规模）。

（3）在最前面的K个个体中，随机抽取一个个体，并记下编号（假定为A），作为随机起点。

（4）在抽样框中，自A开始，每K个个体抽取一个个体，即所抽取个体的编号分别为A，$A+K$，$A+2K$，…，$A+(n-1)K$。

（5）将这n个个体合起来，就构成了该总体的一个样本。

例3-2 为了了解参加某夏令营600名学生的态度，现需抽取60名学生做调查，若采用系统抽样方法，如何抽取样本？

（1）随机地将这600名学生编号为001～600。

（2）经计算得到抽样间距 $K=10$。

（3）在前 10 个个体编号 01～10 中，利用抽签法抽取一个号码，假设是 08。

（4）以 08 为起始号码，在每个抽样间距中抽取一个号码，这样得到一个容量为 60 的样本：08，18，28，…，588，598。

（5）到编好号的抽样框中寻找这 60 个号码所对应的学生，他们就是我们的调查对象。

在使用系统抽样方法时，有两点我们必须要注意，系统抽样所抽样本的代表性与个体的编号有关，如果编号的个体特征随编号的变化呈现一定的周期性，可能会使系统抽样方法抽取的样本代表性很差。例如，如果班中学号按照男生单号女生双号的方法编排，那么利用系统抽样方法抽取出的样本很可能会全部是男生或全部是女生。另外，当总体中元素的排列具有等级的高低或次序上的先后顺序时，我们一般不采用系统抽样。因为在这种情况下，随机起点的差异会使得不同研究者的研究结论有很大差异，从而降低调查的准确性。

（三）分层抽样

分层抽样是指首先将调查对象的总体单位按照一定的标准分成各种不同的类别（或组），然后根据各类别（或组）的单位数与总体单位数的比例确定从各类别（或组）中抽取样本的数量，最后按照随机原则从各类（或组）中抽取样本。图 3-2 为分层抽样示意图。

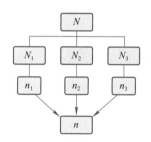

图 3-2 分层抽样示意图

（N 为总体，N_i 为子总体，n 为样本，n_i 为子样本）

例 3-3 » 请根据表 3-4 的基本数据，设计一个样本容量为总体中个体数量的千分之一的抽样方案。

表 3-4 某地区中小学生人数的分布情况表　　　　　　（单位：人）

学　段	城　市	县　镇	农　村
小学	357 000	221 600	258 100
初中	226 200	134 200	11 290
高中	112 000	43 300	6 300

因为城市、县镇与农村情况差异明显以及小学、初中、高中情况差异明显，因而采用分层抽样的方法。

（1）按分层抽样方法分为城市小学、城市初中、城市高中等9层，各层被抽个体数见表3-5。

表3-5 某地区中小学生各层抽取的人数表　　　　　（单位：人）

学　段	城　市	县　镇	农　村
小学	357	222	258
初中	226	134	11
高中	112	43	6

（2）在各层用简单随机抽样方法确定选中学校，再从选中学校中用简单随机抽样或系统抽样选取学生。

（3）将抽取的1 369人组到一起即得到一个样本，进行调查。

分层的作用主要有两个：一是便于不同子总体之间的比较研究；二是在不增加样本规模的前提下，减少抽样误差，提高抽样的精确性。在分层抽样中，总体按某一指标分层后，异质性高的总体就被分为一个个同质性高的子总体。各子总体内样本分布比较均匀，样本单位的代表性比较高。分层抽样对各个层都要抽样，这就在一定程度上保证了样本结构与总体结构的相似性，提高了抽样的精度。

实际上，分层抽样是科学分组与抽样原理的有机结合，前者是划分出性质比较接近的层，以减少标志值之间的变异程度；后者是按照抽样原理抽选样本。因此，分层抽样一般比简单随机抽样和系统抽样更为精确，能够通过对较少的样本进行调查，得到比较准确的推断结果。

按照各层之间的抽样比是否相同，分层抽样可分为按比例分层抽样与不按比例分层抽样两种。按比例分层抽样是指按各种类型或层次中的单位数目同总体单位数目间的比例来抽取子样本的方法，即样本各类型或层次的比例与总体该类型或层次的比例相同。有时，当总体中有的类型或层次的单位数目太少，若以按比例分层的方法抽样，则有的层次在样本中的个案太少，不便了解各层次的情况，这时也会采取不按比例分层抽样的方法。

对于分层抽样的方法，抽取的样本代表性的好坏与分层的标准的选择有很大关系，一般我们选择以调查所要分析和研究的主要变量，保证各层内部同质性高和各层之间异质性高、突出总体内在结构的变量作为分层变量。

（四）整群抽样

整群抽样是先把总体分为若干个子群，然后以群体为单位，抽取一定数量的子群，由这些子群内的所有个体构成样本。与分层抽样类似，整群抽样也需要将总体分成类群，所不同的是，这些分类标准往往是特殊的。具体做法是：先将各子群体编码，随机抽取部分子群数码，然后对所抽样子群实施调查。因此，整群抽样的单位不是单个的个体，而是成群的个体。凡是被抽到的群或组，其中所有的成员都是被调查的对象。这些群或组可以是家庭、班级，也可以是街道、村庄。整群抽样过程可分为以下几个步骤：

（1）确定分群的标准。

（2）将总体（N）分成若干个互不重叠的部分，每个部分为一个子群。

（3）根据样本容量，确定应该抽取的子群数量。

（4）采用简单随机抽样或系统抽样方法，从所有群中抽取确定的群数。

图 3-3 为整群抽样示意图。

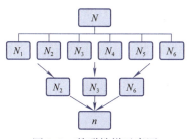

图 3-3　整群抽样示意图

（N 为总体，N_i 为子总体，n 为样本）

例 3-4 » 要在一个有 10 万户家庭的城市中抽取 1 000 户家庭进行调查，如果采用整群抽样的方法，我们可以按社区来编制抽样框，假设全市共有 200 个社区，每个社区有 500 户左右的家庭，那么我们只需弄到一份 200 个社区的名单，并采用简单随机抽样或系统抽样的方法，随机抽取 2 个社区，然后将这 2 个社区中的所有家庭作为我们的调查样本。

在实际工作中，整群抽样方法被广泛采用。例如，在社会经济调查中的人口调查、经济调查、农林牧业调查以及工业产品质量检验等都经常采用整群抽样方法。

采用整群抽样方法的原因有二：一是在某些情况下，往往由于不适合采用一个个地抽取样本单位，不得不采用整群抽样。例如，某些工业产品的质量检验，事实上不能逐个抽取样本单位，只能在某一时间内，成批地抽取产品来检验。二是即使抽样调查能够一个个地取样，但出于经济的考虑也会选择整群抽样。例如，在职工家庭生活水平的调查中，如果不是以社区为群进行整群抽样调查，而是以居民户为单位抽样，这些被抽到的居民户一般居住分散，必然增加交通费、延长调查时间等。所以出于对调查时间、费用等客观条件的考虑，也要采用整群抽样调查。

整群抽样作为一种抽样组织形式，具有以下优点：

（1）调查单位比较集中，进行调查比较方便，可以减少调查人员来往于调查单位之间的时间和费用。例如，在进行农村居民户收入情况调查时，在一个县抽千分之五的村庄，对其所有居民户进行调查，明显地比从全县直接抽千分之五的农户进行调查，更便于组织、节省人力、调查往返的时间及费用。

（2）设计和组织抽样比较方便。例如，调查农村居民住户，不必列出农村所有居民住户的抽样框，可以利用现有的行政区域，如县、乡、村，将农村划分为若干群，这给抽样设计方案带来很大方便。尤其是对那些无法事先掌握构成单位情况的总体，采用整群抽样更为合适。

然而，由于整群抽样调查单位只能集中在若干群上，而不能均匀分布在总体的各个部分，因此，它的精度比起简单随机抽样要低一些。

例如，在一个有 500 个村庄、100 000 个农户的县，抽取 1% 的农户就是 1 000 户，而抽 1% 的村庄则只有 5 个村庄，也许抽到的 5 个村庄农户多于 1 000，但由于样本单位只集中在 5 个村庄，显然不如在全县范围内简单随机抽取 1 000 户分布均匀，代表性一般要差一些，抽样误差较大。

当然，我们可以通过多抽几个群来弥补这一缺陷，但最关键的一条还是在于总体内群的划分。为了使整群抽样的样本具有一定的代表性，应当使群与群之间的差异尽可能地小，而群内单元之间的差异应当大，这意味着每个群均具有足够的代表性。如果划分的群相互之间有颇多相似之处，那么少量群的抽取足以提供良好的精度。一个总体划分成多少个群，每个群的规模大小如何又是一个新问题，通常我们面临的总体会有自然的初级单元。

当群与群之间同质性高，群内异质性高时，特别适合采用整群抽样的方法。当各子总体之间异质性高，而每个子总体内部同质性高时，则适合采用分层抽样的方法。

（五）多阶段抽样

多阶段抽样是一种分阶段从调查对象的总体中抽取样本的方法。多阶段抽样首先要将总体单位按照一定的标准划分为若干群体，作为抽样的第一级单位；再将第一级单位分为若干小的群体，作为抽样的第二级单位；依此类推，可根据需要分为第三级或第四级单位。然后，按照随机原则从第一级单位中随机抽取若干单位作为第一级单位样本，再从第二级单位样本中随机抽取若干单位作为第二级单位样本，依此类推，直至获得所需要的样本。

例 3-5 某地有 2.4 万名教师，他们分布在全市 10 个区的 200 所学校里，现在要抽取一个由 1 200 名教师组成的样本，按照三级抽样的方法，有以下几种抽样方案（见表 3-6）。

表 3-6 某地教师样本抽取方案

项　　目	第 一 阶 段	第 二 阶 段	第 三 阶 段
方案 1	10 个区	每个区抽 4 所学校	每所学校抽 30 名教师
方案 2	10 个区	每个区抽 20 所学校	每所学校抽 6 名教师
方案 3	从 10 个区中抽 5 个区	每个区抽 12 所学校	每所学校抽 20 名教师
方案 4	从 10 个区中抽 3 个区	每个区抽 10 所学校	每所学校抽 40 名教师
方案 5	从 10 个区中抽 1 个区	在该区抽 12 所学校	每所学校抽 100 名教师

不难发现，这 5 种抽样方案中，方案 2 的精确性是最高的，因为它在前两个阶段抽取的子样本的数量最多，抽样的范围最广；方案 5 的精确性最低，也是最简便易行的，因为其在第一个阶段就限定了抽样的范围在一个区内进行。

以上的例子说明在运用多阶段抽样时，有一点需要注意，就是在类别和个体之间保持平衡，或者说，保持适当的比例。例如，我们既可以在第一阶段取 10 个区，每个区取 20 所学校，每所学校抽取 6 名教师（方案 2），也可以在 10 个区中抽取 1 个区，在这个区抽取 12 所学校，每所学校抽取 100 名教师（方案 5）。那么如何确定每一级抽样的数目呢？主要考虑 3 个方面：一是各个抽样阶段中的子总体同质性；二是各层子总体的人数；三是研究者所拥有的人力、时间和经费等。

由此我们可以看出，多阶段抽样是通过采用多级抽样单位过渡到终极抽样单位的方法，解决了终极抽样单位不易获得抽样框的问题。正是因为这样，每一级抽样都会产生误差，因此多阶段抽样的误差较大。在同等条件下，可通过相对增加开头阶段的样本数而适当减少最后阶段的样本数来减小抽样误差。

多阶段抽样

图3-4为5种概率抽样方法的对比情况。

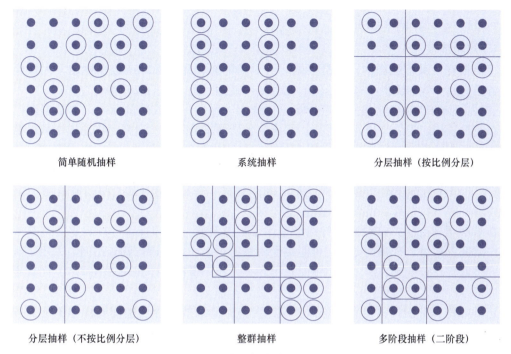

图3-4 5种概率抽样方法比较图

二、非概率抽样方法

在实际的调查过程中，还有一类抽样方法，称为非概率抽样，它不是严格按照等概率原则抽取样本，而是根据调查者的主观经验和判断选择样本的。

与概率抽样相比，这类非概率抽样所抽取出的样本代表性较差，提供的资料信息较零散，难以从样本调查的结论中对总体做出准确的推断。但是，由于它非常简便易行，并能通过对样本的调查而大致了解总体的某些情况，对调查研究工作很有启发性。因此，它适用于那种调查对象的总体难以具体界定，以及暂不需要准确推断总体情况的调查。常用的非概率抽样方法主要有偶遇抽样、判断抽样、定额抽样和雪球抽样。

1. 偶遇抽样

偶遇抽样，也称方便抽样，是指调查者将自己在特定场合下偶然遇到的对象作为样本的一种方法，如在街口拦住过往行人进行调查，在图书馆阅览室对当时正在阅读的读者进行调查，在商店门口、展览大厅、电影院等公众场所向往来的顾客、观众进行调查，利用报刊向读者进行调查，老师以他所教的班级的学生作为调查样本的调查等。这种方法比较简单方便，适用于探索性研究，但样本的代表性较差，具有很大的偶然性。

2. 判断抽样

判断抽样是调查者根据自己的主观印象、以往的经验和对调查对象的了解来选取样本的一种方法。这种抽样适用于那些总体范围较小、总体单位之间的差异较大的调查。

这种主观抽样所抽取的样本是否具有代表性、所得出的结论是否准确，完全取决于调查者本人的判断能力，以及对调查对象的了解程度。这种方法具有很大的主观随意性，但是当对总体状况较为熟悉时，用这一抽样法所选择的样本也有较高的代表性。这种方法多用于无法确定总体边界，或总体规模小、调查所涉及的范围较窄，或调查时间、人力等条件有限而难以进行大规模抽样的情况。

3. 定额抽样

定额抽样，又称配额抽样，是根据调查对象的有关品质标志或数量标志，大致确定各层或各类样本个案的比例（并与总体的比例尽可能相一致）来抽取样本的方法。

这种方法的一般步骤是：①选择将总体分层的品质标志或数量标志；②根据选择的品质标志或数量标志把总体分为若干层；③决定各层样本的大小，通常是将总样本数按照各层在总体中所占的比例进行分配；④选择样本单位，各层样本数确定之后，研究者即可以为每个调查员指派"配额"指标，每个调查员可以在某个或几个层中自行访问一定数量的样本单位。在调查员进行选样调查过程中，有时还可以对样本单位的选择加一些其他限制，如年龄、经济条件、健康状况等，以符合抽样设计要求。

在社会学研究中，这种抽样方式经常用于民意测验，由调查者自行确定被调查单位，或者由研究者对每一个调查员分配可能接受调查的对象，然后进行调查访问。采用定额抽样的最大优点是在较低廉的抽样费用下能获得各类人物、事物或社会现象的样本，而且不需要对总体编号排序，简单易行。

定额抽样与分层抽样都有将总体分层的特点，不同的是分层抽样的样本单位是按随机原则从各层抽取，定额抽样的样本单位是由调查员在层中依照所规定的标准去自由选择，只要完成配额任务即可。因此，定额抽样的样本不可能像分层抽样那样依据概率原则来决定其大小和抽样误差，样本的代表性也比分层抽样低。如果使配额样本的种种特征之间的差异尽量减少，其代表性也是可能达到要求的。

定额抽样比前两种方法所抽取的样本更有代表性，而且简便易行，在民意调查中经常使用。但这种方法也具有很大的主观随意性和局限性。现在，人们有时把这一方法和概率抽样法结合起来使用，其效果会更好些。

4. 雪球抽样

雪球抽样是以少量样本为基础，逐渐扩大样本的规模，直至找出足够的样本。此法适用于对调查总体不甚清楚的情况，常用于探索性的实地研究，特别适用于对小群体关系的研究。例如，我们要了解某个人经常交往的社会圈子，就可以通过这个人提供的线索找到更多与他有关联的人。

雪球抽样的具体做法是，先找到一个或几个符合研究目的的对象，然后再根据这些对象所提供的线索找另外相关的对象，依次进行，直至达到研究目的。但雪球抽样法所选择的样本有时会有很大的随意性和特殊性，因而代表性不高。图3-5为雪球抽样示意图。

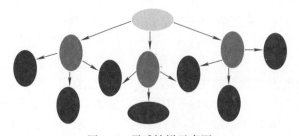

图3-5 雪球抽样示意图

非概率抽样方法不是按照概率均等的原则,而是根据人们的主观经验或其他条件来抽取样本。因而,其样本的代表性往往较差,误差有时相当大,而且这种误差又无法估计,用这样的样本推论总体是不可靠的。但是非概率抽样也有其优势:在很多情况下,严格的概率抽样几乎无法进行,如调查对象的总体边界不清而无法制订抽样框。而非概率抽样操作方便,省钱省力,统计上也远较概率抽样简单,而且若能对调查总体和调查对象有较好的了解,也能达到良好的抽样效果。

实作训练

一、任务描述

现在要进行一项关于 K 市低保制度实施状况的调查,本次调查的总体为 K 市所有 18 岁以上的居民(包括外来人口)。本次调查的样本规模为 320 人,请依据实际情况使用概率抽样方法,制订抽样方案,实际抽取样本。

二、任务分析

概率抽样方法是保证样本代表性的首选方法,如何抽取具有代表性的样本决定着整个调查成果的应用,所以,依据实际情况制订严格的抽样方案至关重要。

三、操作过程

(一)抽样程序

样本抽取采用多阶段随机抽样方法进行。
(1)从 K 市所有主城区中抽取 4 个主城区。
(2)从每个抽中的主城区中各抽取 2 个街道,总共抽取 8 个街道。
(3)从每个抽中的街道中各抽取 4 个社区,总共抽取 32 个社区。
(4)从每个抽中的社区中各抽取 10 户低保家庭,总共抽取 320 户低保家庭。
(5)从每个低保家庭抽中 1 位居民。

(二)抽样的具体步骤与方法

1. 从城市中抽取主城区

采用简单随机抽样的方法,列出全市所有主城区的名单,顺序编号,用写小纸条抽签的方法抽出 4 个城区。K 市共有 8 个主城区,编为 1~8 号,写 8 张小纸条,也是 1~8 号,将每张小纸条叠起来,放进口袋里混合,从中摸出 4 张,这 4 张小纸条上面的号码所对应的城区就是所抽取的样本城区。

2. 从主城区中抽取街道

采用简单随机抽样的方法，列出所抽取出的每个城区中的全部街道的名单，顺序编号，同样用上述写小纸条抽签的方法抽出 2 个街道。假设某城区共有 7 个街道，编为 1～7 号，写 7 张小纸条，也是 1～7 号，将小纸条叠起来，放进口袋里混合，从中摸出 2 张。这 2 张小纸条上的号码所对应的街道就是所抽取的样本街道。

3. 从街道中抽取社区

采用简单随机抽样的方法，列出每个抽中街道中全部社区的名单，顺序编号，同样用上述写小纸条抽签的方法抽出 4 个社区。假设某街道共有 9 个社区，编为 1～9 号，写 9 张小纸条，也是 1～9 号，将小纸条叠起来，放进口袋里混合，从中摸出 4 张。这 4 张小纸条上的号码所对应的社区就是所抽取的样本社区。

4. 从社区中抽取低保家庭

采用系统抽样的方法，从每个抽中的社区中抽取 10 户低保家庭。列出每个被抽中的社区中所有低保家庭的名单，按顺序编号，再用系统抽样的方法抽出 10 户低保家庭。假设某社区共有 60 户低保家庭，编为 1～60 号，计算出抽样间距为 6。写 6 张小纸条，也是 1～6 号，将小纸条叠起来，放进口袋里混合，从中摸出 1 张，假设抽取的号码为 5，则从 5 开始每 6 个中抽取一个，分别是 5，11，17，23，…这样一共会获得 10 个号码，这些号码所对应的 10 户低保家庭就是所抽取的样本家庭。

5. 从低保家庭中抽取被调查者

采用简单随机抽样的方法，列出每户低保家庭中符合调查条件的居民个人的名单，顺序编号，同样用上述写小纸条抽签的方法抽取出 1 位符合调查条件的家庭成员。假设某户低保家庭共由 4 位成员组成，其中 1 位为未成年，这一对象不符合调查条件，将剩下的 3 名低保家庭成员编为 1～3 号，写 3 张小纸条，也是 1～3 号，将小纸条叠起来，放进口袋里混合，从中摸出 1 张。这张小纸条上的号码所对应的成员就是所抽取的样本被调查者。

四、实训小结

当调查范围广、调查人数多时，我们会采用多阶段抽样的方法以简化抽样的过程。每个阶段进行子样本抽取时，要保证使用的是概率抽样方法。在某一个阶段，若子总体数量不大，可采用简单随机抽样的方法抽取子样本；若子总体的数量较大，可采用系统抽样或整群抽样的方法抽取子样本。每个阶段子样本的数量，要根据调查精确性的要求和所拥有的人力、物力、财力确定。要保证样本的代表性，前几个阶段的子样本数量不能太少，比如本例中，若第一阶段只抽取一个主城区，则样本过于集中，样本的代表性较差；要保证抽样的可行性，前几个阶段的子样本数量不能太多，比如本例中，若第一个阶段抽取 8 个主城区，则抽样的实施就会很困难。所以，为保证样本能具有一定的代表性且抽样可以顺利实施，我们往往选择一个适中的数目，如本例中，第一阶段我们抽取 4 个主城区。

本项目质量评价标准

序 号	检测内容	分值（分）	评 价 标 准	得分（分）
1	确定样本容量	20	1. 正确使用经验样本容量曲线图：0～10分 2. 准确查找不同总体所对应的样本容量：0～10分	
2	制订抽样方案	80	1. 抽样方案的完整性：0～30分 2. 抽样阶段划分的合理性：0～20分 3. 每阶段样本容量的适当性：0～30分	
合 计		100		

知识拓展

"首都公民主体意识调查"的抽样方案设计[一]

根据项目的理论设计、目的和要求，首都公民主体意识调查的对象包括两类人群：一类为北京市民，该群体构成项目研究的主体；另一类为外地来京流动人口，该群体构成项目研究的比较对象。针对以上两类具有不同特点的对象，课题组分别设计实施了不同的抽样方案。其中，对北京市民的调查，采用分阶段规模概率比例抽样的方法；对外地来京流动人口的调查，采用随机抽样的方法。为使项目成果更具有科学性和客观性，相关调查均以问卷访谈的方式实施完成。

一、总体界定与样本分类

在本期调查中，北京市民被进一步划分为两大群体，分别是：具有北京市户籍且年满18周岁（含本数，下同）的公民构成的群体；不具有北京市户籍但在北京市居住半年以上（含本数，下同）且年满18周岁的公民构成的群体。

外地来京流动人口，由年满18周岁且在北京市居住半年以下的公民构成，其所认识到的首都公民价值观念将作为对比数据纳入项目研究。

按照对象目标的总体设计，调查过程分为两大环节：一是对不同区县北京市民价值观念的调查；二是对外地来京流动人口关于首都的价值观念调查。

为了方便研究，我们将第一环节抽取的样本称为"抽样样本"，将第二环节抽取的样本称为"比较样本"。由于项目的主旨和经费、时间等限制，比较样本相对容量明显要小些，抽样设计也较为简单。因此，下文主要说明抽样样本的方案设计及抽取过程。

二、抽样样本的选择与抽取

根据首都人口数量较多且分布较广的特点，抽样样本采用分阶段规模概率比例抽样的方法选取，目的是减少误差，最大限度地提高调研数据的信度和效度。

[一] 王建芳. "首都公民主体意识调查"的抽样方案设计[J]. 中国政法大学学报，2012（1）：20-23.

（一）抽样框与抽样单位

根据北京市 2009 年行政区划资料，北京市所辖 18 区县及 1 个经济开发区共有 286 个街道和乡镇，这些街道和乡镇作为初级抽样单元构成调查总体，形成抽样框。

抽样样本的抽取分为三个层次和阶段：

第一阶段：以北京市 18 区县及 1 个经济开发区所辖的街道、乡镇为初级抽样单位。

第二阶段：以居民委员会、村民委员会所辖范围为二级抽样单位。

第三阶段：以家庭住户并在每户中确定 1 人为最终对象单位。

（二）样本量的确定

样本量的确定是组织抽样调查中的一个重要问题。如果抽样数目过少，会使调查结果出现较大的误差，反映不出总体的基本情况。反过来，如果抽样数目过多，则会造成人力、财力和时间的浪费。

由于调查的结果主要是估计各种比例数据以及比例数据之间的比较，所以，调查样本量的确定是以估计简单随机抽样的总体比例 P 时的样本量为基础的。在 95% 的置信度下，按抽样绝对误差不超过 3% 的要求进行计算，需要抽取样本量如下：

$$n=[z^2 \times P(1-P)]/e^2=1.96^2 \times 0.5 \times (1-0.5)/0.03^2=1\,067$$

这里，n 为样本容量；z 为与所选置信区间相关的标准误差，在置信度为 0.95 时等于 1.96；e 为抽样绝对误差即精确度，取 0.03；P 为总体的估计差异性，$P(1-P)$ 最大取 0.25。由于采用多阶段的复杂抽样，设计效应 deff 一般会在 2 和 2.5 之间，我们把 deff 定为 2，这样需要的样本量应为 2 000 个。

综合考虑精确度、调查费用、调查实施的可行性以及以往若干全国社会调查的经验，再加上考虑到调查实施中通常会存在入户后找不到或没有合乎要求的调查对象以及各种原因造成的无回答等情况，根据对回答率的估计，需要将上述样本量适当扩大为 2 400 个。可以说，2 400 个样本是比较合适的样本量，能较好地满足对首都公民总体的估计。

（三）样本的分配

以北京市所辖 286 个街道和乡镇为初级抽样单位，采用规模概率比例抽样方法抽出 20 个街道和乡镇；再以所抽出的 20 个街道和乡镇作为二级抽样单位，用规模概率比例抽样方法在第一阶段被抽中的每个街道和乡镇抽出 2 个居委会，得到 40 个居（村）委会；最后以抽出的 40 个居（村）委会作为三级抽样单元，按照等距抽样的方法，在每个居（村）委会抽出 60 个家庭住户，并在每户中确定 1 名合乎调查条件的居民作为最终入样样本，从而得到 2 400 个样本。

（四）样本的抽取过程

1. 初级抽样单元的抽取

将北京市所辖 286 个街道和乡镇的人口数编号列出来，得到一个累计的编号表格。假设北京市总人口数为 N，第 i 街道（或乡镇）的人口数为 M，则 $\sum M=N$。在第一级抽样中，因为要抽取 20 个街道和乡镇作为初级抽样单元，因此，抽样间距是 $k=N/20$。随后，我们在电脑中生成一个随机编号，假设这个随机编号为 A（$A \in [1, k]$），那么，每隔 k

会得到一个编号，这些编号所落在的20个街道或乡镇即为被抽到的初级抽样单元。

2. 二级单元的抽取

在初级抽样单元也即20个街道或乡镇确定后，将这些街道（或乡镇）作为新一级抽样框，在每个街道或乡镇中重复同样的程序抽取2个居委会，即将第i街道（人口数是M_i）所辖的居委会或村委会人口数编号列出来，得到一个累计的编号表格。假设第j居委会的人口数是M_{ij}，则$\sum M_{ij}=M_i$。因为在这一级抽样中，每一个街道都要抽取2个居委会或村委会作为二级单元，因此，抽样间距是$k_j=M_i/2$。随后，我们在电脑中生成一个随机编号，假设这个随机编号为A_j（$A_j \in [1, k_j]$），那么，每隔k_j会得到一个编号，这些编号所落在的2个居委会或村委会即为被抽到的二级单元，这样就得到40个居委会。

3. 最终单元的确定

在每个被抽中的居委会中，按照分层定比等距抽样的方法抽取60个居民户，并由调查者按照调查对象是具有北京市户籍居民且年满18周岁，或非北京市户籍居民，但在北京市居住半年以上且年满18周岁的要求，在居民户中按照一定的抽样链条抽取符合调查条件的居民作为最终样本。其中，抽样链条的设计是为了保障男女性别比例、各年龄阶段人口比例的均衡性，以减少误差。

以上抽样程序是严格按照规模概率比例抽样进行的，它确保每一个体被抽取的概率相同，即任意i街道j居委会某居民被抽取的概率为$p=(M_i/N)\times20\times(M_{ij}/M_i)\times2\times60/M_{ij}=2\,400/N$。

三、比较样本的选择与抽取

将首都公民素质与价值观念的现实状况，与外地公民所认识到的首都公民素质与价值观念状况进行比较研究，是项目设计的目标之一。为此，课题组选取北京站、北京西站、北京南站、首都国际机场四个流动人口较多的区域，以年满18周岁且在北京市居住半年以下的公民为对象进行抽样。

按照北京市每天大约200万流动人口的数量估算，比较样本的容量确定为260个。由于所涉总体个数较少，比较样本的抽取采用随机抽样的方法，按照一定的抽样链条展开。其中，抽样链条的遵循同样是为保障男女性别比例、各年龄阶段人口比例的均衡，以减少误差。相关调查共抽取260个样本，分别源于北京站、北京西站、北京南站、首都国际机场四个调查点，其中，每个调查点65个。

四、问卷回收及统计说明

首都居民价值观念调查项目的预调查时点为2010年1月，正式调查时点为同年4月，前后共发放问卷2 720份，其中，预调查60份，正式调查2 660份（包括抽样样本2 400份，比较样本260份）。就正式调查而言，回收问卷2 557份。在问卷统计中，课题组判定无效问卷的标准主要有三个：第一，单选题有多个选项；第二，限选三项的题目，回答超出三个；第三，未作回答或回答无效的问题超过7个（大于或等于7，即超过问卷总题目的1/3）。根据上述标准，本期调查最后得到合格问卷2 488份（包括抽样样本2 247份，比较样本241份），无效问卷69份。在问卷处理过程中，课题组通过对一部分变量的两两交互分析发现，在估计相关性强的项目上相关系数均小于0.2，而所有交互分析的显著性均很高（$p<0.02$）。这说明，抽样样本做统计推论没有问题，可以有效代表整体。总之，调查实施过程与统计结果显示，项目的抽样方案设计使抽样的科学性和可操作性得到了较好的结合，为首都公民价值观念项目研究提供了真实、客观的数据资料。

思考与练习

一、判断题

1. 样本就是按照一定的方式从总体中抽取出来的那一部分元素的集合。（　　）
2. 抽样单位是一次直接抽样时所使用的基本单位。抽样单位和样本元素有时相同，有时不同。（　　）
3. 参数值是指总体中某一变量的综合描述。（　　）
4. 抽样误差与总体标准差（总体百分数）成正相关关系，与样本单位数成负相关关系。（　　）
5. 在同等条件下，可通过相对增加开头阶段的样本数而适当减少最后阶段的样本数来减小抽样误差。（　　）

二、简答题

1. 什么是样本规模？影响样本规模确定的因素有哪些？
2. 什么是抽样误差？抽样误差可以避免吗？为什么？
3. 整群抽样和分层抽样分别适用于哪种情况？

三、实训题

1. 假定某银行某分行有 1 600 名国际信用卡金卡用户，管理者想从中抽出 100 名客户进行抽样调查。

（1）若名单是按刷卡消费金额多少排序的，可以直接使用系统抽样方法抽取样本吗？为什么？

（2）你认为采用哪种抽样方法比较合适？说说你的理由。

2. 请针对项目二"思考与练习"之下"三、实训题"的第 2 题所设计的调查方案，设计具体的抽样方案。

项目四 / Project 4

04 社会现象测量

❏ **项目描述**

　　本项目要求学生通过对测量、操作化、量表制作等具体操作及相关知识的掌握，学会对抽象概念进行操作化，制作量表等，重点培养其对社会现象测量的能力。

　　项目任务分解：操作化、量表的制作、信度与效度的测量。

任务一 操作化

学习目标

本任务主要学习测量的基础知识和操作化的具体方法。通过本任务的学习,掌握如何将抽象概念操作化为具体指标,如何进行社会测量。

理论知识

一、测量的基本知识

我们对测量并不陌生,在生活中,我们用直尺测量长度,用磅秤测量重量等。随着科学技术的进步,越来越多的精密仪器应用于科学研究领域甚至日常生活。说到测量,我们联想到的通常都是对自然事物的测量,但社会科学研究中也存在着另外一种形式的测量,即社会测量。例如,用全国普查的方式来测量人口的状况,用问卷调查的方式来测量农民工的生存状况,其实考试也是大家熟知的一种社会测量形式。尽管自然科学领域的测量同社会测量在测量的对象、内容及其方式等方面都存在着差异,但它们在本质上是一致的。

(一)测量的概念

美国学者斯坦利·史密斯·史蒂文斯(S. S. Stevens)认为,测量是指按照某种法则给研究对象或事物分派一定的数字或符号。这一定义至今为大多数社会科学研究人员所采用。本书认为下面的说法更有助于准确地理解和把握测量的本质与特征:测量就是根据一定的法则,将某种事物或现象所具有的属性或特征用数字或符号表示出来的过程。按照这一定义,任何一种测量都应当包含不可或缺的 4 个要素,即测量的客体、测量的内容、测量的法则以及数字或符号。

(二)测量的 4 个要素

1. 测量的客体

测量的客体就是测量的对象,是客观世界中所存在的事物或现象,是我们要用数字或符号来进行表达、解释和说明的对象,即"测量谁"的问题。测量的客体可以是具体的事物,也可以是社会现象。前者比如,我想要测量桌子的高度,那么桌子就是我们测量的客体;后者比如,我们想知道一个人的月收入,那么这个人就是测量的客体。在社会测量中,最常见的测量客体是人,以及由人组成的社会群体、社会组织、社区等。

2. 测量的内容

测量的内容是测量客体的某种属性或特征,即"测量什么"的问题。每个客体本身具有若干属性和特征，我们必须明确一次测量中我们想要得到它哪方面的属性及特征结果。如上例中，前者测量的内容就是桌子的高度这一属性；后者测量的内容就是这个人月收入这一特征。

3. 测量的法则

测量的法则是用数字或符号表达事物各种属性或特征的操作规则，即"怎么测量"的问题。如具体事物的测量，测量桌子的高度，其测量法则是："将桌子放置在水面的地面上，然后用直尺从地面垂直地靠近桌面的边缘，桌面所对应的直尺上的刻度即是桌子的高度。"如社会测量，我们要测量人们的收入，其测量法则可以是："将被调查者每月的工资、各种福利津贴、奖金、投资收入以及其他意外收入相加所得的数额就是被调查者的月收入。"

4. 数字或符号

数字或符号是用来表示测量结果的工具，即"如何表示"的问题。例如，我们常以60kg或70kg等代表某个人的体重，以160cm或170cm等来代表一个人的身高，同样，我们也可用智商100或110等来表示一个人的智力状况。在社会调查中，有些测量结果是用数字来表示的，如月收入8 000元、年龄36岁等；有些测量结果是用文字来表示的，如性别（男、女）或文化程度（小学及以下、初中、高中及中专、大专及以上）等，用文字表示的结果在统计分析时往往都要转换成数字符号。

综上所述，对社会现象的测量就是依据特定的法则，用数字或符号来表示事物和现象的属性与特征的操作方法。这一过程本质上也就是概念操作化的过程。在这一过程中法则的确定是至关重要的，只有确定了适当的测量法则，才会得到准确、客观的测量结果。

（三）物理测量与社会测量的区别

随着社会科学研究领域中实证主义的发展，社会测量被引入社会科学领域并得到了广泛应用。我们知道，测量首先被应用于自然科学领域，而且已经应用得十分成熟。相比而言，社会测量的兴起与应用都是近期的事情。同时，由于社会现象本身的复杂性，社会现象的主体——人的主观意志性，使得社会现象的测量不可能具有像对自然现象的测量那样高度的精确性。由于社会现象是建立在人以及人的活动基础之上的，因此，社会测量与物理测量有着明显的不同。

（1）社会科学的研究对象是人，社会测量的内容是人或者是与人有关的社会现象的属性与特征。由于社会测量的对象是有思想、有感情、有意识的人，测量的内容又是社会中人的行为，以及由人的行为构成的各种各样的社会现象，因此在社会测量过程中，测量对象极有可能会受到外界因素以及研究者的影响或者干扰。

（2）社会测量的主体或者说研究者也是有思想倾向性的人。在社会科学研究中，由于测量的主客体都是有主观意志的人，这样就难以保证在研究中做到绝对的"价值中立"，从而出现研究者的倾向性问题，干扰了测量的公正性与准确性。尽管社会测量，尤其是心理测量中有时采用各种方法修正研究者与被研究者的倾向性带来的弊端，但由于社会测量主客体本身的原因，想要客观无误是相当困难的。

（3）社会测量的可重复性远比物理测量低。由于测量的对象相对单一和稳定，在自然科学领域已经或正在建立一套完整而精确的测量方法和技术，如对长度的测量已经可以精确到纳米，对重量的测量可以精确到微克，对时间的测量可以精确到微秒。可以说，对自然现象的测量已经达到了相当高的程度。相比而言，社会测量还相当原始，对许多社会现象的测量尚没有（或者根本就不可能）建立起某种公认的、广泛适用的测度单位或者标准。其一，由于社会测量起步较晚，其发展完善需要时间和过程；其二，由于社会测量的对象过于复杂，加之社会测量要受到测量主客体双重的影响，所以测量的量化程度较低，可重复性较差。

（四）社会测量的 4 种层次

史蒂文斯在 1951 年创立了被广泛采用的测量层次的分类法，即有 4 种测量层次：定类测量、定序测量、定距测量和定比测量。与这 4 种层次相对应，社会研究中所要测量的变量可分为：定类变量、定序变量、定距变量和定比变量。

不论是哪种测量层次，它的量度都必须具有完备性和互斥性。所谓完备性，就是说用这种尺度去测量某一概念时，对这一概念中所包括的各种情况都能进行测量。所谓互斥性，就是说不同情况的这一概念，在这种尺度下也是互相排斥的不同值。例如，在测量人的性别时，测量尺度要包括性别的各种情况，即男、女两种情况，而尺度赋予男和女的值又是互相排斥的两个值，如男为 1、女为 2。

了解了测量尺度的完备性和互斥性以后，我们来介绍测量的层次。

1. 定类测量

定类测量也称类别测量。定类测量是测量层次中最低的一种，它实质上是一种分类体系。定类测量只能将调查对象分类，标以各种名称，并确定其类别，即将变量依自身的属性或特征进行分类，并标记为不同的名称或数字符号。例如，将性别变量标记为男、女，将民族变量标记为汉族、蒙古族、回族、壮族、维吾尔族、苗族等，将种族变量标记为黄种人、白种人、黑种人。这都是按照变量的属性进行区别分类的。社会学研究中的性别、民族、职业、宗教信仰、婚姻状况、家庭类型等都是常见的定类变量。有时，我们也用一定的数字和符号来代表某类事物，如用"0"代表女性，用"1"代表男性。定类测量的数学性质主要是：=、≠。

2. 定序测量

定序测量也称等级测量、顺序测量。定序测量的取值可以按照某种逻辑顺序将调查对象排列出高低或大小，确定其等级及次序。定序测量同定类测量一样，由相互排斥和包罗无遗的种类组成。不过不是所有种类都在同一层次上，也不是都在同一值上，而是可按它们属性的值对其依次排列出等级。比如，在人们的心理测验或态度测验中，对某一事物的满意程度可分为很满意、比较满意、一般、不满意、很不满意等。

定序测量不仅能够像定类测量那样，将事物的属性或特征以某种逻辑顺序划分为不同的类别，而且可以反映事物属性或特征在高低、大小、程度、强弱、等级序列方面的差异。定序测量的数学特征是"大于"或"小于"（> 或 <），它比定类测量在数学特征上高一个层次。定序测量能够获得比定类测量更多的有效信息，其数学性质是：=、≠；>、<。

3. 定距测量

定距测量也称等距测量、区间测量。定距测量不仅能将变量区分类别和等级，而且可以确定变量之间的数量差别和间隔距离。定距测量的每一间隔是相等的，如米尺和磅秤的刻度都是等距的。由于有了相等的量度单位，就引入了数量变化的概念。例如，张三的智商为130，李四的智商为110，于是可以说张三智商比李四高20（130-110=20）。只有在定距测量的层次才开始真正显示了数量方面的差异，其数学性质是：=、≠；>、<；+、−。

4. 定比测量

定比测量也称比例测量、等比测量。定比测量除具有上述3种层次测量的全部性质之外，还具有一个共同的基准——有数学意义的零点（绝对零点，表示没有之意），既能作加减运算，又能作乘除运算。例如，甲的月收入是1 000元，乙的月收入是1 500元，那么我们不仅可以得到乙的月收入比甲的多500元（1 500-1 000=500），而且可以得出乙的月收入是甲的1.5倍（1 500/1 000=1.5）。其数学性质是：=、≠；>、<；+、−；×、÷。

需要注意的是，有无绝对零点是定距测量和定比测量的唯一区别。比如，甲的重量是40kg，乙的重量是80kg，我们可以进行定比测量，运用乘除运算得出乙的重量是甲的2倍，是因为重量具有一个绝对零点；又如，甲地的气温是20℃，乙地的气温是30℃，我们只能进行定距测量，通过加减运算得出乙地的气温比甲地的气温高10℃，但我们不能说乙地的气温是甲地的1.5倍，因为当以摄氏温度对气温进行测量时，0℃并不是表示没有温度，因而没有绝对零点。

4种层次的测量及其基本特征如表4-1所示。

表4-1　4种测量层次的比较表

测量层次	数学特征			
	异同（=、≠）	次序（>、<）	距离（+、−）	比例（×、÷）
定类测量	√			
定序测量	√	√		
定距测量	√	√	√	
定比测量	√	√	√	√

明确不同的测量层次所具有的数学性质，这一点十分重要。因为在社会科学研究资料的统计分析中，应根据不同的测量层次所具有的数学特性采用不同的统计方法。另外，在对社会现象进行测量时，有一个重要的原则：尽可能对它们进行高层次的测量处理，即能够用定比测量或定距测量的，就尽量不要用定序测量或者定类测量。因为高层次的测量比低层次的测量包含的信息更多，且高层次的测量结果很容易转换为低层次的测量结果；反之则不然。当然，如果调查中某个变量所涉及的内容比较敏感，而且根据调查的目的，我们不需要很精确的数据时，可以适当降低测量的层次，以获得更高的回答率。

社会测量的层次

二、操作化的基本知识

为了更好地理解操作化的概念与方法，有必要先对概念、变量和指标的概念及其关系作简要说明。

（一）与操作化相关的概念

1. 概念

概念是对现象的抽象，它是一类事物的属性（即共同特征）在人们头脑中的主观反映。不同概念的抽象程度有高低之分。有些概念的抽象程度低，易于直接观察与描述，如"桌子""椅子""书"等。有些概念的抽象程度高，往往难以直接观察与描述，如"事业心""责任心""生育观念"等。社会调查中的概念大多是抽象程度较高的概念，因此难以直接观察与描述。一般来说，抽象层次越高，其涵盖面越大，特征就越模糊，也越难观察和测量。

2. 变量

许多概念往往包括若干个范畴、值或亚概念。在社会调查中，常常借用一个数学术语，将所研究的含有若干个范畴、值或亚概念的概念称为"变量"或"变数"（而把那些只有一个固定不变的取值的概念称为常量）。换句话说，变量就是指具有一个以上取值的概念，属于概念的一种。例如，"性别"是一个变量，它有两个取值"男"和"女"。

变量有两个重要性质：

（1）构成变量的各个值必须是穷尽的。就是说每一个调查者的情况应该能归于某个取值中。如果职业这一变量中只设"工人""农民""军人"3个取值，那么，这个变量就是不穷尽的，因为它没有涵盖所有的人在职业方面的全部属性。

（2）构成变量的各个值必须是互斥的。就是说每个被调查者的情况仅属于一个取值，而不能同时属于两个或多个取值。比如，职业这一变量的取值中，如果既有"工人"，又有"司机""车工"等，那么，它的取值就是不互斥的。

3. 指标

我们把表示一个概念或变量含义的一组可观察到的事物，称为这一概念或变量的一组指标。概念是抽象的，而指标则是具体的；概念是人们的主观印象，而指标则是客观存在的事物。因此，概念只能想象，而指标则可以观察和辨认。比如，"社会阶层"是一个抽象概念，通过操作化，我们可以用一组指标来测量它，这组指标包括"职业""收入""文化程度"等。又如，家庭生活中的"夫妻权力"是家庭社会学中的一个重要概念。通过操作化，我们可以用"购买大件家用电器的决定权""选择子女报考学校的决定权""家庭收入的管理权"等指标来对它进行测量。指标的取值即一个指标所包含的子类别。比如，前述的"职业"是测量"社会阶层"的一个指标，它包含"工人""农民""教师""干部""商业人员"等多个不同的取值。

"概念""变量"和"指标"这几个既相互联系，又有所不同的概念之间的关系，可以用图4-1进行大致的区分。

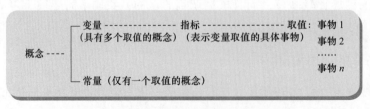

图4-1　概念、变量、指标及取值关系

（二）操作化的作用

所谓操作化，就是依据抽象定义所界定的概念内涵和外延而提出的一些可以测量的研究指标或研究项目，用以说明如何度量一个问题或概念。风笑天所著《社会研究方法》指出，操作化就是要把我们无法得到的有关社会结构、制度或过程，以及有关人们行为、思想和特征的内在事实，用代表它们的外在事实来替换，以便于通过后者来研究前者。或者说，操作化就是将抽象的概念转化为可观察的具体指标的过程。它是对那些抽象层次较高的概念进行具体测量所采用的程序、步骤、方法、手段的详细说明。比如，将抽象概念"同情心"转化为"主动帮助盲人过街""主动给讨饭者钱物""主动向灾区捐款"，就是操作化的一个例子。而"将学生的语文、数学、外语3门课程的成绩按3、2、1的权重分别加权，然后相加并计算出平均值"，则是对抽象概念"智力水平"进行操作化的一个例子。

操作化在社会研究中有着极为重要的作用。存在于研究者头脑中的各种概念、意识，研究者用以构建理论大厦的各种基本变量，都只有经过合适的操作化之后，才能在普通人看得见、摸得着的现实社会中显现出来。操作化也是具有定量取向的社会研究的关键一环，尤其是在解释性研究中。只有通过操作化过程，将思辨色彩很浓的理论概念转变成、"翻译"成经验世界中那些人人可见的具体事实，假设检验才成为可能。

因此，可以说操作化是社会研究中由理论到实际、由抽象到具体这一过程的"瓶颈"。从理论思维的天空到经验研究的大地有着相当的距离，而这种操作化过程，就是沟通抽象的理论概念与具体的经验事实之间的一座桥梁，它为我们在社会研究中实际测量抽象概念提供了关键的手段。例如，什么是"同情心"呢？虽然我们确实常常谈到它，也能体会到它。但是，这个东西在现实中却并不是直观存在的，因为我们既不知道它的形状、大小、颜色，也没有摸到过它。操作化的作用正是让那些通常只存在于我们头脑中的抽象概念，最终在我们所熟悉、所生活的现实世界中"现出原形"，让那些本来只能靠我们的思维去了解、去体验的东西，"变成"我们看得见、摸得着的东西。

（三）操作化的过程

对概念进行操作化处理，就是要给出概念的操作定义，这种定义即一套程序化的工具，它告诉研究者如何辨识抽象概念所指称的现实世界中的现象。从大的方面看，这种操作化过程主要包括3个方面的工作：一是澄清与界定概念，二是列举概念的维度，三是发展测量指标。

1. 澄清与界定概念

由于一个抽象概念中常常包含着大量不同的成分，因而不同的人对同一个概念的理解可能不尽相同，进而使以该概念为名组织起来的资料具有某些实质性的差异。因此，在社会调查研究中，需要对调查课题中的主要概念进行澄清和界定，其方法可以是从一个概念已有的多个理论定义中选择一个适合研究目的的定义，也可以结合具体的研究为调查课题中的主要概念下一个全新的定义。

2. 列举概念的维度

概念的澄清和界定只是解决了概念的内涵问题，即相当于给我们划定了概念内涵的具体范围。对于经验性的社会研究来说,还需要对其进行进一步操作化,使其转化成能具体观察和测量的事物。正如前面所介绍的,许多比较抽象的概念往往具有若干不同的方面或维度。或者说,一个抽象的概念往往对应于现实生活中的一组复杂的现象,而不仅仅只对应于一个单纯的可直接观察到的现象。比如,"人的现代性"和"妇女的社会地位"就是这种具有多个不同维度的概念的两个例子。因此,我们在界定概念的定义时,指出概念所具有的不同维度,对其测量指标的选择以及对综合性理论思考与分析都是十分有用的。例如,要测量社会中某一群体的社会地位,往往是先将这一概念的主要维度列举出来。全国妇联曾于1990年在全国进行过一项大规模的"中国妇女社会地位研究",在其研究方案中,就是将社会地位的含义区分为"政治地位""经济地位""法律地位""教育地位"和"家庭地位"几个不同的维度。美国著名社会学家艾利克斯·英克尔斯(Alex Inkeles)在测量人的现代性时,也是先将这一概念分成20多个不同的维度来进行的。

3. 发展测量指标

对于有些概念来说,建立一个测量指标是简单的,如人们的"性别""文化程度""婚姻状况"等;但对于其他一些比较复杂、比较抽象的概念来说,发展和建立测量指标就不是一件容易的事。通常,我们可以采取下列两种方式来发展概念的指标:

(1)寻找和利用前人已有的指标。尤其是对于一些测量人格、态度方面的量表,往往经过了多次的运用和修改,因而可以作为我们借用的指标。用前人的指标,具有可与其他研究所得结果进行比较的优点,因而,这种做法比每个研究者都发展一套自己特定的指标的做法,更有利于社会知识的积累和形成。当然,前人所发展的指标不一定完全适合,这就需要对其指标做一定的修改和补充。

(2)研究者先进行一段时间的探索性研究。采用实地观察和无结构式访问(即事先不预定问卷、表格和提问的标准程序,只给调查者一个题目和一个访问提纲或访问要点,调查者围绕题目、访问提纲或访问要点与被调查者进行自由交谈,从而获得调查资料的一种资料收集方法)的方式,进行资料收集的初步工作,尤其是与被研究者中的关键人物进行比较深入的交谈,从他们那里获得符合实际的答案。这样做可以帮助研究者从被研究者的角度、用被研究者的眼光来看待事物,了解被研究者的所思所想,以及他们考虑问题的方式。这些都会对研究者发展测量指标提供很大的帮助。

有些抽象概念往往很难,甚至不可能在具体现象中找到其所对应的指标,而且在许多情况下,一个操作性定义往往不能够完全代表一个概念,这也是社会研究有时受到批评和指责的原因之一。同时,对这种抽象概念进行操作化时,往往在具体方法和测量指标方面存在着多种不同的选择。也就是说,对同一个概念进行测量时,可能会产生不同的测量指标。而一项具体社会研究的结果,又与它所采用的操作化方式及其所产生的测量指标密切相关。比如,以对前述的"夫妻权力"的测量为例,研究者通常将这一概念界定为"夫妻在家庭中的决策权"。对其进行操作化时,不同研究者所用的指标不尽相同。就像语言学家在翻译其他语言的作品时,常常会碰到同一部作品由不同的人翻译,译文互不相同、有好坏优劣之分一样,对同一概念的操作化结果也存在着好坏优劣之分。社会研究中对理论概念进行操作化的结果也不是唯一的。不同的操作化结果只是反映了概念在内涵准确性和涵盖性上存在着程度上的差别,唯一的、绝对准确的、绝对完善的操作化指标是不存在的。

三、操作化实例

1. 现代化的生存环境

李银河博士在研究浪漫爱情时,试图检验这样一个假设:人们的生存环境越接近现代化,则他们越会看重浪漫爱情。为此,她需要对"现代化的生存环境"进行操作化。在研究中,她将这一概念操作化为3个不同的维度和4个主要的指标(见表4-2)。

(1)时间维度——年龄(越年轻者其生存环境越接近现代化)。

(2)空间维度——城乡社区(城市居民的生存环境比农村居民的生存环境更接近现代化)。

(3)社会经济地位维度——教育程度、职业地位(一般而言,教育程度越高者,或者职业地位越高者,其生存环境越接近现代化)。

表 4-2 "现代化的生存环境"的操作化

概念	维度	指标
现代化的生存环境	时间维度	年龄
	空间维度	城乡社区
	社会经济地位维度	教育程度 职业地位

当然,同一领域的其他研究者还可以增加其他维度和指标,如增加"生活水平"的维度,以及诸如"人均收入""是否有私家车"等指标。

2. 溺爱子女

在研究独生子女的教育问题时,需要了解和比较独生子女父母与非独生子女父母在溺爱孩子方面的行为表现和心理状态。可对"溺爱子女"的概念进行如下的操作化处理。

(1)根据"溺爱孩子"概念的定义,将其操作化为4个不同的维度。

1)不注意培养孩子的生活自理能力。

2)不注意培养孩子的劳动习惯。

3)对孩子过分迁就。

4)物质上对孩子尽量满足。

(2)在每个维度上选择若干个具体指标。比如,第一个维度所选择的指标有是否自己洗头、洗澡、穿衣、收拾书包、整理床铺、上下学。第二个维度所选择的指标有在家是否抹桌、扫地、洗碗、上街买东西等。

3. 人的现代性

美国著名社会学家英克尔斯及其合作者在研究"现代人"时,需要对"人的现代性"

这一概念进行测量。为此，他们进行了非常周密细致的操作化工作，最终将人的现代性操作化为具有 24 个维度的个人现代性综合量表。这 24 个维度是：

1）积极参与公共事务　　　　2）年老者的角色
3）教育期望与职业期望　　　4）可依赖性
5）对变革的认识与评价　　　6）公民权
7）消费态度　　　　　　　　8）对尊严的评价
9）效能　　　　　　　　　　10）家庭大小
11）意见的增多　　　　　　 12）对国家的认同
13）信息　　　　　　　　　 14）大众传播媒介
15）亲属义务　　　　　　　 16）社会阶级分层
17）新经验　　　　　　　　 18）妇女权利
19）宗教　　　　　　　　　 20）专门技能
21）对时间的评价　　　　　 22）计划
23）工作信念　　　　　　　 24）了解生产

每一个维度下面，又分解成若干个更为具体的指标。比如，第一个维度"积极参与公共事务"又分解成：①是否属于某一个组织；②所参加的组织的数目；③哪一个组织在政治上持有自己的观点；④是否用谈话或书信方式向政府官员表明自己的观点；⑤参加投票的次数；⑥是否曾高度关心某件公共事务。最终将"人的现代性"这一概念操作化为 438 个具体指标，并在此基础上形成了一份包括 438 个具体问题的访问问卷。

实作训练

一、任务描述

对给定概念进行操作化。现要进行一项关于城市居民生活质量的调查，请对"城市居民生活质量"进行操作化。

二、任务分析

操作化是制作问卷前的关键工作，能否将相关概念操作化为具体指标关系到问卷中问题和答案的设计，以及是否能收集到调查所需的信息。

三、操作过程

1. 界定概念

城市居民生活质量是指与城市居民生活相关的各方面客观情况及主观体验。

2. 列出维度

居住情况，邻里关系，交通情况，家庭生活，休闲娱乐，工作和职业，生活环境。

3. 针对每个维度发展具体指标（见表 4-3）

表 4-3 "城市居民生活质量"的主要维度及测量指标[一]

主 要 维 度	子 维 度	测 量 指 标
居住情况	客观	房屋类型 住房间数 住房面积 居住年限 厨房情况 厕所情况 自来水 燃料 有无典型困难情况
	主观	感觉宽敞或拥挤 横向比较的相对等级 对住房的自我评价
邻里关系	客观	对邻里的了解情况 与邻里的交往情况 找邻里借东西情况 向邻里寻求帮助情况 发生矛盾情况 是否受到邻里关心
	主观	对邻里关系的评价
交通情况	客观	上下班交通方式 上下班交通所需时间 日常生活交通时间 乘坐出租车情况
	主观	对出租车方便的评价 对出租车价格的评价 对公交车拥挤的评价 对交通秩序的评价 对交通方便的评价 对存在问题的评价
家庭生活	客观	食物消费 大件家电数量 已婚者的婚龄 是否为钱争吵 家务是谁做 大事谁做主

[一] 风笑天. 社会调查中的问卷设计 [M]. 3 版. 北京：中国人民大学出版社，2014：174-175.

(续)

主要维度	子维度	测量指标
家庭生活	主观	对家庭生活水平等级的评价 生活变化的纵向比较 对家庭生活的满意程度 对夫妻间理解的评价 对婚姻生活的总体评价 对家庭人际关系的评价
休闲娱乐	客观	订报刊数量 平常看电视时间 周末或节假日看电视时间 主要的娱乐活动 主要的闲暇活动 做家务的时间 主要的交往对象
休闲娱乐	主观	周末两天的感受 生活的感受 紧张感
工作和职业	客观	工作单位类型 调动单位次数
工作和职业	主观	对职业的满意度 对不同职业的评价 对单位的满意度 对工作环境、待遇等各方面的评价
生活环境	客观	是否经常停电 是否经常停水
生活环境	主观	对城市环境污染的评价 对城市社会治安的评价 对城市建设的评价 对市场物价的评价 对城市商业服务的评价 对城市经济发展的评价 对城市教育事业的评价 对市政府工作的评价

四、实训小结

概念越抽象，操作化的过程就越复杂，所需要划分的维度就越多。"生活质量"属于抽象程度较高的概念，所以，列出了7个主要维度。由于生活质量的高低除了用客观的指标测量，主观的感受也是重要因素，所以，每一个维度下面都划分了"客观"和"主观"两个子维度。操作化某一概念之前，要多查看资料，保证无论从横向还是纵向的操作化内容是完整的，这样才能确保在操作化基础之上确定的调查内容是全面的。需要注意的是，本实训中所引用的操作化案例，其调查是在20世纪90年代中期进行的，所以具体指标中没有涉及现代生活中的一些重要内容，如"休闲娱乐"维度中未涉及网络，"交通情况"维度中未涉及自驾车者的情况等。

任务二 量表的制作

学习目标

本任务主要学习制作量表,并用量表进行主观社会指标的测量。通过本任务的学习,掌握不同常用量表的制作方法,并学会用量表进行主观社会指标的测量。

理论知识

我们可以对社会指标做不同的分类,其中最常用的是客观社会指标和主观社会指标这一分类,相应地,对社会指标的测量也分为客观社会指标的测量和主观社会指标的测量。对于客观社会指标的测量一般都有比较准确的计算方法,并且弹性较小。但对主观社会指标的测量则具有不确定性,如测量人们对某些社会问题的意愿、态度和评价等,这种不确定性是由人类思维的多样性所引起的,不同人对同一现象的看法不同,弹性较大,因而对主观社会指标的测量是社会测量的难点。社会调查中用来测量主观社会指标的工具主要是量表。

一、量表的含义

量表是一种测量工具,常被用来测量调查对象如何感觉或思考某事物。一般而言,研究者通过构建和使用量表,让人们在一个极点到另一个极点之间,指出符合自己态度的适当的一点。它以一个连续体的方式来排列回答值或观察值,然后对其结果加以分析。量表的构建旨在创造以顺序、等距、比率形式测量变项的数字分数,而数字的指派有助于人们进行量化思考。

量表是建立在测量变项强度或效能的观念之上的。它能针对各个指标项目之间的结构,提供更有保证的顺序排列的功能。欲测量的变量中,几个被列入复合测量的项目可能会有不同的强度。一份量表可以使用同一个指标,也可以使用数个不同指标。大多数量表是对研究对象的定序量度。量表不仅有助于概念的操作化,而且量表产生量化测量,可以和其他变量一起用来检验假设。

二、社会调查中常用的量表类型

1. 总加量表

总加量表是由一组反映人们对事物的态度或看法的陈述构成的,回答者分别对这些陈述发表意见,根据回答者同意或不同意的程度分别给予不同的分数,然后将回答者在全部陈述上的得分加起来,就得到了该回答者对这一事物或现象的态度得分。

表 4-4 测量的是人们对生育子女所持的态度。它由在一个方向(强调生育)的 10 个陈述句构成。每一陈述句后面都有两种答案。凡回答"同意"者记 1 分,回答"不同意"者记 0 分。这样,将一个回答者对这 10 条陈述的得分相加,就得到他在这一问题上的态度的总得分。在此例中,回答者最后的总得分越高,说明他越倾向于对生育孩子有强烈

总加量表

的义务感；回答者最后的总得分越低，说明他越感到没有义务生孩子。需要说明的是，总加量表的回答类别可以是2个，也可以是3个、4个或者更多。另外，应注意陈述句所表达的态度方向和答案的赋值必须是一致的。上例中陈述句的态度方向均为强调生育这一方向，所以答案的赋值也是一致的，但如果表中的陈述句的态度方向有不赞同生育子女的，那么在对其赋值时要与其他陈述相反，以保持整个态度量表测量方向的一致性。

表4-4 贝利生育量表（部分）

陈 述	同 意	不同意
1. 结婚的主要原因之一是要孩子	1	0
2. 只生一个孩子是错误的，因为独生子女在孤独中成长，且会因无兄弟姐妹而忧郁	1	0
3. 生育孩子是一个妇女所能具有的最深刻的经历之一	1	0
4. 两种性别的孩子至少都有一个比仅有一种性别的孩子好	1	0
5. 没有孩子的妇女绝不会感到完全的满足	1	0
6. 男人直到他业已证明自己成为孩子的父亲时，才算是"真正的男人"	1	0
7. （由于生育控制、绝育或年老等因素）不能导致怀孕的性行为是不道德的	1	0
8. 未婚的或者结了婚而没有孩子的男人可能是同性恋者	1	0
9. 妇女的首要职责是做母亲，只有在不影响其母亲职责时才谈得上她的事业	1	0
10. 没有孩子的夫妇实在可怜	1	0

依据上述赋值方式，最后的总得分越高，说明调查对象越倾向于赞成生育子女；总得分越低，越倾向于反对生育子女。

2. 李克特量表

李克特量表是加总式量表中最常用的一种，是由美国社会心理学家李克特于1932年在原有的总加量表的基础上改进而成的。该量表由一组陈述组成，每一陈述有"非常同意""同意""无所谓""不同意""非常不同意"五种回答，每个被调查者的态度总分就是他对各陈述项目的回答所得分数的加总，这一总分可说明其态度强弱或在这一量表上的不同状态。

根据表4-6这一赋值表，在表4-5中得分越高，表明对待艾滋病患者的态度越不接纳；反之，则越接纳。

表4-5 人们对待艾滋病患者的态度量表（部分）

题 号	陈 述 项 目	非常同意	同意	无所谓	不同意	非常不同意
1	因为艾滋病可以预防，所以我们应该注重预防					
2	艾滋病患者是罪有应得					
3	对艾滋病患者应该像对其他正常人一样同等对待					
4	如果感染上艾滋病，也能过正常的生活					
5	艾滋病有助于控制人口					

表4-6 人们对待艾滋病患者的态度量表赋值表（部分）

陈 述 项 目	非常同意	同 意	无 所 谓	不 同 意	非常不同意
项目1	1	2	3	4	5
项目2	5	4	3	2	1
项目3	1	2	3	4	5
项目4	1	2	3	4	5
项目5	5	4	3	2	1

李克特量表的制作步骤：

（1）收集与测量的概念相关的陈述语句。

（2）有研究人员根据测量的概念将每个测量的项目划分为"有利"或"不利"两类，一般测量的项目中有利的或不利的项目都应有一定的数量。

（3）选择部分受测者对全部项目进行预先测试，要求受测者指出每个项目是有利的或不利的，并在下面的方向强度描述语中进行选择，一般采用所谓"五点"量表：非常同意、同意、无所谓（不确定）、不同意、非常不同意。

（4）对每个回答给一个分数，如对有利项目从非常同意到非常不同意的分数分别为1、2、3、4、5，对不利项目的分数就为5、4、3、2、1；反之亦可。

（5）计算各组分辨力系数。

（6）删除分辨力系数小的陈述。

分辨力的计算方法：根据受测对象的总分排序；取总分最高的25%和总分最低的25%；将这两组人对某条陈述的平均得分相减，所得的差就是这条陈述的分辨力系数。分辨力系数越大，分辨力越高。删除分辨力系数为负数的陈述和分辨力系数小的陈述。

李克特量表使用范围比其他量表要广，可以用来测量其他一些量表所不能测量的某些多维度的复杂概念或态度。通常情况下，李克特量表的五种答案形式使回答者能够很方便地标出自己的位置，因而，它比同样长度的其他总加量表具有更高的信度。

3. 语义差异量表

语义差异量表又叫语义分化量表，是美国心理学家奥斯古德、萨奇、泰尼邦所设计的一种态度测量技术。该测量技术以形容词的正反意义为基础，标准的语义差异量表包含一系列形容词和它们的反义词，在每一个形容词和反义词之间有7~11个区间，人们对观念、事物或人的感觉可以通过其所选择的两个相反形容词之间的区间反映出来。语义差异量表在20世纪50年代后发展起来，是一种测量被测者所理解的某个单词或概念含义的测量手段，它要求人们记下对性质完全相反的不同词汇的反应强度。

语意差异量表可以清楚、有效地描绘同一概念在不同人心目中的含义，因而被广泛用于文化的比较研究、个人及群体间差异的比较研究，以及人们对周围环境或事物的态度、看法的研究等方面。

语义差异量表的应用举例：假如要测量人们对某种音乐的感受，可以首先列举几组反义词，如"有趣"与"无趣"、"愉悦"与"不悦"、"简单"与"复杂"、"和谐"与"嘈杂"、"传统"与"现代"等，然后在每一组反义词中间设置7个区间，这样，一个语义差异量表就制成了。当被调查者将自己对该音乐的感受填写在表格中时，研究者就可以从被调查者的选择上清晰地看出他对该音乐的评价（见表4-7）。

表4-7 对音乐的感受

有趣	__	__	__	__	__	__	__ 无趣
愉悦	__	__	__	__	__	__	__ 不悦
简单	__	__	__	__	__	__	__ 复杂
和谐	__	__	__	__	__	__	__ 嘈杂
传统	__	__	__	__	__	__	__ 现代

语义分化技术可以用数值的形式评分，也就是把各个尺度集合为一个分数，用以表明回答者的态度。

语意差异量表的使用方法如下：

（1）确定供受访者判断的维度。

（2）界定两个相反的术语代表每一维度的两极。

（3）做出语意差异的计分表。

可以根据受访者的回答对语意差异量表中的不同项目进行打分，其结果可用来分析不同测量对象、不同受访者的相同点和不同点，也可将各项目的得分加总，用以比较不同测量对象对整体形象的偏好等级。

4. 鲍格达斯社会距离量表

鲍格达斯社会距离量表是一种定量的测量人们相互间交往的程度、相互关系的程度或者对某一群体所持的态度及所保持的距离的工具（见表4-8）。

表4-8 鲍格达斯社会距离量表

愿 意	不 愿 意	项 目
□	□	1. 让黑人生活在你的国家
□	□	2. 让黑人生活在你所在的城市
□	□	3. 让黑人住在你们那条街
□	□	4. 让黑人做你的邻居
□	□	5. 让黑人成为你的朋友
□	□	6. 让你的子女和黑人结婚

注：越往后，相互间的距离越近。

实作训练

一、任务描述

请制作一份焦虑自评量表。

二、任务分析

量表是测量主观社会指标的重要工具。要求能根据调查需要设计制作量表，并用于主观社会指标的测量。

三、操作过程

焦虑是一种比较普遍的精神体验，人若较长期地存在焦虑反应就会得焦虑症。焦虑症是一种常见的神经症，除持续的忧虑、不安、担心和恐慌外，还常伴有明显的运动性不安和各种躯体上的不舒服感。

根据焦虑的身体及心理表现列举陈述句，依据出现相应感受的频率划分为4个选项，即没有或很少时间、小部分时间、相当多时间、绝大部分或全部时间，然后让被调查者根据最近一星期的实际情况选择合适的选项（见表4-9）。

表4-9　焦虑自评量表

自评项目	没有或很少时间	小部分时间	相当多时间	绝大部分或全部时间
1. 我觉得比平时容易紧张或着急	1	2	3	4
2. 我无缘无故在感到害怕	1	2	3	4
3. 我容易心里烦乱或感到惊恐	1	2	3	4
4. 我觉得我可能将要发疯	1	2	3	4
5. 我觉得一切都很好	4	3	2	1
6. 我手脚发抖	1	2	3	4
7. 我因为头疼、颈痛和背痛而苦恼	1	2	3	4
8. 我觉得容易衰弱和疲乏	1	2	3	4
9. 我觉得心平气和，并且容易安静坐着	4	3	2	1
10. 我觉得心跳得很快	1	2	3	4
11. 我因为一阵阵头晕而苦恼	1	2	3	4
12. 我有时晕倒发作，或觉得要晕倒似的	1	2	3	4
13. 我吸气呼气都感到很容易	4	3	2	1
14. 我的手脚麻木和刺痛	1	2	3	4
15. 我因为胃痛和消化不良而苦恼	1	2	3	4
16. 我常常要小便	1	2	3	4
17. 我的手脚常常是干燥温暖的	4	3	2	1
18. 我脸红发热	1	2	3	4
19. 我容易入睡并且一夜睡得很好	4	3	2	1
20. 我做噩梦	1	2	3	4

根据表中赋值方式，最终总得分越高，说明焦虑情绪越严重。

四、实训小结

本实训中的量表是一个总加量表。总加量表形式较多，可以进行态度的两极划分，如"同意""不同意"，也可以使用频率的区分方式，如本例中就用"没有或很少时间""小部分时间""相当多时间""绝大部分或全部时间"来衡量人们各种心理感受或生理状态的频率。在列举量表中的陈述时，尽量不要呈现某种规律性，如先列举生理上的状态，再列举心理上的感受，或先列举积极的，再列举消极的。这样容易让被调查者通过量表内容猜测调查者的意图，从而影响调查的准确性和真实性。在本实训中，描述生理上的状态、心理上的感受、积极的、消极的陈述都是掺杂在一起的，没有规律性。这样排列陈述时，要注意对每个陈述需按照积极和消极进行反方向赋值，如量表中的项目5、9、13、17、19是积极方面的，将其赋值为4～1，而其他的陈述是消极方面的，因此赋值为1～4。这样才能更好地保证最终的总得分能够正确反映被调查者的真实情况。

任务三 信度与效度的测量

学习目标

本任务主要学习测量的信度类型和效度类型，以及测量信度和效度的关系。通过本任务的学习，掌握测量的信度和效度的分析方法。

理论知识

在社会科学研究中，精确的、系统的经验研究往往都离不开社会测量。任何一次测量都会面临一些基本的问题：研究所得的资料或者数据是否是我们感兴趣的资料或数据？它们能否准确地反映我们感兴趣的问题？在相同的研究条件下，不同的研究者能否得出相同的研究结论？所有这些问题，都涉及测量手段或测量工具的信度与效度问题。

一、测量的信度

（一）信度的意义

信度即可靠性，是指测量结果的一致性或稳定性，即测量工具能否稳定地测量所测的变量。换言之，所谓信度，是指同一或相似母体重复进行调查或测验，其所得结果相一致的程度。

测量的信度通常用相关系数（r）来表示，即用同一样本所得到的两组资料的相关系数作为测量一致性的指标，也称为信度系数。信度系数可以解释为，在所测对象实得分数的差异中，有多大比例是由测量对象本身的差别决定的。信度系数高，表明测量的一致性程度高，测量误差小。例如，当 $r=0.90$ 时，可以认为实得分数中有 90% 的差异来自测量对象本身的差别，只有 10% 来自测量误差；若 $r=1.00$，则表示无测量误差，所有的差异都来自测量对象本身；若 $r=0$，则所有的差异均来自测量误差。那么，信度系数达到多高才可以认为可信呢？理想的状况是 $r=1.00$，但这往往是办不到的。由于不同调查的测量目的、所取样本的编制、使用方法的不同，因此对信度系数的要求难以统一的标准。一般来说，$r \geqslant 0.80$，即可认为该测量达到了足够的信度。

（二）信度的类型

1. 再测信度

再测信度也称稳定性系数，是指用相同的方法对同一测量对象先后进行两次测量，并根据两次测量结果计算而得的相关系数。这是社会科学研究中最普通、最常用的信度评估方法。例如，先后两次对同一个人的体重进行测量，然后计算两次测量的相关系数。又如，用贝利生育量表两次对同一个人的生育态度进行测量，并计算两次测量的相关系数。应当注意的是，使用这一方法时,必须遵循严格的条件限制,即前后两次测量所采用的方法应该完全相同,测量应该针对同一对象进行。再测信度的优点是操作相对简便易行,其不足是容易受时间因素的影响。在社会科学研究中,如果前后两次测量间隔时间过短,测量客体对前一次测量尚有记忆,那么回答者可能会凭记忆作答或者受其他心理因素的干扰,这样所得信度系数本身的可信度就值得怀疑。但如果时间隔得太久,由于人们的态度可能会随着时间的推移而发生改变,所以即使前后两次测量都严格遵循了测量的要求,也不管信度系数是高还是低,我们都无法准确地获得两次测量的真实信度。最适宜的相隔时间因测验的目的和性质而异,少则几天,多则半年,甚至一两年。

2. 复本信度

复本信度是指根据测量的目的,制作两套等值的测量工具,对同一对象进行测量,然后根据两套测量工具所得测量结果计算信度系数,用以检验测量工具的信度。如果我们有两套效果相同的测量复本,则可交替使用,根据同一个测量对象对两种复本的回答结果计算其相关系数,即可得到复本信度。学校考试当中经常采用的 A、B 卷,就是理想的复本模型。例如,在一次问卷调查中研究者同时应用 A、B 两套问卷,如果被调查者在 A、B 两卷上的得分相同,就说明该问卷具有复本信度;如果两者差异很大,则缺乏复本信度。

应当注意,复本信度可以避免再测信度容易受时间影响的缺点,但采用此方法时,必须保证所使用的是真正的复本,两者在项目类型、数量、内容及难度等方面都要一致。

3. 折半信度

如果一种测量既没有复本又只能测量一次,这种情况下研究者可以采用折半法来估计测量的信度。所谓折半信度,是指将一次测量的全部项目一分为二,并计算两组项目的相关系数。通常的做法是将测量项目依据单双数划分成两组,并计算两组值的相关系数,即得折半信度。例如,要了解大学生对学校"混住制"的看法,我们设计了 20 个测量项目,将这 20 个项目依据单双数一分为二,然后计算两组值的相关系数,即得到该测量的折半信度。

二、测量的效度

(一) 效度的意义

效度是指测量工具或测量手段能够准确地测出所要测量的变量或事物的程度,即能够准确、真实、客观地度量事物属性的程度,也称测量的有效度或准确度。美国社会学家菲利普斯曾指出,从科学的含义上说,对一个特定现象(如由一个特定的概念所规定的现象)的测量若成功地测量了该现象,它就被视为一种有效的测量。显然,有效的测量应该包括两个部分:测量手段实际上正是所要测量的内容;测量内容被测量手段准确地测量了。例如,测量学生的智商。当我们拿英语试卷去测量时,并不能有效地、准确地测量出学生智商的高低。因为英语试卷只是反映(即测量)学生的英语水平。此时,我们说英语试卷测量智商无效度。如果我们改用智商量表来对学生的智商进行测量,则能测量出学生智商的高低。此时,我们说智商量表对学生智商的测量有效度。换句话说,如果我们想测量某一特征 X,只有测验结果准确地测出了特征 X 时,测量才是真实有效的。

(二）效度的类型

1. 内容效度

内容效度也称表面效度，是指测量内容的适合性和相符性，即测量所选项目是否符合测量目的和要求，或者测量所选择项目是否"看起来"符合测量的目标和要求。内容效度可能是最易于理解但在实际研究中却最难以有效实施的程序。美国社会学家塞尔蒂兹等人指出，内容效度归根结底必须考虑两个主要问题：一是测量工具所测量的是否正是研究人员所要测量的那种行为；二是该工具是否对这种行为提供了适当的样本。因此，要知道一种测量工具是否有内容效度，我们首先需要了解所要测量的概念或定义，其次需要知道所搜集的信息是否和该概念密切相关。例如，假定被测量的概念是智力，而卷面上测量智力的项目却偏向于询问回答者的身体状况，这一测量显然就不具有智力测量应有的表面效度，因为身体状况并非属于智力定义的范围。

2. 准则效度

准则效度也称为效标效度，准则是衡量有效性的参照标准，准则效度指的是用几种不同的测量方式或指标对同一变量进行测量时，将其中的一种方式或指标作为准则，其他的方式或指标与这个准则做比较。如果其他的方式或指标与作为准则的方式或指标具有相同的效果，则其他的方式与指标就具有准则效度。

例如，若一种测量手段被人们公认为是一种有效的测量手段，那么将回答者在新测量手段上的分数同他在原测量手段上的分数相比较，若两者分数相同或者接近，则可以说新的测量方法具有准则效度。

我们如何知道作为准则的测量本身是有效度的呢？一般认为，作为参照标准的测量工具，首先必须具有表面效度，也就是说，该方法必须至少看起来是有效度的；其次，该测量方法必须是已经通过应用而被证明了的。

准则效度如图4-2所示：如果我们已经知道 X_1 这种测量工具对变量 X 是有效的，那么我们现在用测量工具 X_2 来对变量 X 进行测量，并将测量结果与用测量工具 X_1 所得结果进行比较，若结果相同或相近，则称测量工具 X_2 具有准则效度。通俗地讲，有准则效度的测量工具其实就是对已有的、已被验证的测量工具的有效替代。例如，要测量人的性别这一属性，可以查验其身份证，也可以观察其体貌特征。如果把查验身份证作为判断性别的准则，而把观察体貌特征作为新的测量工具的话，那么，如果通过观察体貌特征而得到的结果与通过查验身份证而得到的结果是一样的，即观察体貌特征与查验身份证对测量性别同样有效，就可以说观察体貌特征这种测量方法具有准则效度。

3. 构念效度

构念效度也称建构效度，是指通过将测量结果与有关理论命题或假设进行对比来考察测量的效度。如果测量结果与有关理论命题或假设具有一致性，则认为测量具有构念效度。例如，如果我们知道有这样一个命题：变量 X 与变量 Y 之间存在因果关系，其中 X 为自变量，Y 为因变量。当我们用变量 X 的测量指标 X_1 与变量 Y 的测量指标 Y_1 对 X 与 Y 之间的关系进行测量时，因果关系成立；现在我们用一个新的测量指标 X_2 来取代原来的测量指标 X_1，并

对变量 X 与变量 Y 之间的关系进行复测，若所得结果相同，则称新的测量指标 X_2 具有构念效度，如图 4-3 所示。

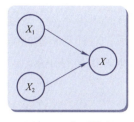

图 4-2　准则效度

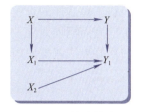

图 4-3　构念效度

效度评估的这 3 种类型，从内容效度到准则效度，再到构念效度，可视为一个累进或积累的过程。就如同由定类测量、定序测量到定距测量、定比测量一样，效度测定后面的每一种类型都比前面的类型包含更多的信息，构念效度比准则效度包含更多的信息，而准则效度又比内容效度包含更多的信息。因此，构念效度通常被认为是最强有力的效度测定程序。因为内容效度通常只需要对同一测量的单一测量工具，准则效度则需要对同一测量的两个以上的测量工具，而构念效度则需要将新的测量工具置于已有理论中进行检验，涉及两种以上的测量工具。

三、信度与效度的关系

信度和效度是评价测量工具的两个主要方面。测量的信度与效度之间既有明显的区别，又存在着某种相互联系、相互制约的关系。信度主要回答测量结果的一致性、稳定性和可靠性问题，效度主要回答测量结果的有效性和准确性问题。信度和效度之间的关系可分为 4 种类型（见图 4-4）。

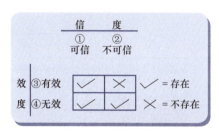

图 4-4　信度和效度的关系

（1）可信且有效。这是社会现象测量所追求的理想状态。

（2）可信但无效。如调查某地粮食产量，但设计的统计指标是播种面积、投入粮食作物生产的劳力、资金等，即使数据可信，对说明当地粮食产量来说，其效度仍然很低。

（3）不可信但有效。这种情况在理论上应该是不存在的。

（4）不可信亦无效。这是测量中应避免的类型。

总之，信度是效度的基础，是效度的必要条件而非充分条件，一般来说，缺乏信度的测量肯定也是无效度的测量；但高信度的测量未必同时也是高效度的测量，即它也许是有信度的，也许仍然是无效度的。效度则是信度的目的和归属，没有效度的信度就失去了其本来的意义。任何社会测量，只有做到信度和效度的统一，才是可信且有效的。

应当注意的是，虽然理论上有效的测量本身并不排斥测量的可信度，但在实践中，信度与效度时常发生冲突。例如，你只有一把可信的尺子和不太可信的游标卡尺作为测量碎纸屑长度的工具，你就面临工具选择的难题。研究者有时不得不为了效度而牺牲信度，即选择游标卡尺；或者是为了信度而牺牲效度，即选择尺子。对社会科学而言，这始终是一个两难选择，克服这个两难的最好方法就是使用不同方法作为相互的补充。

实作训练

一、任务描述

对社会测量的信度与效度的分析。

二、任务分析

为保证社会测量的可信性和有效性，要对测量的信度和效度进行分析。

三、操作过程

以再测信度为例，利用贝利生育量表两次测量某班同学对生育的态度，并分析其再测信度。

再测信度是指用相同的方法对同一测量对象先后进行两次测量，并根据两次测量结果计算其相关系数。假设一位同学第一次填写的量表见表 4-10。

表 4-10　贝利生育量表（部分）

陈　述	同　意	不 同 意
1. 结婚的主要原因之一是要孩子	1 √	0
2. 只生一个孩子是错误的，因为独生子女在孤独中成长，且会因无兄弟姐妹而忧郁	1 √	0
3. 生育孩子是一个妇女所能具有的最深刻的经历之一	1 √	0
4. 两种性别的孩子至少都有一个比仅有一种性别的孩子好	1 √	0
5. 没有孩子的妇女绝不会感到完全的满足	1 √	0
6. 男人直到他业已证明自己成为孩子的父亲时，才算是"真正的男人"	1 √	0
7. （由于生育控制、绝育或年老等因素）不能导致怀孕的性行为是不道德的	1	0 √
8. 未婚的或者结了婚而没有孩子的男人可能是同性恋者	1	0 √
9. 妇女的首要职责是做母亲，只有在不影响其母亲职责时才谈得上她的事业	1	0 √
10. 没有孩子的夫妇实在可怜	1	0 √

计算其得分为 6 分。

该同学第二次填写的量表见表 4-11。

表 4-11 贝利生育量表（部分）

陈　　述	同　意	不 同 意
1. 结婚的主要原因之一是要孩子	1 √	0
2. 只生一个孩子是错误的，因为独生子女在孤独中成长，且会因无兄弟姐妹而忧郁	1 √	0
3. 生孩子是一个妇女所能具有的最深刻的经历之一	1 √	0
4. 两种性别的孩子至少都有一个比仅有一种性别的孩子好	1 √	0
5. 没有孩子的妇女绝不会感到完全的满足	1 √	0
6. 男人直到他业已证明自己成为孩子的父亲时，才算是"真正的男人"	1 √	0
7. （由于生育控制、绝育或年老等因素）不能导致怀孕的性行为是不道德的	1	0 √
8. 未婚的或者结了婚而没有孩子的男人可能是同性恋者	1	0 √
9. 妇女的首要职责是做母亲，只有在不影响其母亲职责时才谈得上她的事业	1	0 √
10. 没有孩子的夫妇实在可怜	1 √	0

计算其得分为 7 分。

计算两次测量的相关系数 $r=6/7=0.857>0.80$，可认为该测量具有足够的信度。

四、实训小结

本实训让学生两次填答贝利生育量表（部分），利用两次填写的得分计算再测信度。进行再测信度测量时，注意要使用同一种工具对同一个对象进行两次测量，如本实训中，必须让同一个学生填写相同的量表；要合理确定两次测量的时间间隔；并且在两次测量中，尽量减少环境干扰。

本项目质量评价标准

序　号	检测内容	分值（分）	评 价 标 准	得分（分）
1	操作化	40	1. 界定概念的内涵和外延：0～10分 2. 维度的列举：0～10分 3. 具体指标的列举：0～20分	
2	量表的制作	20	1. 正确选择量表类型：0～5分 2. 设计量表的陈述项目：0～10分 3. 制作赋值表：0～5分	
3	信度检测	20	1. 列举 3 种信度检测方法：0～5分 2. 再测信度的检测：0～5分 3. 复本信度的检测：0～5分 4. 折半信度的检测：0～5分	
4	效度检测	20	1. 列举 3 种效度检测方法：0～5分 2. 内容效度的检测：0～5分 3. 准则效度的检测：0～5分 4. 构念效度的检测：0～5分	
合　计		100		

知识拓展

影响资料信度和效度的因素

社会测量的目的在于真实有效地再现测量对象的本来面目，准确地度量社会事物的属性与特征，这就要求社会测量必须有较高的信度与效度。因此，我们必须对信度与效度的影响因素有充分的了解。通常情况下，影响信度与效度的因素主要包括测量者、测量工具、测量对象以及环境等。

一、测量者

测量者即测量的实施者，是指整个测量的设计者与执行者，测量者自身的素质直接关系研究的成败。测量者的工作能力、工作的风格都关乎测量的信度与效度。如用抽样的方法做研究时，没有按照完全随机的方法进行抽样，或者在调查时没有找到所抽取的单位而随便找人替代，在继续控制实验时没有很好地控制环境和其他变量等，这些都会影响测量的信度和效度。另外，测量者的态度也会直接影响回答者。怎样做到在研究中保持中立，不戴有色眼镜进入实验室，无论是对自然科学家还是社会科学家来说都是应该注意的。

二、测量工具

要进行测量，就必须有合适的测量工具。有时候合适的测量工具与方法比优秀的测量者更重要，或者说，在某些情况下，如果能够找到合适的测量工具和测量方法，我们就能够获得真实的资料。相反，如果我们设计的问卷中的问题表述不严谨，甚至所列项目本身就有问题，让测量对象糊里糊涂，就会导致回答者无法作答，而即使他们认真做了回答，其研究价值也不高。另外，我们在问卷设计时还必须考虑问卷项目的多与少，问卷中哪些问题适合开放性的方式，哪些问题适合封闭性的方式，它们的恰当比例应是多少，排列的先后顺序又如何，以避免造成测量对象的疲劳感觉或厌倦、反感等情绪的产生。这些都会影响调查资料的信度和效度。

三、测量对象

由于社会科学研究中的测量对象是人以及由人组成的社会组织、群体等，那么，测量对象的主观状态就成为影响信度与效度的重要组成因素。既然在自然科学中都存在着"测不准原理"，那么在社会科学研究中就应该更加注意测量本身对测量对象造成的影响，以及对测量对象自身进行分析，以尽量保证测量的效度与信度。例如，我们在运用客观观察法时，就一定要注意不要让被观察者觉得自己正在被人观察、研究，否则的话，被观察者就可能会刻意表现出某些行为迎合你的观察，最终导致观察失败。又如，我们要调查人们的理想观念、态度、意见，甚至对某些敏感问题的看法时，就需要先声明调查的目的在于获取真实资料，调查是无记名的并对整个测量过程保密，切实打消被调查者思想上的顾虑，否则测量的信度与效度就会受影响。

四、环境因素及其他因素

测量过程中还应注意测量实施的环境因素和其他因素，以避免测量受到干扰。在进行社会测量之前，测量者通常要对测量的环境进行观察、分析，以避免无谓的因素干扰。

例如，我们想知道村民委员会与乡镇基层政府之间的关系，我们找到有关的村两委成员进行访谈。如果有乡镇上的领导陪同，不难想象，在这种情况下我们无法获得比官方资料更多的信息，即使它们两者之间确实存在着某些不协调、不一致的现象。因为此时无论你怎样强调调查的客观性、研究的科学性、资料的保密性，都无法消除环境（领导在场）带来的负面影响。我们的问卷调查通常都是在相对自然的环境中进行的，就是为了被调查者免受环境因素的干扰。另外，在对调查资料的整理分析过程中，如在资料的编码、登录、录入的过程中，都可能会出现疏忽或差错，从而降低调查资料的信度或效度。

思考与练习

一、判断题

1. 温度可以进行定比测量。（   ）
2. 定距测量不仅能将变量区分类别和等级，而且可以确定变量之间的数量差别和间隔距离。（   ）
3. 高层次的测量结果可以转换成低层次的测量结果，反之亦然。（   ）
4. 一般来说，概念的抽象层次越高，其涵盖面越大，特征就越模糊，也越难观察和测量。（   ）
5. 社会调查中用来测量主观社会指标的工具主要是量表。（   ）

二、简答题

1. 测量可分为哪四个层次？
2. 什么是操作化？操作化的作用是什么？
3. 测量的信度类型和效度类型主要有哪些？

三、实训题

1. 如果我们需要测量某高校大学生的"越轨行为"，如何操作化具体指标？
2. 请为"人们对在农村普及九年义务教育的看法"设计一份李克特量表。

项目五 / Project 5

05 问卷设计

❏ 项目描述

本项目要求学生通过对问卷类型、问卷基本结构、问卷设计原则、问卷设计的基本步骤、问题设计常用规则、问题形式与答案设计、问题数量与排序的常用规则、问卷设计中的常见错误等相关知识的学习,掌握问卷分析及题型与答案设计的方法,重点培养其问卷设计的能力。

项目任务分解:问卷分析、问卷题型与答案设计。

任务一 问卷分析

学习目标

本任务主要学习问卷类型、基本结构、设计原则以及设计的基本步骤等知识。通过本任务的学习,掌握问卷及问卷设计的基础知识,学会对不同类型的问卷结构进行分析。

理论知识

一、问卷的类型

(一)自填式问卷与访问式问卷

依据填答或使用方式的不同,问卷可分为两种主要的类型:自填式问卷和访问式问卷。自填式问卷是由被调查者本人填答的问卷,访问式问卷则是由调查员依据被调查者的回答填写的问卷。

这两种问卷都是社会研究中收集资料的重要工具,虽然它们的基本结构是相同的,但由于它们直接面对的对象不同——自填式问卷直接面对被调查者,访问式问卷直接面对访问员,因而它们在具体形式、设计方法和要求等方面都存在一定的差别。适用于某种调查形式的问卷往往不适用于另一种调查形式。⊖

(二)用于不同调查领域的问卷

从问卷设计的角度看,运用于不同领域的问卷在具体形式上也存在一些细微的差别。

1. 社会状况调查问卷

问卷内容较多且涉及面较广。调查问卷中的问题一般被分成若干个不同的类别,并相应地标出不同的子标题。问卷所面对的对象也多为普通居民,调查的形式多为入户访问或街头调查。

2. 社会问题调查问卷

问卷内容主要涉及社会中某一热点、难点问题,因而问卷中的内容相对集中,设计时应有针对性地围绕与社会问题相关的各个方面进行研究设计。

3. 社会舆论调查或民意调查问卷

问卷内容经常涉及人们的态度、意见、看法、思想、价值等主观因素,因而进行这类调查时,其问卷的内容往往显得比其他调查的问卷内容更为敏感。这类问卷较多地采用投射

⊖ 袁方. 社会研究方法教程(重排本)[M]. 北京:北京大学出版社,2013:173.

技术（第三者技术，即问题所涉及的是其他人而不是被调查者本人）、量表技术等间接测量的方式来收集被调查者的相关资料。调查对象也多为成年人，调查形式常用街头面访或电话访问，此类问卷内容不能太多，题目不能太复杂，耗时不宜过长。

4. 市场调查问卷

市场调查就是系统地对产品或商品的市场环境、市场状况、销售可能性、消费需求、消费心理及行为、产品价格和销售渠道等开展调查。在调查形式上，主要采用街头面访或电话访问的方式进行，调查对象主要为普通居民，问题大多比较简单。

5. 研究性调查问卷

问卷内容最为广泛，调查对象也最为多样化。这类问卷主要采取自填问卷的方式进行，问卷设计上所涉及的领域最广，主题最多，工作最复杂，要求也最高。

二、问卷的结构

一般来说，一份问卷通常包括封面信、指导语、问题及答案、编码及其他资料等 4 个组成部分。

问卷的基本结构

（一）封面信

封面信是指一封致被调查者的短信，其主要目的是向被调查者介绍和说明调查的目的、调查者的身份及调查的简要内容等，让被调查者了解调查的意义，以便更好地取得被调查者的支持与配合。封面信的语言应简明、态度应诚恳。

在封面信中，一般要说明以下内容。

1. 说明调查者的身份

身份介绍主要有两种方式：一是直接在封面信中说明，如"我们是××大学社区管理与服务专业的学生，现正在进行一项关于城市老年人社区养老服务需求的调查"；二是在落款处说明，落款内容一般包括调查者的具体单位和调查组名称，两者缺一不可，如落款为"××大学社区管理与服务专业城市老年人社区养老服务需求研究课题组"。如果在封面信中附上单位的地址、电话和联系人等信息，可以增加调查的公信力，体现调查的规范性。

2. 说明调查的简要内容

通常用概括性的语言，简要地介绍调查内容的基本范围，如"我们正在进行城市老年人社区养老需求方面的调查"或"我们此次调查，主要是想了解城市老年人对社区养老的需求"等。对于调查的内容和范围，既不能含糊甚至欺骗被调查者，又不能过分详细和具体。

3. 说明调查的主要目的

这是封面信中一项非常重要的内容。要尽量对其进行恰当、合理的表述，既要说明其对社会的意义，更要说明对于包括调查者在内的群众的实际价值，有利于调动被调查者的积极性和责任感，如"这次调查的目的，是要了解我市老年人的社区养老服务现状和养老需求，为政府完善社区养老服务、制定养老的有关政策提供科学的依据，进一步提高我市老年人生活质量"。

4. 说明调查对象的选取方法和对调查资料保密的措施

在封面信中简明扼要地对这些内容进行说明，可以有效地消除被调查者的戒备心理，缓解其压力，如"我们根据科学的方法选定了一部分居民作为全市居民的代表，您是其中的一位。本调查以不记名的方式进行，我们将对调查资料保密"。另外，还应明确地说明"本次调查不用填写姓名和单位，答案无对错之分"等内容。在信的结尾处一定要真诚地对被调查者表示感谢。

（二）指导语

指导语即用来指导被调查者如何正确填答问卷的各种解释和说明，主要分为卷头指导语和卷中指导语两种。

1. 卷头指导语

卷头指导语一般在封面信之后，正式问题之前，其作用是对填答问卷的要求、方法和注意事项等进行总的说明。但对于填写方法比较简单的问卷，其指导语一般在封面信中以简练的语言加以说明，如"请根据自己的实际情况在合适的答案号码上打'√'或在'＿＿＿'处填写"或"请将填答完毕的问卷于××月××日之前寄出"等。对于比较复杂的问卷，卷头指导语则应相对详细，并以"填写说明"为标题的形式放在封面信之后。例如：

填 写 说 明

1. 请在每一个问题后适合自己情况的答案上打"√"。
2. 如无特殊说明，每一问题只能选择一个答案。
3. 填答问卷时请不要与他人商量。

2. 卷中指导语

卷中指导语一般是针对某些较为特殊的问题所做出的特定指示，常以括号形式置于某个具体问题或选项之后，其目的是对问卷中被调查者有可能不清楚、难理解的问题进行指导，消除调查中的障碍，如"可选多个答案""若不是，请跳过12题，从13题开始作答""家庭人均收入即全家人的总收入除以家庭总人数"等。

（三）问题及答案

这是问卷的主体，也是问卷设计的主要内容。从形式上看，问题可分为开放式与封闭式两大类。

1. 开放式问题

所谓开放式问题，就是调查者提出问题之后，不为被调查者提供具体的、可供选择的答案，由被调查者根据实际情况自由作答的问题，如"您对社区服务的现状有什么看法？""您怎样安排自己的休闲时间？"等。开放式问题的主要优点是能够让被调查者自由地按照自己的理解充分发表观点，所收集到的资料也很丰富、生动和具体；缺点是所取得的资料不便于量化处理，对被调查者的知识水平和表达能力要求较高，所花费的时间和精力较多等。

2. 封闭式问题

所谓封闭式问题，就是调查者提问的同时，还详细地给出了若干个可供选择的答案，

供被调查者根据自己的实情从中做出明确的回答。例如，

您闲暇时间的休闲方式主要有哪些？

①旅游　　②看电视　　③看书　　④唱歌　　⑤其他

封闭式问题的优点是简单、方便、快捷，资料易于统计分析，适合范围广；缺点是所收集的资料缺乏自发性和多样化，难于发现回答中的偏误。

（四）编码及其他资料

对于以封闭式问题为主的问卷，为了利用计算机进行统计处理和定量分析，常常用数字来代替问卷中的问题及答案，即赋予每个问题及答案以数字作为它的代码，这项工作被称为编码。编码工作既可以在设计问卷时进行（预编码），也可在问卷收回之后进行（后编码）。在实际调查中，研究者大多采用预编码。在有些问卷中，还留有编码栏，编码栏一般放在问卷每一页的最右边，有时还可用一条竖线将它与问题及答案部分分开。例如：

（1）您的年龄：＿＿＿＿岁	1～2 □□
（2）您的性别：①男　②女	3 □
（3）您的文化程度：	4 □
①小学及以下　②初中	
③高中或中专　④大专及以上	
（4）您的月收入：＿＿＿＿元	5～9 □□□□□

对于第一个问题，由于人们的年龄大多在0～99岁，故编码栏中给出两栏，栏码为1～2（对于极个别大于99岁的人往往记为99岁）；第二、第三个问题都只可能选择一个答案，且答案数目小于10，故分别分配一栏；第四个问题的答案一般处于0～99999，故给五栏。

除问卷编码之外，问卷中还应包括问卷名称、问卷编号、调查员编号、审核员编号、调查日期、被调查者地址及被调查者合作情况等有关内容，这些统称为其他资料。

三、问卷设计的原则

（一）要从被调查者的角度出发设计问卷

社会调查是调查者通过问卷从被调查者处收集资料、了解情况的过程。在这个过程中，调查问卷是重要的研究工具，设计问卷时，要从调查者的角度来思考所研究的问题和所要测量的变量，做到问卷内容的准确和科学。但是，如果仅从调查者的需要来考虑，而不考虑被调查者的实际情况，那么设计的问卷往往会存在不妥之处，如问卷结构过于复杂、问题太多等。这些问题都会使被调查者产生不良的心理感受和排斥的行为表现，从而影响调查的效果。

因此，要使调查取得良好的效果，在设计问卷时要从被调查者的角度出发，注重考虑调查过程中人的心理及情感需求，设计出让被调查者愿意接受、简单易懂的问卷。

（二）要认清影响问卷调查效果的不利因素

问卷调查是调查者与被调查者进行社会互动的过程。这个互动过程顺利与否，关键是要消除各种主客观不利因素。因此，在问卷设计时，首先要充分地认清调查过程中可能会出现的影响问卷调查效果的各种不利因素，并尽量去避免，从而提升调查的质量。影响调查效

果的不利因素主要有两大方面。

1. 主观因素

主观因素是指导致被调查者心理上和思想上对问卷产生各种不良反应的因素。例如，问卷内容太多、篇幅太长、问题太难，需要被调查者花费很长的时间和精力去思考、回忆、计算和填答，使被调查者产生畏惧和厌恶心理；问卷中如有涉及个人隐私、保密和敏感的问题，则容易引起被调查者的顾虑和担心；当调查者在设计问卷封面信时，如果对问卷调查的目的、意义以及被调查者参与调查的重要性和作用说明不够，被调查者就可能产生不关心、不重视和不合作的态度；如果问卷内容脱离被调查者的实际，或所用的话语与被调查者的文化背景不协调，就可能降低问卷对被调查者的吸引力，增加调查过程中的障碍。

2. 客观因素

客观因素是指被调查者自身能力、条件和功能等方面的限制因素。设计问卷时，一定要考虑大多数调查对象的阅读能力、理解能力、计算能力、记忆能力等，因为在调查过程中，被调查者会受到这些能力的限制。

（三）要从不同的角度来思考问卷设计工作

问卷内容看起来是由一组问题和答案所构成的调查表格，但它涉及许多在问卷上看不到的因素，并受这些因素的影响和制约。因此，问卷设计还需要从以下几个不同角度来思考。

1. 调查目的

调查目的是问卷设计的灵魂，它决定着问卷的内容。如果研究者只是为了利用问卷收集资料，了解和描述研究对象的一些基本情况，那么问卷设计主要应围绕研究对象有关的客观事实进行。如果调查者的调查目的是要对某种社会事实进行因果分析和论证，那么问卷设计就要紧扣理论假设和研究变量来进行，问卷中的问题设计要严格按照研究假设的思路进行。

2. 调查内容

调查内容也是问卷设计时要着重考虑的主要因素。对于被调查者比较熟悉、心理压力不大和感兴趣的内容，问卷就可以设计得相对详细一些，深入一些；问题也可以提得直接一些，数量也可以多一些；问卷的封面信、指导语也可以简单一些。但是，对于被调查者不太熟悉、比较敏感、比较枯燥的问题，问卷设计工作难度较大。这时问卷的封面信和指导语就要相对详细，措辞要更加谨慎，尽可能把问卷设计得通俗易懂，这样才能提高被调查者对调查的重视程度和投入程度。

3. 样本性质

样本性质也就是样本的构成情况，包括被调查者的年龄、性别、职业和文化程度分布等基本情况。在问卷设计之前，要对样本基本情况有全面的认识。对于相同研究目的和同样调查内容的问卷，不同性质或构成的样本，要有区别地对待。例如，对于以工人为样本的问卷，其语言应通俗易懂、简单明了和口语化一些，问题的数量也应少一些；而对于以大学生为样本的问卷，语言就可书面化一些，问题可复杂一些，数量也可多一些。

四、问卷设计的基本步骤

(一) 探索性工作

探索性工作是问卷设计工作的第一步。探索性工作常见的做法是：问卷设计者要通过非结构式访谈的方式，围绕所要研究的问题，直接与不同类型的被调查者交流，从中既可初步掌握对各种问题的提问方法、可能的答案种类、适当的用语等内容，又可帮助设计者对封面信设计、问题的顺序与数量、问题与答案的设计形式以及了解调查中可能存在的障碍等方面形成客观的认识，使问卷设计及调查工作更加有效率。同时，观察法也是探索性工作中常用的有效方式。

探索性工作的积极作用有如下两个方面：一是有助于设计者设计出符合实情、问题清晰具体的问卷。在问卷设计时，设计者对于问卷中一些不符合客观情况及含糊不清的问题和答案往往难于觉察，而探索性工作可以有效避免这种情况的出现。二是有助于设计者设计出可以适用于大多数调查对象的封闭式问题的答案。对于问卷中同一个问题，不同的被调查者按照各自的语言及表达方式进行回答。问卷设计者要从这些答案中总结出具有共性的及最有代表性的回答作为问卷的答案，这样设计出的答案更加符合实际情况。

探索性工作可以按问卷不同的内容、不同的变量，把问题分成若干个部分进行，每一部分集中完成一个方面的问题来进行操作。

(二) 设计问卷初稿

经过了探索性工作之后，设计者头脑中已经形成了研究所涉及的主要问题及答案的初步框架。接下来的工作是如何把这些零散的问题和答案组合成一份合适的问卷。常用的做法有两种：一种是卡片法，另一种是框图法。

卡片法的操作程序：①根据探索性工作中的认识和理解，把每一个问题及答案单独写在一张卡片上，有多少个问题，就有多少张卡片；②按照卡片上问题的主题内容进行归类，属于同一性质的问题归为一类，把问题卡片分成若干类；③按日常询问的习惯与逻辑，对每一类中的问题进行排序；④根据问卷的逻辑结构排出各类问题的先后顺序；⑤从回答者阅读和填答问卷的便利性及心理压力影响性等角度，检查问题的前后连贯性及逻辑性，对不当之处进行修正、补充和调整，形成问卷初稿。

框图法的操作程序：①根据研究假设和所需资料的逻辑结构，在纸上画出问卷的各部分及前后顺序的框图；②具体写出每一部分的问题及答案，并按照便利性及逻辑性对问题进行排序；③对全部问题的形式、顺序从整体上进行修订和调整，形成完整的问卷初稿。

这两种方法有一定的差异，主要表现在操作程序上：卡片法是从具体问题出发，形成部分结构，最后组成整体问卷；而框图法则相反，先从整体框架开始，接着是形成部分结构，最后到具体问题。两者各有优劣，为了采用各自的长处，可以将两种方法进行优势整合。先是根据调查内容的结构，画出问卷整体的各个部分及先后顺序；接着按照不同部分的内容，在卡片上详细列出各个具体的问题，并调整问题间的顺序；最后把卡片上的问题按顺序誊抄下来，形成问卷初稿。

（三）试用问卷

刚设计好的问卷初稿，还不能直接用于正式调查，必须经过试用这一重要环节来对问卷初稿进行检验，并在此基础上对问卷进行修改和完善。试用问卷初稿的具体方法主要有两种：一是客观检验法（即试调查），二是主观评价法。

客观检验法的操作方法为：将设计好的问卷初稿按照一定的比例打印若干份，然后在正式调查的总体样本中选一个小样本来进行试调查，以此来检验问卷中可能存在的问题。试调查可以从以下几个方面对问卷进行检测。

1. 回收率

一般来说，回收率能在一定程度上反映被调查者对问卷设计的总体评价。如果回收率过低，说明问卷设计存在较大问题，有必要进行较大修改。

2. 有效回收率

有效回收率即剔除各种无效问卷后的回收率，是检验问卷质量最直接的指标。如果问卷的有效回收率较低，则说明问卷设计的质量较差、问题较多，使被调查者很难填写及回答，需要对其进行修改。

3. 填写错误

严重的填写错误主要有两种：一种是填答内容的错误，主要是由于被调查者对问题含义不理解或误解造成的。对于这种情况，要仔细检查问题的用语是否准确、清晰和具体。另一种是填答方式的错误，主要是由于问题形式过于复杂，指示语不清晰造成的。

4. 填答不完整

填答不完整通常有两种情况：一种是对问卷中若干个问题普遍存在未作答的情况；另一种是从问卷的某处开始，后半部的问题都未填答。如果出现这些情况，一定要分析其可能原因，并对问卷进行改进。

主观评价法的具体做法是：将问卷初稿复印若干份，分别送给该研究领域的专家、学者、研究者等同行，实际调研部门的研究人员以及部分被调查者等，请他们从不同角度对问卷进行分析和指导，提出修改建议。

在条件允许的情况下，建议研究者同时采用以上两种方法，经过反复的修改与完善，并且亲自参与整个试用过程。这样设计出来的问卷才能更加具有客观性与科学性。

（四）问卷修改及印制

问卷修改不仅要对试用中所发现的问题，特别是问题与答案设计中存在的问题进行修改，还要对问卷的整体结构和问题的数量及顺序进行进一步的完善及修改，经过对问卷初稿中存在的问题进行全面、反复的分析和修改后，才能形成问卷定稿。

试用与修改这两个步骤可以反复多次进行，直到在问卷试用中没有发现问题为止。

定稿之后的问卷就可以进入印制程序，印制过程中要注意以下几个问题：一是要明确问卷中字号的大小，一般原则是，自填式问卷中字号大小是五号字或小四号字，访问式问卷中常用的字号大小是四号字；二是要用不同字体将问题与答案区分开，如问题用宋体、答案就用楷体等；三是按问题内容主题将问卷分为几个部分并列出小标题；四是要注意问卷中选择式问题答案的排版、标点符号的规范、结构的协调美观、印刷质量及纸张大小等问题。

实作训练

一、任务描述

比较自填式问卷和访问式问卷的问卷结构。

二、任务分析

不同类型的问卷，其使用方式也不同（问卷的使用方式是指问卷的发送、回收及填写方式）。使用方式不同，问卷设计的形式和要求也不一样。

三、操作过程

以下是两种不同类型问卷的部分内容，通过比较来分析它们之间的区别。

（一）案例

1. 自填式问卷

手机禁令调查问卷

亲爱的同学：

　　现在我们正在进行一项关于大学生如何看待中小学生手机禁令的调查。请填写下面的调查问卷，发表你的看法。本调查是抽样调查，你的看法将代表许多与你情况相似的同龄人的看法，请填写你真实的看法。这次调查是不记名的，你的回答也没有对错之分，请放心填写。非常感谢你抽出宝贵时间填写问卷！祝你生活愉快，学习进步！

××学院社会调查课题组
2022 年 11 月

填写说明：

请根据你的真实想法，在你认同的选项前方框内打"√"。填写时请勿与其他同学交流，也不要看其他同学是怎么填的。

1. 法国以法案的形式颁布手机禁令，从 2018 年 9 月开始禁止中小学生在校内使用手机。对这种做法，你的看法如何？（只能选 1 项）
　　□①非常赞同　　□②比较赞同　　□③无所谓　　□④比较不赞同
　　□⑤非常不赞同

2. 如果我国也对中小学生实行手机禁令，你的看法如何？（只能选 1 项）
　　□①非常赞同　　□②比较赞同　　□③无所谓　　□④比较不赞同
　　□⑤非常不赞同

---

3. 【上题选①和②者回答】你赞同手机禁令的原因是什么？（可以选多项）
   - □①玩手机影响学习
   - □②自己抵抗不了手机的诱惑
   - □③看到别人玩手机自己也想玩
   - □④大家都不玩手机自己也就不迷恋手机了
   - □⑤其他（请注明：_____）

4. 【第2题选④和⑤者回答】你不赞同手机禁令的原因是什么？（可以选多项）
   - □①手机方便生活　　　　　□②手机方便学习
   - □③手机让我们与科技更近　□④手机让我们与社会更近
   - □⑤其他（请注明：_____）

5. 你的背景资料（只作统计用，不记名）

   5.1 你的性别：
   - □①男　　□②女

   5.2 你的年级：
   - □①大一　□②大二　□③大三　□④大四

   5.3 你现在读的文科还是理工科？
   - □①文科　□②理工科

   5.4 你平时带智能手机进教室吗？
   - □①带　　□②不带

   5.5 你来自城市还是乡村？
   - □①城市　□②乡村

   5.6 你现在的成绩：
   - □①很好　□②较好　□③中等　□④较差
   - □⑤很差

   5.7 你的家庭条件：
   - □①很好　□②较好　□③一般　□④较差
   - □⑤很差

   调查到此结束，感谢你的配合！

2. 访问式问卷

中国综合社会调查（CGSS）2017年调查问卷（居民问卷）（节选）

关于中国综合社会调查（CGSS）的说明

中国综合社会调查（Chinese General Social Survey, CGSS），是中国第一个全国性、综合性、连续性的大型社会调查项目。目的是通过定期、系统地收集中国人与中国社会各个方面的数据，总结社会变迁的长期趋势，探讨具有重大理论和现实意义的社会议题，推动国内社会科学研究的开放性与共享性，为政府决策与国际比较研究提供数据资料。

中国综合社会调查由中国人民大学联合全国各地的学术机构共同执行。从2003年开始，每年对全国各地一万多户家庭进行抽样调查。经过严格的科学抽样，我们选中了您家作为调查对象。您的合作对于我们了解有关情况和制定社会政策，有十分重要的意义。为了获得准确的数据，请您依据实际情况，回答访问员提出的问题。如果因此而对您的生活和工作造成不便，我们深表歉意，请您理解和帮助我们的工作。

对问卷中问题的回答，没有对错之分，您只要根据平时的想法和实际情况回答就行。对于您的回答，我们将按照《中华人民共和国统计法》第一章第九条和第三章第二十五条的规定，对您所提供的所有信息绝对严格保密，并且只用于统计分析，请您不要有任何顾虑。我们在以后的科学研究、政策分析以及观点评论中发布的是大量问卷的信息汇总，而不是您个人、家庭的具体信息，不会造成您个人、家庭信息的泄露。请您放心。

在＿＿＿＿＿＿＿（省/自治区/直辖市）的调查，由中国人民大学和＿＿＿＿＿＿＿（合作单位名称）联合进行。参与调查的所有督导员和访问员都佩戴有中国人民大学统一核发的证件，如果您对调查员的身份有任何疑问，欢迎您随时拨打电话：010-6251××××-10×× 进行核查。

希望您协助我们完成这次访问，谢谢您的合作。

中国人民大学中国调查与数据中心
2017年

A部分　核心模块

社会人口属性

A2. 性别【访问员记录】
　　　男 …………………………………………………… 1
　　　女 …………………………………………………… 2

A3. 您的出生日期是什么？
　　　记录：[＿｜＿｜＿｜＿]年 [＿｜＿]月 [＿｜＿]日

【访问员注意】
1. 记录公历年；
2. 如果被访者以农历、生肖或其他方式报告自己的出生年，请换算成公历后再记录（可参照示卡）；
3. 如果被访者无法说清自己的出生日期，则以身份证或户口本日期为准；
4. 年份必答，月和日不知道可填写98。

A4. 您的民族是：
　　　汉族 …………………………………………………… 1
　　　蒙古族 ………………………………………………… 2
　　　满族 …………………………………………………… 3
　　　回族 …………………………………………………… 4
　　　藏族 …………………………………………………… 5
　　　壮族 …………………………………………………… 6
　　　维吾尔族 ……………………………………………… 7
　　　其他（请注明：＿＿＿＿＿＿＿） ………………… 8

A5. 您的宗教信仰（多选）：
　　不信仰宗教 …………………………………… 01
　　信仰宗教
　　佛教 …………………………………………… 11
　　道教 …………………………………………… 12
　　……
　　其他（请注明：_____） …………… 21

A6. 您参加宗教活动的频繁程度是：
　　从来没有参加过 ……………………………… 1
　　一年不到 1 次 ………………………………… 2
　　一年大概 1～2 次 …………………………… 3
　　一年几次 ……………………………………… 4
　　大概一月 1 次 ………………………………… 5
　　一月 2～3 次 ………………………………… 6
　　差不多每周都有 ……………………………… 7
　　每周都有 ……………………………………… 8
　　一周几次 ……………………………………… 9

A7a. 您目前的最高教育程度是：
　　没有受过任何教育 …………………………… 01 → 跳问 A8a
　　私塾、扫盲班 ………………………………… 02 → 跳问 A8a
　　小学 …………………………………………… 03
　　初中 …………………………………………… 04
　　职业高中 ……………………………………… 05
　　普通高中 ……………………………………… 06
　　中专 …………………………………………… 07
　　技校 …………………………………………… 08
　　大学专科（成人高等教育） ………………… 09
　　大学专科（正规高等教育） ………………… 10
　　大学本科（成人高等教育） ………………… 11
　　大学本科（正规高等教育） ………………… 12
　　研究生及以上 ………………………………… 13
　　其他（请注明：_____） …………… 14

A7b. 您目前的最高教育程度是：
　　正在读 ………………………………………… 1
　　辍学和中途退学 ……………………………… 2
　　肄业 …………………………………………… 3
　　毕业 …………………………………………… 4
　　不知道 ………………………………………… 98
　　拒绝回答 ……………………………………… 99

（二）两种类型问卷的比较分析

这两种类型的问卷虽然都是社会调查中用来收集资料的主要工具，同样由一系列的问题所组成，但是它们也存在着诸多区别。

1. 指导语所针对的对象不同

自填式问卷只有针对被调查者的指导语，而访问式问卷只有针对调查者的指导语，这是两者最大的区别。

2. 问卷的送达形式不同

自填式问卷一般采用邮寄或发送的方式交到被调查者手中，由被调查者填写后寄回或由调查者登门回收；访问式问卷是由调查者携带到调查地点，调查者根据问卷的结构进行提问，并依据被调查者的回答来填写问卷。

3. 问卷的形式复杂程度不同

由于自填式问卷的调查对象文化水平参差不齐，对问题的了解及理解程度不同，因而其形式应尽量简单易懂；访问式问卷是由经过专门培训、调查经验丰富和对问题较为了解的调查员来填写与使用，所以访问式问卷的形式远比自填式问卷的形式复杂。

四、实训小结

根据调查研究目和调查对象的特点，正确选择调查问卷类型，设计出高质量的调查问卷，对整个调查研究特别是资料收集是至关重要的。因此，在设计问卷之前，一定要弄清楚究竟需要设计什么样的问卷，是自填式问卷还是访问式问卷，是传统调查问卷还是网络调查问卷。然后，根据确定的问卷类型，结合自填式问卷和访问式问卷的不同特点和设计要求以及问卷的基本结构，有针对性地进行问卷设计。不管什么类型的问卷，都不是问题的简单机械组合，设计问卷务必体现整体的系统观。在问卷设计时，既要遵循科学、稳定和统一的原则，又要做到具体条件具体分析，以最合适的方法设计最适合的问卷。

任务二　问卷题型与答案设计

学习目标

本任务主要学习问题设计的常用规则、问题形式与答案的设计、问题数量与排序的常用规则、问卷设计中的常见错误等内容。通过本任务的学习，掌握问题和答案设计的基础知识与具体方法，初步学会设计问卷。

理论知识

一、问题语言及提问方式的常用规则

问卷中问题的语言要坚持遵守简明扼要和通俗易懂这两条基本原则。在问卷设计中，对问题的语言及提问方式有下列常见规则。

1. 问题的语言要尽量简单

问题和答案都要使用简单、通俗的语音，尽量少用或不用复杂、抽象的概念及专业术语。

例5-1 请问您家有几位育龄妇女？_____位。

例5-2 您家属于哪种家庭类型？
①核心家庭　②主干家庭　③扩大家庭　④联合家庭　⑤单亲家庭　⑥其他

例5-1中的"育龄妇女"和例5-2中的各种家庭类型都属于专业术语，在没有解释的前提下，很多被调查者无法正确理解其含义，也就无法准确地作答。

2. 问题的陈述要尽量简短

问卷设计中陈述问题时，最好使用简短、清晰、容易让被调查者理解的语句。

3. 问题要避免带有双重或多重含义

问卷设计时，要注意"一事一问"，即每个问题只能涉及一件事，要避免问题内容的多重性。

例5-3 您的父母是否支持您参军？
①是　　　　②否

例5-4 您所在社区的老年人对社区的服务水平是否满意？
①是　　　　②否

例5-3中的"父母"和例5-4中的"老年人"包括若干个个体，当这些个体意见不同时，被调查者就无法做出准确回答。

4. 问题不能带有倾向性

问题的语言和提法应该使用中立性的语言，不能带有倾向性，以避免被调查者受到诱导性言语的影响，保证调查资料的客观真实性。

例5-5 大多数老年人都认为两个月举行一次健康义诊活动太少，您认为呢？
①同意　　　②不同意　　　③无所谓

例5-5中，在询问被调查者意见之前先表明了"大多数老年人"的意见，这使得被调查者在填答时会受到诱导，服从"大多数老年人"的意见，进而影响自己的判断。

5. 不要用否定形式提问

日常生活中，人们往往习惯了肯定式的提问，不习惯否定式的提问。

例5-6 请问您是否赞成在公共场合不抽烟？
①是　　　　②否

例5-6使用了否定式的提问，这不符合中文的语言习惯，容易使被调查者遗漏掉问题中的"不"字，导致意思理解完全相反，所得到的答案自然也是相反的。

6. 不要问被调查者不知道的问题

为了使问卷设计中的每个问题都有实际价值，设计者在设计问题时要做到所问的问题应该是被调查者能够回答的，他们确实具备回答这些问题的知识和能力。

7. 不要直接询问敏感性问题

问卷中，有时需要设计一些涉及个人隐私、立场及观点的敏感性问题。如果直接询问，会导致被调查者产生自我防卫心理，拒答率会提高。所以，这样的问题最好采用间接询问的方式或投射的方式来提问。

二、问题形式及答案的设计

（一）问题形式的设计

1. 填空式

填空式是在问题后画一短横线，让被调查者直接在短横线上填写。填空式问题通常适合只需填写数字的调查问题，如被调查者的年龄、家庭人口、收入、从事某项活动的时间及对事物的评分等。

例5-7 » 请问您的年龄？_____周岁

例5-8 » 请问您家有几口人？_____人

2. 二项选一式

二项选一式即问题的答案有两项，由被调查者从中选择一项。二项选一式问题主要有以下3种情况：

（1）答案只能列举两项，被调查者根据自己的情况选择其一。

例5-9 » 您的户籍类别：　　①农业户口　　②非农业户口

（2）答案只有肯定与否定两种答案，被调查者根据自己的情况选择其一。

例5-10 » 您是共产党员吗？　　①是　　②不是

例5-11 » 您有子女吗？　　①有　　②没有

（3）意见的两极区分。

例5-12 » 您对目前社区的体育设施满意吗？　　①满意　　②不满意

例5-13 » 您对社区开展老年健康互助小组的态度：　　①赞成　　②反对

问卷题型与答案设计

3. 多项单选式

多项单选式即问题的答案至少有两个以上，被调查者选择其一。这是社会调查问卷中采用最多的形式。

例5-14 » 您的教育程度：
①小学及以下　　②初中　　③高中或中专　　④大专及以上

例5-15 » 您家所在的社区属于哪种类型？
①传统单位型　　②老区混合型　　③新区商业型　　④其他

4. 多项限选式

多项限选式即问题的答案至少有两个以上，限定被调查者选择其中的几项。

例5-16 » 您认为作为一名社区工作者，最重要的3条职业素质是什么？（请选择3项）
①职业理想　　②职业责任　　③职业技能
④职业道德　　⑤职业荣誉　　⑥其他：_____（请注明）

5. 多项任选式

多项任选式即问题的答案至少有两个以上,由被调查者根据自己的实际情况选择其中的若干项。

例5-17 请问您家厨房有以下哪些电器?(请在您家有的物品前打"√")
①电冰箱　　　　　②消毒柜　　　　　③电压力锅
④豆浆机/榨汁机　　⑤微波炉　　　　　⑥电饭锅
⑦电磁炉　　　　　⑧其他电器:_____(请注明)　　⑨全无

6. 矩阵式

矩阵式是将若干个具有相同答案的问题集中在一起,构成一个问题的表达方式。

例5-18 你和知心好友一起从事下列活动的情况怎样?(请在每一行适当的方框内打"√")

　　　　经常　　有时　　很少　　从未有过
①学习　□　　　□　　　□　　　□
②娱乐　□　　　□　　　□　　　□
③聊天　□　　　□　　　□　　　□
④运动　□　　　□　　　□　　　□
⑤旅游　□　　　□　　　□　　　□

矩阵式的优点是节省空间和节约时间,使问卷显得更加紧凑的同时也为被调查者节省了阅读和填答时间。

7. 表格式

表格式与矩阵式十分相似,如将例5-18变成表格式,即可得到例5-19所示的问题。

例5-19 你和知心好友一起从事下列活动的情况怎样?(请在每一行适合的格中打"√")

项　目	经　常	有　时	很　少	从未有过
①学习				
②娱乐				
③聊天				
④运动				
⑤旅游				

表格式除了具有矩阵式的优点外,还显得更为简洁、清楚,但这两种形式都容易让人产生单调枯燥的感觉,因此,在一份问卷中不宜过多使用。如果同一问卷中,具有相同答案的问题比较多,可以设计成交叉使用表格式或矩阵式问题形式,这样能在一定程度上降低问卷的单调性。

(二)答案的设计

答案是封闭式问题中非常重要的内容,其设计质量的高低直接关系到所收集资料价值的大小,更关系到调查的成功与否。所以,答案的设计既要做到与所提的问题一致,更要注意做到使答案具有穷尽性和互斥性。

答案的穷尽性指的是每个问题所编制的答案都包括了所有可能的情况，也就是说，问题所列的答案要能包含所有可能的回答，不能有所遗漏，不能使有的被调查者无答案可选。例如，下面问题的答案就是不穷尽的。

例5-20 » 您最喜欢阅读哪类期刊？（请在合适的答案号码上打"√"）
①文学类　　　②新闻类　　　③时尚类　　　④娱乐类

由于上述问题的答案没有包括全部期刊类别，结果会导致很多被调查者无法填答问题。解决的办法是在答案最后增加一项"其他"类作为补充，这样就可以克服这一难题，但是如果选择"其他"类的被调查者人数很多，那说明问卷中所列答案的分类是不恰当的。

答案的互斥性指的是答案相互之间不能相互重叠或包含，不能出现有的被调查者有两个以上的答案都符合他的情况。例如，下列答案就不是互斥的。

例5-21 » 您最喜欢阅读哪类书籍？（请在合适的答案号码上打"√"）
①技术类　　②管理学类　　③科学类　　④文学类　　⑤其他

答案中的"技术类"与"科学类"是不互斥的，"科学类"中包含了"技术类"的书籍。

当答案为态度、意见、看法等主观评价类等级答案时，设计时要特别注意正向评价与负向评价的平衡性，以确保答案设计的中立性。例如，"非常同意""比较同意""无所谓""不太同意""非常不同意"。

三、问题数量与排序的常用规则

1. 问题的数量

问卷包含问题的数量，主要是根据调查的内容、样本的性质、分析的方法、拥有的人力和财力等多种因素而定，没有统一的标准。但总体来说，问卷不宜太长，问题不宜太多，一般以被调查者能在30分钟内完成为宜。问卷太长会引起回答者心理上的厌恶或畏难情绪，影响填答的质量和回收率。如果调查的内容是被调查者熟悉的、关心的或感兴趣的，那么问卷稍长一点也无妨；反之，如果调查的内容是被调查者不熟悉、不关心、没兴趣的，采用的又是自填方式，那么，这时的问卷应该尽可能短小精悍，使被调查者能够在20分钟内答完问卷最好。○

2. 问题排序的常用规则

问卷中问题的前后顺序及相互联系，既会影响被调查者对问题的回答结果，也会影响调查的顺利进行。一般来说，有下列常用规则：○

（1）把简单易答的问题放在前面，把复杂难答的问题放在后面。问卷开头的几个问题一定要简单，回答起来一定要非常容易。这样可以给被调查者轻松的感觉，以便他们继续填答下去。反之，就会影响他们的情绪和积极性，不利于问卷的填答。

（2）把能引起被调查者注意的问题放在前面，把容易引起他们紧张或产生顾虑的问题放在后面。问卷开头的问题如果能够吸引被调查者的注意力，调查工作将会更加顺利。反之，如果问卷开头部分问题就涉及人们的心理、思想、隐私、道德或政治性等敏感话题，则往往会让被调查者产生自我防卫心理，使调查难以顺利进行。

○ 袁方. 社会研究方法教程（重排本）[M]. 北京：北京大学出版社，2013：191.
○ 风笑天. 社会研究方法 [M]. 6版. 北京：中国人民大学出版社，2022：171-172.

（3）把被调查者熟悉的问题放在前面，生疏的问题放在后面。人们对自己熟悉的事情往往体会较深，看法也较深；而对于陌生的事情就很难有深刻的见解。因此，把被调查者熟悉的问题放在前面也是为了调查工作的顺利开展。

（4）一般先问行为方面的问题，再问态度、意见、看法方面的问题。这是因为行为方面的问题所涉及的是客观的、具体的事实，这类问题回答起来往往比较容易。而态度、意见方面的问题则涉及被调查者的主观世界，这类问题大多属于被调查者不愿轻易示人的内心深处的东西。如果调查一开始就问这方面的问题，往往容易引起被调查者的戒备心理和反感情绪，增加调查的主观障碍，引起较高的拒答率。

（5）有关个人背景资料的问题一般放在问卷最后，但如果调查主题是公益性质的或者调查对象比较关心且乐于接受的，则可以将个人背景资料放在问卷开始部分。

（6）若有开放式问题，则应放在问卷的最后。由于开放式问题一般需要被调查者较多的思考和书写，回答开放式问题所用的时间要长一些。如果把它放在问卷开头或中部，会影响被调查者填答问卷的信心和情绪。因此，应将开放式问题放在最后面。

3. 相倚问题

在问卷设计中，常会出现有些问题只适用于样本中一部分调查对象的情况。所谓相倚问题，主要指依据被调查者对前面某个问题的回答结果来决定是否需要回答的问题。前面的那个问题称为过滤问题或筛选问题。被调查者是否要回答相倚问题，要看他对前面过滤问题的回答而定。问卷设计中，主要有两种形式的相倚问题：一种是需要回答某个（或某些）后续问题，如例 5-22 所示；另一种是需要跳过某个（或某些）后续问题，如例 5-23 所示。

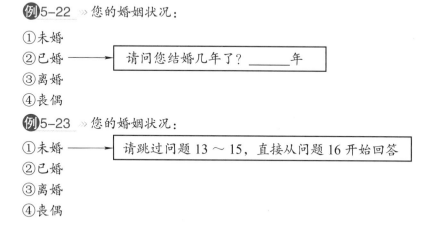

例 5-22 » 您的婚姻状况：
①未婚
②已婚 ——→ 请问您结婚几年了？_____年
③离婚
④丧偶

例 5-23 » 您的婚姻状况：
①未婚 ——→ 请跳过问题 13～15，直接从问题 16 开始回答
②已婚
③离婚
④丧偶

四、问卷设计中的常见错误

错误的问题往往会影响调查的质量，因此，研究者和设计者要尽量避免在问卷设计中出现错误。问卷设计者特别是初次设计问卷的人容易犯的常见错误主要有以下几种。

1. 概念抽象

所谓概念抽象，是指含义不明确、不具体，不具有操作性和可测量性的主观概念。如果问卷中出现抽象的概念，那么难以保证被调查者对这一抽象概念做出相同的理解，这样得到的回答自然也是不明确的。

2. 问题含糊

所谓问题含糊，是指问题的含义不清楚、不明确或有歧义。由于设计者对所提问题的目的和意图含糊不清或语言表达不当，这样就产生了收集的资料既不能反映客观现实，也不能得到科学答案的状况。

3. 问题带有倾向性

合格问卷中的问题应该是客观、中立的，不能给被调查者带来具有某种倾向的影响，否则，调查结果不能达到准确测量的目的。

4. 问题提法不妥当

问卷设计者在设计问题时，要认清被调查者所处的主客观环境，从被调查者的角度出发思考问题，避免设计出增加被调查者的心理压力、容易产生误解、要求过于严格的问题，这样才能不妨碍调查的顺利进行。

5. 双重含义问题

在问卷调查时，一个问题只能问一件事情。如果一个问题中同时问了两件以上的事情，被调查者往往会无法回答。

6. 问题与答案不一致

封闭式问卷要做到问题和答案相互协调一致，形成一个整体。所以，在问卷设计时，要做到不答非所问，否则就不能达到调查目的。

7. 答案设计不合理

答案设计不合理主要有3种情况：一是答案不穷尽、不互斥，或相互之间不处于同一层次、同一标准；二是表示程度、频率的答案量化处理不够；三是答案内容不符合实际、有多重含义等。

8. 表格中的错误

在问卷设计中，表格式问题的设计错误主要有3种情况：一是表格设计得太复杂，内容太多，给被调查者填答带来困难；二是表格的形式设计不正确，增加了被调查者理解的难度；三是表格运用不当及滥用，给人呆板、教条的感觉。

9. 语言方面的问题

问卷设计要达到语言简明扼要、意思表述正确的基本要求。但是，在问卷设计中，常常可能发生以下3方面的语言问题：一是语言过于书面化，脱离实际生活的口语习惯；二是语言太专业化，一般的调查对象难于理解；三是语句不通顺，语法不正确，用词不准确。

10. 封面信及指导语中的问题

封面信及指导语设计上易犯的错误主要有：对调查目的、调查内容、调查意义、调查方法等有关内容的介绍不够详细、不够明确；或相反，过于繁杂、啰唆，不简明扼要；有些封面信中使用了不恰当的名词和简略语，或过度使用专业术语。

实作训练

一、问卷设计中的常见错误诊断

（一）任务描述

对给定问卷进行错误诊断。

（二）任务分析

要求学生先仔细阅读每个问题，尝试用已学过的知识来找出其中的错误。

（三）操作过程

这份访问问卷是用来训练学生的案例，并不是实际调查的正式问卷，此处只选用了问卷的主体部分，即问题与答案部分。该问卷的主题是社区老年人养老服务需求现状调查，主要调查对象为60岁以上的老年人。

1. 您的年龄是多少岁？
    □20岁以下　　　　□20～30岁　　　　□30～40岁
    □40～50岁　　　　□50～60岁　　　　□60岁以上
2. 您的婚姻状况？
    □已婚　　　　　　□单身　　　　　　□丧偶
3. 您在这个地方居住了多长时间？_____年
4. 您的职业是什么？_____
5. 您上过大学吗？
    □上过　　　　　　□没上过
6. 您有没有接受过专业机构的服务？
    □有　　　　　　　□没有
7. 您不认为那些生活不能自理的老年人应该受到更好的服务吗？
    □是　　　　　　　□不是
8. 您希望社区提供哪些养老服务？
    □上门服务　　　　□送餐服务　　　　□医疗服务　　　　□娱乐服务
9. 您是否经常参加社区组织的娱乐活动？
    □经常　　　　　　□有时　　　　　　□极少　　　　　　□从不

这个问卷的错误之处如下：

（1）"您的年龄是多少岁？"这个问题的提法太正式了，通常问"请问您多大年纪了？"答案设计与对调查对象的年纪要求不符，因为调查对象是60岁以上的老年人。

（2）答案设计不合理，婚姻状况可分为4种情况：未婚、已婚、离婚、丧偶。

（3）"这个地方"是个含糊的概念，可以用"××社区"来明确一些。

（4）对于老年人来说，这种问题的设计也是不够准确和清晰的，应该要问的是离退休前的职业。对于职业来说，设计成选择式问题是比较合适的，因为设计成开放式问题，其答案不便于统计分类。

（5）这种问题仅仅反映是否上过大学，而不能反映教育程度从文盲到大学的不同层次，不如直接询问对方的文化程度。

（6）"专业机构"这一概念指示不清，不利于被调查者的理解，应该指明具体是什么样的专业机构。

（7）"您不认为……应该……吗？"是一种否定式提问，这种提问方式一方面不符合中文的语言习惯，容易使被调查者漏掉其中的"不"字；另一方面，否定式提问常常带有一定的诱导性。问题中的"更好的"含义不够明确，可改为"是否应该比那些生活能够自理的老年人得到更好的服务"。

（8）答案设计不穷尽，社区养老服务还应包含很多的内容。答案设计不互斥，"上门服务"与"送餐服务"及"医疗服务"有交叉关系。

（9）表示频率的答案可以尽量进行量化处理，这样可以有效避免因调查对象对频率词的不同理解而带来偏差，可以修改为"基本上每次都参加""举办十次大概参加五六次"等。

（四）实训小结

问卷诊断时要经过反复的研究、琢磨和体会，弄清楚一份问卷中哪些方面注意得较好，哪些方面注意得不够，哪些方面还可以怎样改进，问卷设计上是否有更好的形式等内容。在对给定问卷进行诊断时，不仅要找出错误和不足，还要积极动手重新修改。因为，这种修改工作有助于加深学习者对相关知识的巩固和理解。问题题型与答案设计是问卷设计的核心内容。选择合适的问题形式，不仅有助于增加整个问卷的悦目性，方便调查对象回答问题，也有助于更好地收集资料。答案设计必须满足3个基本要求：一是与问题题干相一致，即问什么就围绕什么设计选项，不能答非所问；二是穷尽性，即要让所有调查对象都有选项可选；三是互斥性，即选项与选项之间不能出现交叉重叠的情况。在进行问卷诊断时，要特别注意问题题型是否合适，答案设计是否合理。

二、为自己选定的调查课题设计一份问卷

（一）任务描述

为城市老年人养老需求与社区服务调查设计一份问卷。

（二）任务分析

为了使学习者对问卷设计的过程有具体的认识和了解，本实训内容要求以"城市老年人养老需求与社区服务"为主题，设计一份调查问卷，并详细介绍社会调查中设计问卷的实际操作过程及设计结果。

（三）操作过程

（1）在设计问卷之前，要根据本研究项目的主题确定调查问卷的基本要求和设计目标。本课题的主题是研究城市老年人养老需求与社区服务提供之间的关系。这是一项现状描述性研究，研究的对象主要是城市社区的老年人。同时，围绕研究主题，通过对相关文献进行必要的阅读来确定调查所需的信息范围，并根据研究主题及调查对象确定问卷的类型。

（2）问卷设计者深入到社区中，围绕研究主题对老年人进行非结构式访问，把研究者的各种设想在不同类型的回答者中进行比较，从中获得对问题的提法、答案的形式、实际语言、可能的回答种类等内容的初步印象，使问卷设计更符合老年人的需要，可行性及针对性更强。

（3）将研究的主要内容和答案的基本安排组成一份问卷，问卷要考虑各种问题的具体表述、答案的形式、问题的前后顺序、问卷的逻辑结构、问题的适宜性等各种因素。

（4）将设计好的问卷初稿打印若干份，然后从要调查的社区中随机挑选一部分老年人作为个案，按照正式调查的要求和方式进行试调查，并根据试调查中所发现的问题对问卷进行修改和完善，形成定稿。

（5）用计算机编排问卷版面，然后制作和装订。

城市老年人养老需求与社区服务现状调查问卷（节选）

问卷编号：_____
地　址：_____
访问员姓名：_____　　访问员编号：_____
访问开始时间：_____　　访问结束时间：_____

您好，我是××大学社区管理与服务专业的学生。我们正在进行一项关于城市老年人养老需求与社区服务现状的调查，目的是了解老年人的养老需求和社区在提供养老服务方面的情况，并对此进行分析，提出养老服务的对策。希望您在百忙之中回答我们提出的问题，您的回答无所谓对错。本调查不用登记姓名，对您的资料我们将严格保密。本次调查将占用您大约15分钟的时间，为此，我们向您致以诚挚的谢意！

请在符合情况的选项上打"√"，或者在横线上填写适当的内容。

1. 您的性别：①男　　②女
2. 您多大年纪了？_____岁
3. 您的文化程度是下列的哪一项？
   ①小学及以下　　②初中　　③高中及中专　　④大专及以上
4. 您原来（退休前）从事的工作（职业）是什么？
   ①党政部门干部　　　　　　②事业单位专业技术人员
   ③工人　　　　　　　　　　④商业部门人员
   ⑤个体经营人员　　　　　　⑥其他（请注明：_____）
5. 您在生活上自理能力的情况是怎样的？
   ①完全能自理　　②基本上能自理　　③完全不能自理
6. 您的婚姻状况怎样？
   ①未婚　　②已婚　　③离婚　　④丧偶
   （回答"未婚"者，请跳过第7题，直接回答第8题。）
7. 请问您有几个孩子？_____个
8. 您现在是和谁住在一起？
   ①与子女同住　　　　　　　②只与老伴住在一起
   ③与老伴、子女和孙子住在一起　　④与子女和孙子住在一起
   ⑤自己一个人住　　　　　　⑥住在养老院

⑦其他（请注明：_____）
9. 您的生活及医疗费用主要是从哪里来的？
   ①离退休金　　　　②子女给　　　　　③低保
   ④抚恤金　　　　　⑤工作收入　　　　⑥其他（请注明：_____）
10. 您有没有下列疾病？（可多选）
    ①高血压　　　　　②心脏病　　　　　③冠心病
    ④糖尿病　　　　　⑤关节病　　　　　⑥脑血栓
    ⑦肿瘤　　　　　　⑧其他（请注明：_____）　　　　⑨没有
11. 您需要社区为您提供哪些日常生活服务？（可多选）
    ①送餐　　　　　　②买菜　　　　　　③洗衣
    ④打扫卫生　　　　⑤日间照顾　　　　⑥其他（请注明：_____）
12. 您需要社区为您提供哪些医疗康复服务？（可多选）
    ①家庭病床　　　　②医疗护理　　　　③健康康复
    ④专科医生　　　　⑤社区卫生服务中心
    ⑥取药　　　　　　⑦陪同看病　　　　⑧其他（请注明：_____）
13. 您需要社区为您提供哪些文化娱乐服务？（可多选）
    ①文娱活动　　　　②聊天　　　　　　③读报
    ④兴趣活动　　　　⑤健身　　　　　　⑥其他（请注明：_____）
14. 您希望社区提供哪些社区公共活动？（可多选）
    ①社区公益　　　　②外出旅游　　　　③老年就业介绍
    ④老年大学　　　　⑤老年人交友　　　⑥其他（请注明：_____）
15. 最近一个月中，您是否参加过社区组织的活动？
    ①是　　　　　　　②否
16. 您在什么样的情况下会选择上门服务或居家服务？
    ①生病期间　　　　②生活不能自理时
    ③随时都需要　　　④其他（请注明：_____）
17. 您在家中遇到紧急情况时，一般会向谁求助？（可多选）
    ①子女　　　　　　②邻居　　　　　　③朋友
    ④社区居委会　　　⑤公安机关　　　　⑥其他（请注明：_____）
18. 您愿意接受社区服务吗？
    ①愿意，原因是什么？_____
    ②不愿意，原因是什么？_____
19. 您对现在社区为老年人提供的服务满意吗？
    ①满意　　　　　　②比较满意　　　　③一般
    ④不太满意　　　　⑤不满意
20. 您认为社区为老年人提供的服务需要从哪些角度进行改善？（可多选）
    ①收费　　　　　　②设施　　　　　　③专业水平
    ④服务态度　　　　⑤组织安排　　　　⑥其他（请注明：_____）

（四）实训小结

问卷设计既要善于借鉴他人长处，又要不断地总结自身经验、改善不足，逐步完善。要根据调查对象的特点来选择问卷的类型。本问卷的调查对象为老年人，甚至是高龄老年人，他们的生理功能逐渐衰退，阅读能力、思考能力和理解能力都受到了影响，因此，此类调查应该采用访问式问卷。问题及答案的设计要做到简单化。为了使老年人更好地理解问卷的意思，准确、客观地回答问卷的内容，问题及答案设计要尽量用口语化的语言进行表述，问题的形式主要采用选择式和填空式。考虑到老年人的身体原因，问题不适合设计得太多，问卷篇幅不应该太长，应尽量把握好问卷访问所需的时间。

本项目质量评价标准

序号	检测内容	分值（分）	评价标准	得分（分）
1	问卷设计基本知识，包括问卷的类型、问卷的基本结构、问卷设计的原则、问卷设计的基本步骤等	15	1. 每一项检测内容的评分都分为4个档次 （1）掌握或会做：85%及以上 （2）基本掌握或基本会做：60%～84% （3）掌握一些或会做一点：20%～59% （4）基本没掌握或基本不会做：20%以下（不含20%） 2. 在每一个评分档次中，视出错的次数扣分，扣至本档最低分为止	
2	对不同类型问卷结构的分析	20		
3	问题和答案设计，包括问题形式设计、提问规则、答案设计、问题的数量与排序规则等	15		
4	设计并诊断问卷	50		
合计		100		

知识拓展

问题的种类[一]

问卷中要询问的问题，大体可以分为4类：

（1）背景性问题，主要是被调查者个人的基本情况，如性别、年龄、民族、文化程度、婚姻状况、行业、职业、职务或职称、收入、宗教信仰、党派团体等。有时还包括被调查者家庭的某些基本情况，如家庭人口、类型、收入等。

（2）客观性问题，是指被调查者个人（或家庭）基本情况之外的、已经发生和正在发生的事实或行为方面的问题。如"您家住宅面积有多少平方米？""您家洗衣机是什么品牌？""您闲暇时间主要从事什么活动？""您上周是否去过图书馆？"等。前两

[一] 江立华，水延凯. 社会调查教程 [M]. 7版. 北京：中国人民大学出版社，2018. 191-192.

个问题是事实方面的,后两个问题是行为方面的。

(3)主观性问题,是指被调查者思想、情感、态度、愿望等主观世界方面的问题。如"您对物价改革有什么看法?""您对福利制度改革有何看法?""与您的实际贡献相比,您对自己目前所得到的报酬是否满意?"等。

(4)检验性问题,是指为检验回答是否真实、准确而设计的问题。如在问卷的前面先问"您今年多少岁?",在问卷的后面再问"您哪年结婚?""当时您有多少岁?"。又如,先问收入,再问支出;或先问支出,后问收入等。这类问题,一般安排在问卷的不同位置,通过相互检验来判断回答的真实性与准确性。

上述4类问题中,第一类问题是任何问卷都不可缺少的。因为,背景情况是对被调查者分类的客观标志,是对不同类型被调查者进行对比研究的重要依据。其他3类问题,则依据调查目的与内容而定。例如,人口调查主要涉及客观性问题,民意调查主要涉及主观性问题。

思考与练习

一、判断题

1. 依据填答或使用方式的不同,可将问卷分为自填式问卷和访问式问卷。(　　)
2. 问卷通常包括封面信、指导语、问题及答案、编码及其他资料等组成部分。(　　)
3. 指导语是用来指导被调查者如何正确填答问卷的各种解释和说明,只能放在问卷主体部分即问题与答案之前。(　　)
4. 问题的语言和提法可以带有倾向性,也可以用否定形式提问,这些都不会影响调查资料的客观真实性。(　　)
5. 问卷设计时,要注意"一事一问",即每个问题只能涉及一件事,要避免问题内容的多重性。(　　)

二、简答题

1. 依据填答或使用方式的不同,可将问卷分为哪两种类型?这两种类型的问卷的主要区别是什么?
2. 问卷的结构通常包括哪几大部分组成?
3. 问卷设计的基本步骤主要有哪些?
4. 问卷设计时问题的语言及提问方式通常有哪些规则?
5. 问卷设计中问题的顺序安排应遵循哪些常用规则?请详细说明理由。

三、实训题

请以"大学生婚恋观调查"为主题,自拟标题,设计一份自填式问卷。

项目六 / Project 6

06 资料收集

❑ **项目描述**

　　本项目要求学生通过对个别发送法、集中填答法、邮寄填答法、网络调查法、当面访问法和电话访问法等不同资料收集方法的优缺点与适用范围等内容的学习,以及对调查员挑选标准、调查员的培训方法和调查过程管理与质量监控方法等相关知识的学习,掌握不同资料收集方法、调查员挑选标准和培训方法以及调查过程管理与质量监控方法的应用,重点培养资料收集能力。

　　项目任务分解:资料收集方法分析、调查员的挑选与培训、调查过程管理与质量监控。

任务一 资料收集方法分析

学习目标

本任务主要学习资料收集方法中的个别发送法、集中填答法、邮寄填答法、网络调查法、当面访问法和电话访问法的优缺点与适用范围等内容。通过本任务的学习，掌握不同资料收集方法的基础知识，学会利用不同的方法收集资料。

理论知识

一般来说，调查研究中资料收集方法主要有两种：一是自填问卷法；二是结构式访问法。自填问卷法是指调查者将问卷发放给被调查者，被调查者对问卷进行填答，最后调查者将填答完成的问卷收回的方法。结构式访问法是指调查者依据结构式访问问卷，向被调查者提出问题，然后根据被调查者的回答进行填写的方法。根据具体实施方法的不同，自填问卷法又可以进一步分为个别发送法、集中填答法、邮寄填答法和网络调查法等；结构式访问法可以分为当面访问法和电话访问法。

以上资料收集方法各有优缺点，适用范围各不相同，操作程序也不完全一样。

一、个别发送法

1. 操作方法

个别发送法的操作方法是：研究者先印制调查问卷，然后派调查员将问卷分别发送到被调查者手中，请他们填答，并约好回收日期、地点和方式，最后按照约定回收问卷。

2. 优缺点

优点：时间、经费和人力成本较低；调查员与被调查者可以进行面对面的沟通，对问卷理解较深入和准确；回收率比较高；调查具有一定的匿名性，真实性较好；可以减少因调查员所导致的偏差；被调查者的填答时间较充分。

缺点：调查的范围有限，调查对象相对集中；调查问卷的填答质量依然不能完全保证等。

3. 适用范围

个别发送法是自填问卷法中最常用的一种方法。其适用范围较广，特别是民意调查、市场调查、社会生活状况调查、社会问题调查及一些学术性研究。

二、集中填答法

1. 操作方法

集中填答法的具体做法是：先通过某种形式将被调查者集中（或分批集中）起来，每人分发一份问卷（现场的环境最好不要受到外界干扰）；接着由调查者向被调查者详细讲解调查的主要目的、要求、问卷的填答方法等事项；然后请被调查者当场填答问卷（调查者可现场解答被调查者在填答问卷中所遇到的疑问）；填答完毕后再统一将问卷收回（收回问卷的方式可以采用由被调查者直接将问卷投入回收箱的办法，也可让被调查者将问卷放在桌子上，由调查员统一收回）。

2. 优缺点

优点：集中填答法除了具备一些与个别发送法和邮寄填答法相似的优点外，它在某些方面的优点比上述两种方法还要明显和突出。一是它比个别发送法更为节省调查时间、人力和费用，做同样的调查，只要一名调查员在一个单位时间内就可完成，其效率较高；二是它比邮寄填答法更能保证问卷填答的质量和回收率。

缺点：对于不能集中的样本，此方法的可行性就受到限制；另外，将被调查者集中在一起，往往容易造成彼此心理上的压力或观点及看法上的独立性受到影响，产生"群体压力"和"相互干扰"的问题。

3. 适用范围

集中填答法主要适用于同质性高、容易集中的调查对象，如企事业单位职工、学校教师及学生、社区中某些具有共同特征的居民等。而且，此方法对问卷的难易程度无特殊要求，既可以用于一般的社会生活状况调查，也可以用于学术研究性调查。

三、邮寄填答法

1. 操作方法

邮寄填答法的一般做法是：调查者先把印制好的问卷装入信封，接着把问卷寄给被调查者，被调查者接受并填答问卷，最后将问卷寄回调查组织方。需要说明的是，为了保证问卷的回收率和方便被调查者寄回，在寄给被调查者问卷时，一般要同时附上已经写好回信地址和收信人并贴好邮票的信封，以便于被调查者将填答好的问卷邮寄回来。另外，通过电子邮件来发送电子文本问卷变得更加方便、效率更高、成本更低，所以应积极把信息技术运用到调查研究领域中，提高调查研究的"数字化"水平。电子邮件调查将在网络调查法中做进一步介绍。

2. 优缺点

优点：经济成本低，可以节省调查员的报酬和差旅费；调查空间范围广，不受空间距离和交通条件的限制；人力资源耗费少，不需要调动很多的调查员。

缺点：对于一些较难理解的问题，该方法的可行性和实际效果较差；调查对象的详细地址和姓名很难获取，容易导致样本无法抽取；问卷的回收率难以保证，这是该方法最大的不足。

3. 适用范围

邮寄填答法可以适用于问题较为简单，与社会大众生活、工作紧密相关的社会调查，特别适用于市场调查、民意调查、社会生活状况调查等，主要采用自填式问卷。

四、网络调查法

1. 操作方法

随着以国际互联网络为基础的信息技术的发展,网络调查越来越多地被调查研究者采用。网络调查法是指以网络为载体,利用计算机和网络技术作为信息收集渠道,获得即时性数据的一种调查方式。作为一种新的数据采集方法,网络调查弥补了常规调查方法的不足,充分利用互联网的信息传播与远程交互功能,将交互网页技术和数据库管理技术等有机结合起来,使得研究者能够通过互联网来发放、收集和处理调查研究的数据及信息。

依据使用方式的不同,可以将网络调查法分为网页问卷调查、电子邮件调查、网络论坛调查、网络会议法、网络电话法等。网络调查的具体操作方法因其使用方式的不同而不同。网页问卷调查的一般做法是研究者将问卷放在网站的某个网页上,回答者只要登录网页就可以参与调查。电子邮件调查常常是通过发送电子邮件的方式来收集资料,其实质上是将传统调查中的邮寄填答法放到网上运作。网络论坛调查则是通过网站论坛发起调查帖子,对论坛网民进行有针对性的调查。网络会议法是一种通过互联网视频会议功能,将分散在不同地域的被调查者虚拟地组织起来,在调查者的引导下讨论调查问题的调查方法。网络电话法是一种以 IP 地址为抽样框,采用 IP 自动拨叫技术,邀请用户回答问题的调查方法。

2. 优缺点

优点:与传统资料收集方法相比,网络调查方法具有时效性高、成本低廉、匿名性好、超越时空等突出优点。由于网络信息的传输速度非常快,通过互联网可以在短时间内把调查问卷传送到世界各地,能为调查节省大量时间。调查过程中最繁重、最关键的信息采集和录入工作分布到众多网络用户的终端上完成,这又能在一定程度上减少调查的人力和物力耗费,降低调查成本。在网络调查中,填答者能在独立条件下通过网络回答问题,既不用面对调查员,也不用提供私人信息,因此匿名性很好。网络调查具有不受时空限制的优点,被调查者能够在足不出户的情况下,通过网络随时随地回答调查问卷,这就打破了调查的区域制约和时间制约。

缺点:网络调查虽然具有上述突出优点,但也存在着一些局限性与不足。首先,调查取样范围会受网络普及程度的影响,网络分布的不平衡和用户分布的不平衡会在一定程度上影响取样范围,从而导致出现偏差。其次,调查对象的代表性问题。由于主客观条件的限制,我国上网用户无论在年龄分布、地区分布,还是知识层次分布上都表现出了一定的集中性,这会在一定程度上导致调查结果的代表性难以保证。最后,网络调查的安全性会受到网络本身的安全性的影响。

3. 适用范围

与传统调查方式相比,网络调查往往具有更好的匿名性,因而,当需要收集的信息比较敏感时,特别适合采用网络调查方法。不同的网络调查方法适用情况有所不同,例如,电子邮件调查比较适合运用于那些问题较多且需要被访者对问题进行深入思考的调查。网络论坛调查比较适合运用于针对同类兴趣爱好者所进行的调查,因为网络论坛是网上聚集相同兴趣者的地方。网页问卷调查则对调查对象没有特别要求,浏览到了问卷所在网页,愿意参与作答的人都可以成为网页问卷调查的调查对象,换言之,当对调查对象的受众要求非常广泛时,比较适合采用网页问卷调查。

网络调查法举例

五、当面访问法

1. 操作方法

当面访问法基本做法是：研究者先选择和培训一组访问员，由这组访问员携带调查问卷分赴各个调查地点，按照调查方案和调查计划的要求，对所选择的被调查者进行访谈，并按照问卷的格式和要求来记录被调查者的回答。在访问中，调查员严格依据访问问卷中列出的问题及其顺序来提问，不能随意改变问题的顺序和提法，也不能随意对问题进行解释。答案的记录也完全按问卷的要求和规定进行。[一]

2. 优缺点

优点：此方法不仅能收集到比较丰富的资料，而且能收集到比较详细的信息；不仅能收集到语言信息，而且能收集到非语言信息；不仅能提高调查工作的成功率，而且能提高调查工作的质量；不仅适用于大多数调查主题，而且适用于各种调查对象。

缺点：此方法对调查者的访问技巧、访问水平和被调查者的回答能力要求较高；调查结果容易受到调查者及被调查者的情绪、情感、态度以及彼此之间互动关系的影响；匿名性差；经济成本（培训费、交通费、差旅费等）、人力成本（需要大量的访问员）和时间成本（调查的单位时间和完成整个调查的时间）都比较高。

3. 适用范围

由于此方法要求调查者与被调查者面对面地互动和交谈，使其适用的地域范围和调查规模都较小。同时，此方法匿名性差，只能适用于一些社会基本生活状况的调查、市场调查和一般学术研究性调查，而不适用于对敏感性问题和隐私性问题的调查。

六、电话访问法

1. 操作方法

电话访问法是调查者利用现代化的通信系统，对被调查者进行调查访问的方法。进行电话访问需要有一套"计算机辅助电话访问系统"（Computer Assisted Telephone Interviewing System，CATIS）的支持。这套系统既有计算机、电话等硬件，也有专门的软件。一般操作方法是：首先根据调查目的设计好调查问卷，并将问卷按照访问系统要求录入计算机，然后在系统中设计好随机抽取电话号码的计算机程序，由培训好的电话访问员开展调查。

电话访问员的工作程序是：访问员戴着耳机，坐在计算机前，按照设计好的问题向随机自动拨号联系上的受访者提问；受访者回答后，访问员将答案输入计算机并保存；访问结束后，可直接导出数据，利用SPSS等统计分析软件进行分析。

2. 优缺点

优点：此方法最大的优点是简便易用、成本低廉、效率较高，尤其对问卷内容较为简单的调查，该方法的效果更佳；此方法既便于对调查员进行监督，也便于调查员在调查时控制提问的顺序及访问的深度，以保证调查的质量；可以突破地域和时间的限制，方便快速地联系被调查者。

[一] 风笑天. 社会研究方法 [M]. 6版. 北京：中国人民大学出版社，2022：179.

缺点：此方法要求调查者全面掌握被调查者的电话号码，否则将难以抽取调查样本；由于电话访问条件的限制，其应答率和成功率都相对较低，回答的真实性和准确性难以把握；调查访问的时间长度受主客观因素的影响大，因而不能太长，一般应控制在10分钟以内，所了解问题在广度和深度方面都存在不足。

3. 适用范围

调查内容较多、问题较难理解、数据较为复杂和篇幅较长的问卷，不宜采用电话访问方式。但是，如果被调查者是某些专业人员，采用电话访问法也是比较合适的。在实际调查中，电话访问法较适合用于市场调查或民意调查方面的主题。

实作训练

一、任务描述

为了解当代大学生和毕业10年内的大学生对"拼爹"还是"拼自己"这一问题的看法。××大学社会调查课题组拟对本校的在校生与近10年的毕业生就此问题进行一次社会调查。请选择适当的资料收集方法，完成资料收集工作。

二、任务分析

这是针对大学生和大学毕业生的调查，且近10年的毕业生分布非常分散，因此，可以选择用网页问卷调查法进行资料收集。

三、操作过程

以利用问卷星创建问卷与导出答卷数据为例，介绍网页问卷调查法的有关操作。

（1）进入问卷星平台首页，如图6-1所示。

图6-1　问卷星平台首页

（2）单击"免费注册"（没有账号）或"登录"（已有账号），输入账号与密码（这里以已有账号 zhaoshulan023 为例，进行登录），如图 6-2 所示。

图 6-2　问卷星注册与登录

（3）单击"创建问卷"，如图 6-3 所示。

图 6-3　创建问卷

（4）选择"通用应用"，单击"调查"，如图6-4所示。

图6-4　单击"调查"

（5）在"从空白创建"处输入标题，然后单击"立即创建"，如图6-5所示。

图6-5　输入调查标题

（6）单击"添加问卷说明"，输入封面信（卷首语）和填写说明，如图6-6和图6-7所示。

图6-6　单击"添加问卷说明"

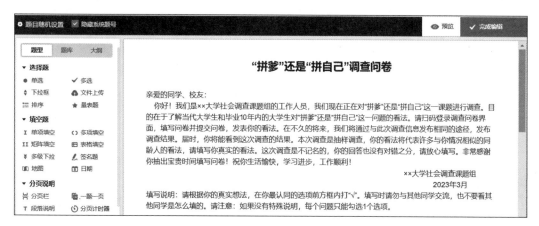

图6-7　输入封面信（卷首语）和填写说明

（7）录入问题有两种方法。

一是逐个录入问题。从左侧题型列表中选择问题题型（见图6-6），并把问卷中的问题逐个录入问卷星平台。一个问题录入完毕后，单击"完成编辑"；全部问题录入完毕后，单击右上角"√ 完成编辑"。

二是批量添加题目。单击"批量添加题目"（见图6-6），按格式要求将所有问题复制到左半页中，单击"确定导入"，如图6-8所示。必要时需要对某些问题进行调整。单击右上角"√ 完成编辑"。

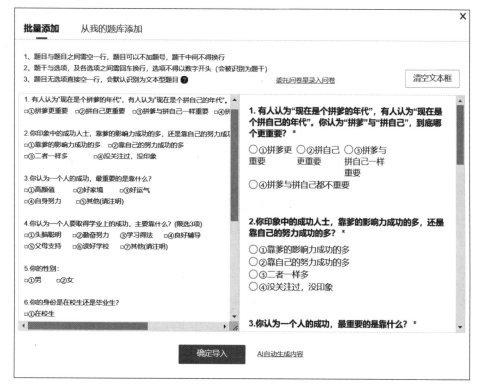

图6-8　批量添加题目

（8）单击"发布此问卷"，如图6-9所示。

图 6-9　发布问卷

（9）单击"制作海报"，生成海报并单击"下载海报"，如图 6-10 和图 6-11 所示。

图 6-10　制作海报

图 6-11　下载海报

（10）将问卷二维码海报（或问卷链接网址 https://www.wjx.cn/vm/wYsxmmv.aspx）对外发布推广，请调查对象扫描二维码或点击问卷链接，填写并提交问卷，收集问卷资料。

（11）随时查看问卷填写情况，当收集到一定数量问卷时，可以单击"停止"，即停止答卷回收，如图 6-12 所示。

图 6-12　停止答卷回收

（12）导出数据，这里以导出 SPSS 数据文件为例。单击"分析 & 下载"，如图 6-13 所示；选择"查看下载答卷"，并在"下载答卷数据"中单击"下载到 SPSS（.sav）"，即可得到一个 SPSS 数据文件，如图 6-14 所示。

图 6-13　单击"分析 & 下载"

图 6-14　导出数据

四、实训小结

不同资料收集方法虽然都有比较适合使用的情况，但针对一次具体的调查，资料收集方法未必是唯一的。在采用具体资料收集方法时，应当考虑不同调查对象的特点，有针对性地选择具体方法，才能达到最理想的资料收集效果。每一种资料收集方法在操作程序和特点上都各不相同，其所适用的调查主题、调查对象和对调查员的能力要求也不同，研究人员要依据具体的调查课题进行灵活运用和选择。资料收集是社会调查中实践性、操作性很强的一项阶段性工作，无论是自填问卷调查，还是结构式访问调查，在操作过程中都要求调查员积极理解被调查者的心理；注意自己的身份角色、衣着打扮、言谈举止、态度心理和价值理念等因素；注意调查的技术和艺术；做好调查前的准备；注意调查时语言及非语言的表达方式等。

任务二　调查员的挑选与培训

学习目标

本任务主要学习调查访问中调查员的挑选和调查员的培训等内容。通过本任务的学习，掌握调查员挑选和培训的基础知识，学会在实际调查中挑选调查员和培训调查员。

理论知识

一、调查员的挑选

调查员是调查研究中资料收集工作的主要承担者，是调查中的关键人物，对调查研究结果的质量起决定作用。因此，挑选调查员是调查研究中的一项重要工作。

一般来说，调查员应符合两项标准：一是任何调查员都应具备的基本素质，二是由调查主题、地域类型及调查对象特征等所决定的特殊要求。

（一）调查员的基本素质

1. 诚实与认真

这是调查员必须具备的最基本的品质。诚实认真主要表现在严格地遵守调查要求，尊重调查事实，对调查结果要做到实事求是，对调查资料要做到严谨精确。

2. 兴趣与能力

调查研究是一项烦琐细致的工作，只有培养调查员对调查工作的兴趣，才能保证调查的质量，降低误差率。此外，调查员要具备一定的能力，包括观察能力、分析能力、理解能力、表达能力及人际交往能力。

3. 勤奋负责

调查访问任务对人的身体和心理都可能产生很大的压力，工作的辛苦性要求调查员具备勤奋努力、吃苦耐劳、坚持不懈的精神以及高度的责任感。

4. 谦虚耐心

调查员应尊重、接纳被调查者的价值观，耐心地与被调查者沟通交流，认真倾听对方的表达，准确而详细地向对方讲解问题的含义。

（二）对调查员的特殊要求

对调查员的特殊要求主要有以下4个方面。[1]

1. 性别

不同主题的调查项目，对调查员的性别要求不一样。一般来说，当调查主题是关于政治、军事和社会生产问题时，选择男性调查员较好，而当调查主题是关于婚姻家庭、妇幼保健、亲子教育问题时，则选择女性调查员更为适合。

2. 年龄

多数社会调查对调查员的年龄没有特殊要求，但是当调查对象是身份较高、影响力较大的领袖人物或年长者时，宜选择年龄较大、比较资深的调查员前去调查。

3. 教育

调查员对调查技巧的运用是否恰当，对被调查者反应的理解是否到位，会在一定程度上影响调查资料收集的质量。在实践中，多数社会调查都是由正在接受大学教育的调查员完成的。当然，在某些情况下，由于客观条件的限制，在调查项目实施当地难以找到接受过大学教育或正在接受大学教育的人，此时也可以选择当地教育水平相对较高的人担任调查员。在研究复杂问题时，宜选择教育水平相对较高的调查员。

4. 地区

我国地域辽阔，民族众多，各地区风俗习惯、语言等差异大，城乡之间也有较大的差异，选择调查员时要充分考虑这些因素，尽量选择当地的、同民族的人作为调查员。因为同地区、同民族的调查员在调查过程时，不仅能够更好地克服语言障碍，而且能够更好地避免因风俗习惯不同而产生的认知差异，以便更好地沟通交流，进而提高资料收集的质量。

二、调查员培训的内容

调查员在调查过程中扮演着主导者、教育者、倾听者和观察者的角色，对于调查的顺利开展及调查质量的控制都起着关键性的作用。调查员要具备准确处理这几个角色之间关系的能力，掌握好调查的主题，把握好调查的进程，处理好调查中的人际关系。

对于大规模的结构式调查，参与调查的人员较多，为了保证调查过程的标准化，以此来控制调查的质量，就更需要对调查员进行培训，以减小调查结果的误差。调查员培训的主要内容有以下几个方面：[2]

（1）研究人员要向调查员介绍该项调查的内容、意义、方法以及与调查项目有关的其他情况，以便调查员对该项工作有一个整体性的了解。同时，还要就调查访问的步骤、要求、时间安排、工作量、报酬等具体问题进行说明。

---

[1] 袁方. 社会研究方法教程（重排本）[M]. 北京：北京大学出版社，2013：216.

[2] 风笑天. 现代社会调查方法 [M]. 6版. 武汉：华中科技大学出版社，2021：149.

（2）组织调查员集中学习调查须知、调查问卷、调查员手册等材料，特别是要逐字逐句、逐条逐项地弄清楚调查问卷的内容与填写方法等。

（3）要进行模拟调查或访问实训。最好是在一个小范围内，让每个调查员都按正式调查的要求和步骤，从头到尾实际操作一遍。然后认真总结模拟调查或访问实训中存在的问题，并通过讨论或讲解，解决这些问题。

（4）要介绍监督或管理办法与制度，以保证正式调查工作的顺利开展。这包括组织管理措施、指导监督措施、复核检查措施以及总结交流制度等。

实作训练

一、任务描述

以××市××区政府开展"第七次全国人口普查员的挑选与培训"为例，进行调查员挑选和培训的操作训练。

二、任务分析

通过具体案例的实训操作与分析，更好地提升学习者关于调查员挑选和培训方法的实际应用能力。

三、操作过程

全国人口普查是一项重大的国情国力调查，是一项庞大的社会系统工程，其调查质量的高低与调查人员有直接的关系。因此，要圆满完成人口普查工作，就必须做好普查员的挑选与培训。

普查员是统计调查的中心人物，其个人素质、能力和工作经验在很大程度上影响着调查质量的高低。高质量调查的重要前提是要有一支良好的调查队伍。这对于保证调查质量和减少调查误差十分重要。

（一）人口普查员的挑选

挑选普查员要注意以下5个方面的基本素质和要求。

1. 诚实认真

这是普查员必须具备的基本品质。诚实认真具体表现在两个方面：一是准确地遵守调查实施方案和工作细则，按规则操作；二是要忠于被调查的事实，真实客观地反映被调查者的情况。在调查中，切忌歪曲调查结果。例如，没有经过调查而私自填写调查表，或把主观意志强加于人。此外，对被调查者要一视同仁，不能有亲有疏，必须认真进行调查登记，做到精益求精、一丝不苟。

2. 责任心强

由于调查对象差别很大，因此调查可能有时比较顺利，有时不够顺利。例如，有些居民经常不在家，要求普查员耐心地多次入户调查；有些人不愿意合作，要求普查员查明原因，有针对性地做好说明和解释工作。若普查员没有这种工作责任心,遇到困难就可能打退堂鼓,完不成调查任务。

3. 要有调查的兴趣和信心

如果没有调查兴趣和信心,经过几次调查之后,就会感到调查工作枯燥乏味;没有兴趣和信心,也不会钻研调查内容和调查技巧。如果对调查内容不熟悉,被调查者提出问题后无法解释,或者不掌握一些基本的调查技巧,也难以使调查达到预期效果。

4. 对调查对象有一定的了解

最好挑选对调查对象有一定了解的人作为普查员。例如,可以选择一些街道、社区居(村)委会的工作人员作为普查员,一方面,他们对被调查者的情况比较了解;另一方面,被调查者对他们也比较熟悉,这有助于消除被调查者的疑虑,从而更容易获得其支持与合作。此外,最好选择与被调查者背景相近的人作为普查员,这样容易融洽双方的关系。

5. 要有健康的体魄

人口普查是一项比较艰苦的工作,为了及时完成调查任务,难免要牺牲个人的休息时间。有时还要到交通不便的地区进行调查,经常会遇到各种各样的困难和问题。因此,普查员要具备良好的身体素质,才能更好地适应艰苦的工作环境,在困难中完成调查任务。

(二)人口普查员的培训

调查进行之前对普查员进行培训,使他们深刻理解调查内容,掌握调查技巧,这是一项十分重要的基础性工作。对普查员的培训因调查内容和要求的不同而不同,一般来说,对于人口普查员应进行以下几个方面内容的培训。

1. 进行思想教育和素质教育

要根据人口普查的目的和要求,针对普查员的思想情况,有目的地组织学习和讨论国家进行人口普查的重要文件精神,认清人口普查在国家宏观调控、制定经济社会发展政策中的重要作用。激发普查员参与调查的积极性和主动性,增强普查员的事业心和责任感,进一步提高普查员的业务技能。

2. 简要介绍调查组织工作

培训中需要向普查员介绍人口普查的目的、意义,整个调查的范围,调查对象的性质,调查的步骤和需要注意的问题,调查时间,每个人的工作量和工作职责,工作标准,使普查员做到心中有数。

3. 组织普查员阅读调查表

普查员要仔细阅读调查表,明确表中每个项目的内容、问题类别及记录方式,明确每个指标的具体含义。普查员只有熟悉调查表的内容,明确调查表的种类,才能保证调查的质量。

4. 其他准备工作

学习与调查内容有关的政策法规、地方风俗、民族禁忌等,向被调查居民介绍普查员的身份、调查的目的和原则等内容,讨论出现突发问题后应当采取什么样的处理方法,在有可能的条件下进行现场调查实习或模拟调查练习。

四、实训小结

在进行资料收集时，严格把握挑选调查员的标准，认真观察调查员是否具有实事求是的精神，是否具有认真谦虚的态度、诚实的品质、高度的责任心，是否具有完成调查所需要的能力与耐心，是否对调查感兴趣，愿意为完成调查付出持续的努力，并对调查员提供具体的有针对性的培训，这是一项非常重要的工作，对保证调查资料的质量非常关键。在挑选调查员时，还应充分考虑调查员的性别、年龄、教育程度及地区等这些关键性因素。在调查员培训工作中，除了调查主题、调查目的、调查方法和调查规则的口头讲解与书面学习外，最好还要有具体操作流程的模拟演练、真实情境的案例分析，甚至要有现场的调查练习。

任务三　调查过程管理与质量监控

学习目标

本任务主要学习调查访问过程管理与质量监控方法等内容。通过本任务的学习，掌握调查过程管理与质量监控的基础知识，学会在实际调查中设计调查质量监控方案。

理论知识

调查过程管理与质量监控是调查顺利进行和保证调查质量的关键工作。研究人员应对调查工作进行全面和及时的管理、指导和质量监控，其工作任务主要包括以下方面。

1. 组建结构合理的调查队伍

一般的操作方法是：先按照调查任务和主题挑选好调查员；再以小组的方式对调查员进行合理的组合，小组的规模不宜太大，一般以 5 人左右为佳，同时要考虑性别比、经验多寡、专业背景、来源、民族文化等因素的合理组合，每个小组指定一名组长；最后以小组为单位合理安排调查任务。

2. 制定监督和管理办法及规定

制定保障调查工作顺利开展的工作流程和管理制度。规章制度包括调查进度控制措施、调查小组管理办法、调查指导和监督措施、资料复核与检查措施、调查小结与交流制度等。㊀

3. 实地抽样的管理和监控

在调查过程中，调查员可以根据研究者已经设计好的抽样方案所抽出的样本进行调查，但是，有时调查方案无法达到详细、具体而又紧密结合实际的程度，仅能停留在相对宏观层面，这时就需要调查员在实地调查过程中根据实际情况进行实地抽样。这时工作的关键点是要保证实地抽样的质量，为此，要做好两件工作：一是对调查员进行实地抽样前的培训，使每位调查员掌握具体抽样规则和方法；二是要在实地进行具体操作方法的示范和指导，特别是在最初进行抽样调查时，研究者要以小组为单位进行演示、讨论、分析和指导。

㊀ 风笑天. 社会研究方法 [M]. 6 版. 北京：中国人民大学出版社，2022：185.

4. 实地调查的管理和监控

调查开始后，调查员以小组或个人为单位开展工作，处于相对分散的状态，因此，研究者要做好以下几个方面的工作：一是要深入调查实地，参与实地调查，研究人员在调查过程中，特别是调查初期，要亲力亲为地参与到问卷发送和调查访问的工作中，以了解和体验实际调查可能出现的问题、调查员容易出现的遗漏和偏差等，以便及时指导和纠正；二是要经常倾听和观察调查员的反馈与操作方法，了解每位调查员的工作情况，研究人员应积极主动陪同和观察每位调查员进行一份问卷调查访问的过程，并倾听他们的意见，以全面掌握每位调查员的能力和调查质量，以便及时解决他们所遇到的问题；三是要定期开小结会，研究人员最好在每天调查结束后，及时开会总结当天的调查进度和质量，针对调查员遇到的普遍性问题进行统一的指导，同时也要尽量关注每位调查员所遇到的个别问题及其心理情绪，并给予疏导与解决。

5. 问卷回收和实地审核的管理与监控

对于回收的问卷（包括自填式问卷和结构访问式问卷），要做到当天回收当天审核，审核工作主要分为3个步骤：一是调查员的自我检查，要求每一位调查员回收一份问卷后，及时检查问卷填答情况，做到发现问题即刻回访核实，并在检查合格的问卷上签名；二是小组组长的审查，每个小组的组长需要再次对回收的问卷进行整理和检查，并签名；三是研究人员的审核，研究人员应随机抽查收回的问卷，及时发现其中存在的问题，并进行实地回访补救。

实作训练

一、任务描述

以"××市第七次人口普查监控方案"设计为例，详细分析调查质量监控的操作过程及方案设计的内容。

二、任务分析

通过详细分析调查质量监控的操作过程及方案设计的内容，使学习者更具体地掌握调查质量监控方案设计的知识，提升设计能力。

三、操作过程

为了保证调查的质量，根据"××市第七次人口普查工作方案"的要求，调查组将对全市各地调查表填报情况进行全程质量监控。

（一）质量监控目的

（1）实时监控各县、市、区填表人员填表质量。
（2）实时指导各县、市、区填表人员填表的科学性、准确性。
（3）更正各县、市、区填表人员填表的各种错误。
（4）分析本次调查的科学性和可信性。

（二）质量监控的范围

根据随机性、区域性、层次性原则，从全市各个县、市、区的辖区内各选一个乡镇（街道）进行质量监控，实行市、县（区）、乡镇（街道）三级监控体系。

（三）质量监控的内容与方式

对调查质量的监控主要从信息来源、信息流动环节、信息处理形式三个方面来进行。

（1）信息来源监控。实地调查分析填表人的填表态度，填表内容的真实性，理解填表方法的准确性，并进行实地回访与核实。

（2）信息流动环节监控。对照比较各表信息转换所形成的数据的统一性，如将纸质文档转化为电子版。

（3）信息处理形式监控。通过设计相关信息处理程序，鉴别填表中的错误，识别废表。

（四）质量监控的实施计划

1. 质量监控人员的选取及培训

（1）成立质量监控小组。质量监控人员将按照属地化及专业化等原则，成立市、县（区）、乡镇（街道）三级质量监控小组。

（2）组织对质量监控人员培训。

培训时间：××月××日下午2:30—5:00。

培训内容：调查内容、填表方法、调查方法、质量监控的流程、内容真伪识别方法、调查信息审查方法、突发事件处理方法等。

2. 质量监控的时间

××年××月××日至××年××月××日。

3. 质量监控的总结

对全市所有监控点进行监控后反馈监控信息，进行质量评估，写出评估报告。

（五）质量监控的操作过程

（1）在正式调查之前，应在市调查工作领导小组的统一安排下，认真完成对参加调查工作的人员的培训。

（2）对调查样本进行适度调控，保证调查样本分布相对均衡。工作小组对所有的调查对象，按照所在地区相对均衡的基本原则，从中遴选出调查对象并进行调查。

（3）对回收的调查问卷，先由普查员自查、互查，接着由普查小组组长和普查指导员检查，最后质量监控小组进行认真的审核和验收，若发现问卷填写不符合要求或存在其他问题，要及时通知有关调查员采取措施予以补充和完善，以确保调查数据资料的完整性。

（4）在调查结束后，质量监控小组应在一个星期内对调查结果进行抽查性回访，了解调查工作的真实性和数据采集的可靠性。

（5）质量监控小组对回收的调查问卷，通过检查审核和回访核对无误后，由调查员把经过审核的调查问卷输入计算机系统，并经质量监控小组检查验收合格后，才能进行数据分析。

（6）做好调查数据和相关信息的保密和保管工作，不得擅自发布或传播调查结果及相关信息。

图 6-15 为调查过程的质量监控流程。

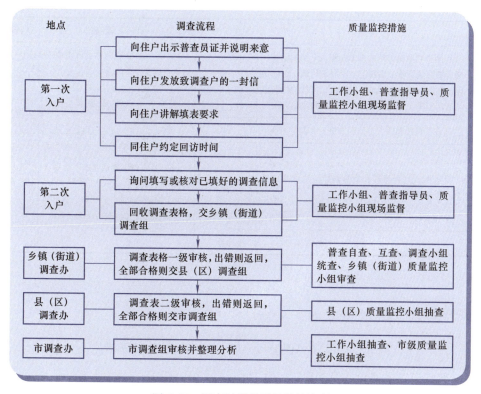

图 6-15　调查过程的质量监控流程

四、实训小结

调查过程管理和质量监控是资料收集工作中的一个重要环节。研究人员需要组建合理的调查队伍，制定调查过程管理和质量监控规章。如果调查需要实地抽样，研究人员还需要提供详细实地抽样方案，并对实地抽样进行指导。在实地调查过程中，研究人员需要派出有经验的督导，对资料收集工作进行现场指导，对调查当天完成的问卷进行审核，以便及时发现问题和解决问题。作为研究人员，既要明白调查过程管理和质量监控工作对于保证调查质量的作用，更要清楚问卷设计的科学与否关系调查的成败及调查结果的可靠性。调查过程管理和质量监控是保证问卷调查科学性的基本手段。问卷调查不仅是研究者单方面地去了解客观事实，还是研究人员、调查员与被调查者三方在一定的社会情境中互动的过程，特别是调查员与被调查者之间的互动，对于整个调查质量具有重要意义。为了使调查过程管理和质量监控工作能够有序进行，研究人员应在设计调查方案、抽样方案和选择资料收集方法时，充分考虑复查的问题，把质量监控方案放在整个调查方案中进行系统考虑和安排，使之与调查体系相配套。

本项目质量评价标准

序号	检测内容	分值（分）	评价标准	得分（分）
1	不同资料收集方法的基本知识（个别发送法、邮寄填答法、集中填答法、当面访问法、电话访问法和网络调查法等不同资料收集方法的优缺点与适用范围），并能熟练运用资料收集的方法	45	1. 每一项检测内容的评分都分为 4 个档次 （1）掌握或会做：85% 及以上 （2）基本掌握或基本会做：60%～84% （3）掌握一些或会做一点：20%～59% （4）基本没掌握或基本不会做：20% 以下（不含 20%） 2. 在每一个评分档次中，视出错的次数扣分，扣至本档最低分为止	
2	调查员挑选和调查员培训方法，并制订方案	30		
3	具有调查过程管理和质量监控方法应用的能力，并制订方案	25		
合计		100		

知识拓展

网络调查中的常见误差源及减少调查误差的若干措施[1]

一、网络调查中的常见误差源

1. 抽样框误差

为了接近和识别所研究的总体单位，必须提供获取总体单位的方法，把包含全部总体单位的名录划定为一个框架，这便是抽样框，用作抽样的依据。抽样框是指能够代表全部调查对象的可从中抽取样本的名录。当作为研究对象全体的目标总体（研究想要涉及的总体）与抽样总体（即样本框）不一致的时候，就会产生抽样框误差。网络调查中存在两类问题：一是并不是目标总体中的每一个个体都在抽样框中，二是网络调查抽样框的结构。从网络使用者的抽样框中选择个体的程序，在很大程度上取决于网络调查的类型。

2. 无回答误差

所谓无回答是指由于种种原因没能够从所有样本单位及问卷中的所有问题获得有用的数据，其主要原因在于被调查者有能力回答而未予回答。无回答问题分为单位无回答（即问卷没有返回）和项目无回答（即返回问卷中个别项目漏填或填写无效）。不论是单位无回答还是项目无回答，都将导致调查数据残缺不全，从而最终影响估计结果，降低估计精度或可靠程度。无回答问题在网络调查中也较为普遍，应予足够的重视。

---

[1] 浦国华，等. 网络调查方法的质量评价及减少调查误差的措施研究[J]. 浙江统计，2004，（08）：32-34. 有删节与修改.

3. 计量误差

计量误差是指通过调查获得的结果（数值或特征）与所要调查的项目的实际情况（真的数值或真的特征）不一致而产生的误差。由于造成这种不一致的原因很多，因此计量误差涵盖的内容非常广泛。网络调查主要是一种自填式调查，因此计量误差相对较大。而且网络调查最主要的误差是被调查者误差，一方面是被调查者由于理解、记忆、心理或其他原因导致的填答资料与真实情况不符，称为无意识误差；另一方面是被调查者出于某些原因不愿意提供准确资料或故意提供虚假资料，称为有意识误差。在传统调查方式中，受过培训的调查员可以向被调查者解释一些表达模糊的词句，能够激发他们的参与热情，保证回答的可信度，及时查漏补缺，而网络调查缺乏调查员的现场解释和监督，被调查者缺乏积极性而造成对问卷理解不当。此外，长期固定样本调查可能影响被调查者的心理，如果网络调查不及时轮换样本，也会产生计量误差，而使资料失去代表性。

二、减少调查误差的若干措施

1. 正确地界定目标总体

作为统计总体，需要满足同质性、大量性和差异性3个基本特征，在调查方案设计时，首先要考虑如何根据不同的调查要求正确地界定目标总体和相应的抽样技术，来保证样本的代表性。

一般来讲，根据调查目的的不同，作为概率抽样的网络调查，其抽样框的样本总体可划分为全体上网用户和特定的上网用户。特定的上网用户主要是指那些特定组织的成员，如会员、产品的客户或特定的服务对象等。由于受概率抽样技术的具体要求限制，特定的上网用户更容易形成严格意义上的样本总体抽样框，如软件产品生产商对登记在案的上网用户进行计算机类产品使用情况的调查，就可以取得较满意的效果。

非概率抽样网络调查，如一些组织针对某些主题交流意见的娱乐性网上调查，一般是通过在常用网站及其不同网页上公开登载、发布调查问卷邀请自愿者参加的。这些方式对参加者没有限制，对进入者没有进行筛选和控制，常常存在由样本覆盖率问题造成的误差，而且其误差较难控制，所以调查结果一般不具有严格的科学性。但其可以把所有参加者作为目标总体，根据统计结果进行一般性的估计，得到所谓的"大众倾向"，这样就减弱了抽样框的样本代表性问题。这类调查常适合于对网民所关心的话题进行的各种调查，如社会风尚、日常生活观点等方面的民意测验，还有对消费产品、服务产品等方面的客户满意度调查等。

2. 合理设计调查方案

设计调查方案是关系到调查质量的另一重要因素。在实施任何一种方式的调查前，科学地设计调查方案都是保证调查工作顺利进行的前提，对于网络调查这种技术要求较高的调查来说就显得更为重要，合理的方案设计可以有效地减少被调查者的"无回答误差"，如再通过相应的统计方法对统计结果进行数据处理，还可以消除"无回答误差"

对统计结果产生的影响。可以采用的具体措施有：努力提高调查回收率；设计合理的问卷长度；答题形式力求简单，方便被调查者操作；有些调查可以通过事先联系或在网上邀请特定的志愿者参加调查，并要求其在参与时提供个人有关信息，以便限制进入者。

3. 采用科学的抽样技术

抽样技术的选择是网络调查的另一个关键问题。概率抽样网络调查常用的抽样方法是基于IP地址的随机抽样，即随机IP自动拨叫技术。由于在互联网上，每台计算机的IP地址是唯一的，因此可以利用随机IP发生软件，在设定的IP地址码范围内选择调查样本，再通过电子邮件等方式和被调查者取得联系并进行邀请。如果遇到多个终端使用一个代理服务器上网的局域网用户（可能只用一个IP地址），可使用"IP地址＋其他特征值"来进行抽样。这样也可以解决覆盖率问题和样本随机性问题。所以，对于以全体上网用户为目标样本总体的网络调查，这种方式可以满足随机抽样的要求，使概率抽样误差得到严格的控制；而对于目标样本总体为特定上网用户的随机抽样问题，可使用基于IP地址的随机抽样技术，也可基于上网用户的其他资料如电话号码、电子信箱等进行随机抽样。此方法可达到减少和控制概率抽样误差的目的。这里需要说明的是，覆盖率大并不表明代表性强，代表性比覆盖率更为重要。

4. 提高网上数据识别技术

对重复回答的误差，其控制和减少措施主要是依靠Cookie辨认技术和其他一些计算机身份识别技术。Cookie是Web服务器将每一个上网者在网站上所打的文字及所做的选择记录下来的一部分资料，这些资料可以暂时存放在计算机上，以使服务器能够在上网者下次访问时对其进行身份识别。由于Cookie的使用很普遍，许多提供个人化服务的网站是利用Cookie来辨认使用者，以便为其送出特定的内容，如提供电子邮件的网站等，这就为解决网上重复投票问题提供了技术上的支持，即利用Cookie识别投票者的身份，避免其重复投票、重复记录。除Cookie辨别技术以外，内置在URL（统一源地址）中的身份识别设置也可用于识别投票者身份，以避免重复投票、重复记录。IP地址也可用来确认投票者的身份，但这种方法对于一些使用代理服务器上网的用户是无效的。

5. 重视调查过程中的道德问题，提高网民的统计意识和整体素质

随着网络的飞速发展，个人在互联网上的隐私权也越来越受到重视，为了获得更高的回收率和避免不信任，在实施网络调查时应根据需要公开一些调查信息，如数据调查信息收集的目的、调查机构或调查者个人的身份、调查过程的组织形式和抽样过程、保护个人资料（隐私）的方法等，以使被调查者了解有关情况。

综上所述，网络调查和其他形式的统计调查一样，从设计调查方案、确定目标总体和抽样框、选择具体的抽样方法，到整理、分析统计数据，据以得到最后的结论，每一阶段的工作都要科学、严谨，尽可能地将误差控制在合理的范围内。因此要减少和控制调查误差必须结合网络调查的特点，依据误差的成因分析来科学地运用相应的合理措施。

思考与练习

一、判断题

1. 省时高效是个别发送法的突出优点。（　）
2. 邮寄填答法的应用范围非常有限。（　）
3. 集中填答法比较适合应用于易于集中的同质调查对象的调查。（　）
4. 复杂问卷不适合采用电话访问法进行调查。（　）
5. 进行中小规模的社会调查，调查员培训工作可做可不做。（　）

二、简答题

1. 电话访问法应该怎样操作？电话访问的工作程序应包括哪些步骤？
2. 挑选调查员时应考虑调查员的哪些基本素质和特殊要求？
3. 调查过程管理和质量监控工作任务包括哪些内容？怎样才能做好实地调查的管理和监控工作？

三、实训题

请以"大学生健康认知和健康需求调查"为例，具体阐述调查员培训的方法。

项目七 / Project 7

07 资料处理

❑ **项目描述**

　　本项目要求学生掌握原始资料的审核、复查、编码手册的制作、问卷的编码、数据的录入、SPSS简易程序的编制、数据有效范围和逻辑一致性清理、变量重新赋值、利用已有变量创建新变量等相关知识及具体操作，重点培养其对社会调查资料的处理能力。

　　项目任务分解：原始资料的审核复查与问卷编码、数据录入、数据清理、数据转化。

任务一 原始资料的审核复查与问卷编码

学习目标

本任务主要学习原始资料的审核、复查、问卷编码方法。通过学习,掌握编码手册的制作方法,学会对问卷进行编码。

理论知识

一、原始资料的审核与复查方法

调查资料收集工作完成以后,接下来就要对这些实际调查得来的原始资料进行审核和复查,以便研究者发现并纠正原始资料中所存在的错误,剔除那些无法重返调查但又有明显错误的问卷,了解与衡量整个资料收集工作的质量。

需要注意的是,原始资料的审核与复查工作结束后,应对问卷进行统一编号。而且,统一编号后的问卷应按顺序放置,以便做数据处理工作时,一旦发现问题,能够快速地找到原始问卷。

(一)原始资料的审核方法

原始资料的审核是指研究者对调查所收集到的原始问卷资料进行初步的审查与核实,校正错填、误填的答案,并将乱填、空白和严重缺答的问卷剔除出来,作为废卷处理。这样做的目的在于使原始资料具有更高的准确性和完整性,提高资料的效度,为资料转换、数据录入与资料统计分析工作打下良好的基础。

原始资料的审核方法主要有两种:一种是实地审核,另一种是集中审核。

1. 实地审核

实地审核是指资料审核工作与实地调查工作同时进行,在完成问卷调查之后离开调查所在地之前,就对已经填写好的问卷进行现场审核。这种审核的优点在于,由于审核工作是紧接着调查工作之后进行的,调查员还没有离开调查现场,发现问题可以及时纠正,如果有漏答的情况,返回去追问成功的可能性也比较高。如果是访问问卷,调查员还可以根据当时访问的真实情境对问卷中的问题进行纠错或补填,比如,"性别"这一项缺答,调查员就可以根据自己的回忆及时补填上。因此,实地审核有利于提高调查资料的质量,而且当调查资料的收集工作全部完成时,资料的审核工作也随即完成了。不足之处在于,实地审核会在一定程度上影响资料收集工作的进度,延长实地调查的时间。

2. 集中审核

集中审核也称为系统审核,是指先将调查资料全部收回来,再由审核员统一进行审核。

如果可能的话，最后还需要调查员返回原调查地点，就审核中发现的问题对被调查者再次进行访问，以核实那些有矛盾的问题，补填缺答的问题。这种审核的优点在于，审核工作是在研究者的指导下集中而统一进行的，审核标准相对一致，审核质量也相对较高。不足之处是，对于审核中所发现的问题，很多时候已经没有办法补救了。因为审核时间与调查时间相隔相对较长，而且调查员访问了很多份问卷以后，很难回忆某份问卷调查时的情境，对被调查者的重返访问工作也可能因时间相隔较长或调查地点较远而无法落实。换言之，即便是审核中发现了问题，要纠正和弥补这些问题也很困难。从这个意义上来讲，集中审核对提高调查资料质量的贡献不如实地审核大。

（二）原始资料的复查方法

原始资料的复查是指研究者按照一定的方法，从所回收的调查资料中随机抽取一定比例（一般为5%～15%）的个案资料，并由研究者自己或委派另外的调查员对个案资料进行第二次调查。其目的在于：①核实第一次调查的真实性。检查原来的调查员是否真的对某个个案进行过调查，以便研究者对调查资料的真实性进行衡量。②检查第一次调查的质量。研究者可以将复查资料所得结果与全部调查资料所得结果进行对比，以衡量全部调查的质量。

注意：有些时候，调查资料的复查工作并不能顺利地进行。因为资料复查的前提条件是有第一次调查所提供的被调查者姓名、地址或其他联系方式等信息，没有这些信息，复查就无法进行。而且，即使有这些信息，复查工作也可能因为被调查者的流动或联系方式的变化而使某些个案资料的复查工作无法落实。因此，在进行实地调查收集资料时，一定要尽最大的努力提高资料的准确性和完整性。

需要特别强调的是，为了资料的复查工作能够顺利进行，研究者在设计调查方案、抽样方案以及问卷的时候，应当有意识地创设一些可以进行复查的条件。例如，调查某市大学生的生活费支出时，可以考虑采用多阶段抽样，先从某市所有大学中抽取若干所大学，再从被抽中的大学中抽取几个系，最后用整群抽样的方法，从被抽中的系中抽取若干个班，对被抽中班级的所有学生进行调查。这样，只要知道被抽中班级的名称，就可以从中抽取部分学生进行复查了。又如，在进行问卷设计时，可以在问卷中设置一个调查质量监控信息栏，用于记录调查对象详细居住地址、调查对象联系电话、调查员、审核员、调查时间等信息。

二、问卷编码方法

对原始资料进行审核与复查之后，研究者还需要把问卷上的文字信息转换成数字信息，以便在借助计算机统计与分析资料之前，能够利用数字小键盘快速地把问卷信息输入计算机。

（一）编码手册的构成

要进行信息转换工作，首先就要对问卷进行编码并制作编码手册。所谓编码，就是给每个问题及其答案分配一个数字作为其代码。所谓编码手册，就是把编码规则用一定的方式呈现出来，以便编码员在进行问卷编码时随时查阅，按照统一的规则进行编码，减少资料转换过程中的人为误差，提高资料转换工作的质量。

编码手册一般由提问项目、变量名、变量名标签、宽度、栏码、答案赋值、未填写及个别特殊值赋值等 8 项内容构成。编码手册要求格式统一，指示清楚明确，方便查阅。

（二）问卷编码规则

编码分为两种情况：一种是预编码，也就是在问卷设计时就将问题编号和答案编号列在问卷上，这样编码时直接用这些编号作为相应问题与答案的代码即可。另一种是后编码，也就是设计问卷时，并没有列出问题编号与答案编号，这样，问卷资料回收以后，就需要给每一个问题与答案分配数字作为其代码。

1. 变量取名规则

一般情况下，问卷上的一个问题就是一个变量；在某些情况下，需要将问卷上的一个问题转化为多个小问题，此时相应地就会有多个变量。不管是一个变量还是多个变量，都需要给变量取名，同时写出变量名标签，也就是用简洁的语言说明变量名的含义，即用简洁的语言复述提问项目的内容。变量名标签最多可用 120 个字符。

变量取名的规则主要有：

（1）在 SPSS12.0 之前，SPSS 变量名长度不能超过 8 个字符；从 SPSS12.0 开始，变量名长度最多可达 64 个字符。

（2）变量名首字符不能是数字，其后可以是字母、数字，或除"？""-""！"和"*"以外的字符，但"."不能作为变量名的最后一个字符。

（3）变量名不能与 SPSS 的保留字相同。SPSS 的保留字有 ALL、AND、BY、EQ、GE、GT、LE、LT、NE、NOT、OR、TO、WITH。

（4）系统不区分变量名中的大小写字符。例如，变量 ABC 和变量 abc 会被系统认为是同一个变量。

（5）变量名中不能有空格。

2. 问题宽度和栏码确定规则

问题宽度是指某一具体问题的答案代码的位数。问题栏码则是指某个具体问题的答案代码在计算机数据文件中所处的位置。

栏码的确定规则是从第一个项目（通常是问卷编号）开始，根据问题顺序及其宽度依次确定其在整个数据排列中所处的位置。

3. 答案编码规则

根据问卷中问题形式的不同，答案代码的赋值形式也略有不同。

（1）填空式问题。直接用回答者所填写的数字作为答案的代码值。

（2）单项选择式问题。直接用问卷设计时对每一答案的预编码作为它们的代码值。如果预编码所用代号是 A、B、C、D 等，而非数字，应先将 A、B、C、D 等符号转换为 1、2、3、4 等数字，再用数字作为相应答案的代码值，以方便利用数字小键盘快速录入数据。

（3）多项选择式问题。在对多项选择式问题的答案进行编码时，一般应先将多项选择式问题转化为若干个单项选择式问题。如果是多项限选式问题，那么限选几项就可以转化成几个单项选择式问题。转换所得到的新问题，编号时可以用原问题编号加表示序号的英文字母表示，并用原来的答案编号作为答案的代码值。如果是多项任选式问题，那么有多少个选项就转化成多少个二项选择式问题，此时问题与答案编号都要做相应的改变。新问题编号可以用原问题编号加下划线再加表示序号的数字表示（以区别于多项限选式问题的编号）；答案编号习惯上常用 0 与 1 表示，也即选中答案项用 1 表示，没选中的答案项用 0 表示。

（4）矩阵式或表格式问题。这两类问题常常需要在资料收回后对备选答案进行后编码，然后用后编码作为答案的代码值。

（5）未填写及特殊值处理。习惯上，用 0 作为未填写问题答案的代码，用 9 作为特殊值的代码。例如，研究者把"月收入"这一变量的答案代码确定为四位数码，可某份问卷上所填写的收入是 15 000 元，这时可以设定用 9 999 表示月收入超过 1 万的情况，即把月收入 1 万元以上的当作特殊值来处理。

注意：具体某个问题要用多少个 0 或 9 来表示，要视问题的宽度而定。

实作训练

一、任务描述

对给定问卷进行编码。

二、任务分析

问卷编码是调查资料处理的一项基础性工作。要高质量地完成这一任务，首先需要制作问卷编码手册，然后依据编码手册对问卷进行编码。

三、操作过程

（一）制作问卷编码手册

以《昆明市低保制度实施状况调查（居民）问卷》为例。

1. 问卷（节选）

问卷编号：____

昆明市低保制度实施状况调查（居民）问卷

尊敬的女士/先生：

您好！我们是××大学的学生，现在正在进行一项城市低保制度实施状况的社会调查，目的是了解城市居民生活和就业的真实情况，为相关部门制定有关政策提供科学依据和建议。您的状况将代表许多和您相似的居民的状况，对本次调查十分重要。填写问卷时我们不记名，因此对您不会有任何不利影响，请您不要顾虑。本次调查大约要占用您 15 分钟的时间，我们真诚地希望您能协助我们完成这项调查。

感谢您的合作，衷心祝愿您身体健康，万事如意！

××大学××系
××年××月

填写说明：请在符合您的情况的选项前打"√"，或在横线上填写相应的内容。

1. 您的性别：①男　　②女
2. 您出生于哪一年：19＿＿年。
3. 您的文化程度：
   ①未受过学校教育　②小学　　　　③初中　　　　④高中（中专/职高）
   ⑤大专　　　　　　⑥本科　　　　⑦研究生及以上
4. 您的职业：
   ①下岗失业　　　　②一般工人　　③企业专业技术人员
   ④企业管理人员　　⑤公务员　　　⑥教师或科研人员
   ⑦个体工商户　　　⑧服务业受雇者⑨退休
   ⑩其他
5. 您家现在有＿＿人（以户口在一起为准），总共＿＿代人，有工作的人共＿＿位。
6. 您的住房类型是：
   ①单位公房　　　　②已购单位房　③集资房　　　④商品房
   ⑤租赁房　　　　　⑥借住房　　　⑦其他
7. 您目前的住房面积是＿＿平方米。
8. 您对当前的居住状况的感受是：
   ①非常满意　　　　②比较满意　　③一般　　　　④不太满意
   ⑤很不满意
9. 您家所在的位置属于哪个区：
   ①五华区　　　　　②盘龙区　　　③官渡区　　　④西山区
   ⑤其他
10. 您对自家经济条件的感受是：
    ①非常满意　　　　②比较满意　　③一般　　　　④不太满意
    ⑤很不满意
11. 您日常交往的主要对象是：（选多少项不限）
    ①亲戚　　　　　　②朋友　　　　③邻居　　　　④同事（包括以前的）
    ⑤很少交往　　　　⑥其他
12. 您通常在哪里购物？（请选出您最常去的两个地方）
    ①附近商店　　　　②农贸市场　　③超市　　　　④百货商场或购物中心
    ⑤专卖店（不含商场中的专卖店）　⑥其他
13. 您认为城里人找工作主要有哪些困难？（请选出最主要的4项）
    ①进城务工人员太多　②对找工作没信心　③工资太低，提不起就业动力
    ④没技术特长　　　　⑤就业竞争太激烈　⑥社会没有足够的就业岗位
    ⑦文凭低　　　　　　⑧年龄大　　　　　⑨其他
14. 您知道本地的最低工资标准吗？　　①是　　　　②否

2. 给问卷制作的编码手册（节选）

昆明市低保制度实施状况调查（居民）问卷编码手册

编码总的原则：

① 以问卷预编码为基准，即预编码是几就编几，如预编码为1—男，2—女，女被选中，则编码为2。

② 限定选项的多选题：当选中项少于限定数目时，用0补足位数。

③ 不限选项的多选题：转换为多个0、1变量的单选题，选中的编1，未选中的编0。

④ 未填写的编码规则：连续型变量编9、98、989或9898；0、1变量编为若干个9；其余的统一用0、00、000或0000表示（具体几个0视宽度而定）。

提问项目	变量名	变量名标签	宽度	栏码	答案赋值（变量值标签）	未填写	特殊值
编号	QN	问卷编号	3	1–3			
问题1	w01	性别	1	4	1'男', 2'女'	0	
问题2	w02	出生年	2	5–6		98	
问题3	w03	文化程度	1	7	1'未受过学校教育', 2'小学', 3'初中', 4'高中(中专/职高)', 5'大专', 6'本科', 7'研究生及以上'	0	
问题4	w04	职业	2	8–9	1'下岗失业', 2'一般工人', 3'企业专业技术人员', 4'企业管理人员', 5'公务员', 6'教师或科研人员', 7'个体工商户', 8'服务业受雇者', 9'退休', 10'其他'	00	
问题5	w05a	家庭人口数	1	10		00 例外	
	w05b	家庭有几代人	1	11		9	
	w05c	家庭工作人数	1	12		9	
问题6	w06	住房类型	1	13	1'单位公房', 2'已购单位房', 3'集资房', 4'商品房', 5'租赁房', 6'借住房', 7'其他'	0	
问题7	w07	住房面积	3	14–16		000 例外	989
问题8	w08	您对当前的居住状况的感受	1	17	1'非常满意', 2'比较满意', 3'一般', 4'不太满意', 5'很不满意'	0	
问题9	w09	您家所在的位置属于哪个区	1	18	1'五华区', 2'盘龙区', 3'官渡区', 4'西山区', 5'其他'	0	
问题10	w10	对自家经济条件的感受	1	19	1'非常满意', 2'比较满意', 3'一般', 4'不太满意', 5'很不满意'	0	
问题11	w11_1	日常交往的主要对象是亲戚	1	20	1'是', 0'否'	999999（6个9）	
	w11_2	日常交往的主要对象是朋友	1	21	1'是', 0'否'		
	w11_3	日常交往的主要对象是邻居	1	22	1'是', 0'否'		
	w11_4	日常交往的主要对象是同事	1	23	1'是', 0'否'		
	w11_5	日常交往很少	1	24	1'是', 0'否'		
	w11_6	日常交往的主要对象是其他人	1	25	1'是', 0'否'		

(续)

提问项目	变量名	变量名标签	宽度	栏码	答案赋值 （变量值标签）	未填写	特殊值
问题12	w12a	您通常在哪里购物之一	1	26	1'附近商店',2'农贸市场',3'超市',4'百货商场或购物中心',5'专卖店(不含商场中的专卖店)',6'其他'	00	
	w12b	您通常在哪里购物之二	1	27			
问题13	w13a	您认为城里人找工作主要有哪些困难之一	1	28	1'进城务工人员太多',2'对找工作没信心',3'工资太低,提不起就业动力',4'没技术特长',5'就业竞争太激烈',6'社会没有足够的就业岗位',7'文凭低',8'年龄大',9'其他'	0000	
	w13b	您认为城里人找工作主要有哪些困难之二	1	29			
	w13c	您认为城里人找工作主要有哪些困难之三	1	30			
	w13d	您认为城里人找工作主要有哪些困难之四	1	31			
问题14	w14	您知道本地的最低工资标准吗	1	32	1'是',2'否'	0	

（二）根据编码手册进行问卷编码

1. 已经填写好的问卷（节选）

问卷编号：__1__

昆明市低保制度实施状况调查（居民）问卷

尊敬的女士/先生：

　　您好！我们是××大学的学生，现在正在进行一项城市低保制度实施状况的社会调查，目的是了解城市居民生活和就业的真实情况，为相关部门制定有关政策提供科学依据和建议。您的状况将代表许多和您相似的居民的状况，对本次调查十分重要。填写问卷时我们不记名，因此对您不会有任何不利影响，请您不要顾虑。本次调查大约要占用您15分钟的时间，我们真诚地希望您能协助我们完成这项调查。

　　感谢您的合作，衷心祝愿您身体健康，万事如意！

××大学××系
××年××月

填写说明：请在符合您的情况的选项前打"√"，或在横线上填写相应的内容。

1. 您的性别：　√①男　　②女
2. 您出生于哪一年：19_68_年。
3. 您的文化程度：
   ①未受过学校教育　　②小学　　　√③初中　　　④高中（中专/职高）
   ⑤大专　　　　　　　⑥本科　　　⑦研究生及以上

4. 您的职业：
   ①下岗失业　　√②一般工人　　③企业专业技术人员
   ④企业管理人员　⑤公务员　　　⑥教师或科研人员
   ⑦个体工商户　　⑧服务业受雇者　⑨退休　　⑩其他
5. 您家现在有 _3_ 人（以户口在一起为准），总共 _2_ 代人，有工作的人共 _1_ 位。
6. 您的住房类型是：
   ①单位公房　　√②已购单位房　③集资房　　④商品房
   ⑤租赁房　　　⑥借住房　　　⑦其他
7. 您目前的住房面积是 _50_ 平方米。
8. 您对当前的居住状况的感受是：
   ①非常满意　　②比较满意　　③一般　　√④不太满意
   ⑤很不满意
9. 您家所在的位置属于哪个区：
   ①五华区　　　√②盘龙区　　　③官渡区　　④西山区
   ⑤其他
10. 您对自家经济条件的感受是：
    ①非常满意　　②比较满意　　③一般　　√④不太满意
    ⑤很不满意
11. 您日常交往的主要对象是：（选多少项不限）
    √①亲戚　　　②朋友　　　　③邻居　　√④同事（包括以前的）
    ⑤很少交往　　⑥其他
12. 您通常在哪里购物？（请选出您最常去的两个地方）
    ①附近商店　　√②农贸市场　　√③超市　　④百货商场或购物中心
    ⑤专卖店（不含商场中的专卖店）　⑥其他
13. 您认为城里人找工作主要有哪些困难？（请选出最主要的4项）
    ①进城务工人员太多　　　　②对找工作没信心
    ③工资太低，提不起就业动力　√④没技术特长
    √⑤就业竞争太激烈　　　　　√⑥社会没有足够的就业岗位
    ⑦文凭低　　　⑧年龄大　　　⑨其他
14. 您知道本地的最低工资标准吗？　①是　　√②否

2. 对问卷进行编码

现在依据编码手册对上述问卷进行编码，编码结果填写在问卷右边空白处的短横线上。

问卷编号：__1__ __001__

昆明市低保制度实施状况调查（居民）问卷

尊敬的女士／先生：

　　您好！我们是××大学的学生，现在正在进行一项城市低保制度实施状况的社会调查，目的是了解城市居民生活和就业的真实情况，为相关部门制定有关政策提供科学依据和建议。您的状况将代表许多和您相似的居民的状况，对本次调查十分重要。填写

问卷时我们不记名,因此对您不会有任何不利影响,请您不要顾虑。本次调查大约要占用您15分钟的时间,我们真诚地希望您能协助我们完成这项调查。

感谢您的合作,衷心祝愿您身体健康,万事如意!

××大学××系
××年××月

填写说明:请在符合您的情况的选项前打"√",或在横线上填写相应的内容。

1. 您的性别:√①男　②女　　　　　　　　　　　　　　　　　　　　1
2. 您出生于哪一年:19_68_年。　　　　　　　　　　　　　　　　　68
3. 您的文化程度:　　　　　　　　　　　　　　　　　　　　　　　3
   ①未受过学校教育　②小学　√③初中　④高中(中专/职高)
   ⑤大专　　　　　　⑥本科　⑦研究生及以上
4. 您的职业:　　　　　　　　　　　　　　　　　　　　　　　　　02
   ①下岗失业　　　　√②一般工人　　③企业专业技术人员
   ④企业管理人员　　⑤公务员　　　⑥教师或科研人员
   ⑦个体工商户　　　⑧服务业受雇者　⑨退休　⑩其他
5. 您家现在有_3_人(以户口在一起为准),总共_2_代人,有工作的人共_1_位。
   　　　　　　　　　　　　　　　　　　　　　　　　　3　2　1
6. 您的住房类型是:　　　　　　　　　　　　　　　　　　　　　　2
   ①单位公房　　　　√②已购单位房　③集资房　④商品房
   ⑤租赁房　　　　　⑥借住房　　　⑦其他
7. 您目前的住房面积是_50_平方米。　　　　　　　　　　　　　　050
8. 您对当前的居住状况的感受是:　　　　　　　　　　　　　　　　4
   ①非常满意　②比较满意　③一般　√④不太满意
   ⑤很不满意
9. 您家所在的位置属于哪个区:　　　　　　　　　　　　　　　　　2
   ①五华区　　√②盘龙区　③官渡区　④西山区
   ⑤其他
10. 您对自家经济条件的感受是:　　　　　　　　　　　　　　　　　4
    ①非常满意　②比较满意　③一般　√④不太满意
    ⑤很不满意
11. 您日常交往的主要对象是:(选多少项不限)　　　　　　　　100100
    √①亲戚　②朋友　③邻居　√④同事(包括以前的)
    ⑤很少交往　⑥其他
12. 您通常在哪里购物?(请选出您最常去的两个地方)　　　　　　2　3
    ①附近商店　√②农贸市场　√③超市　④百货商场或购物中心
    ⑤专卖店(不含商场中的专卖店)　⑥其他
13. 您认为城里人找工作主要有哪些困难?(请选出最主要的4项)
    　　　　　　　　　　　　　　　　　　　　　　　　4　5　6　0
    ①进城务工人员太多　　②对找工作没信心

③工资太低，提不起就业动力	√④没技术特长	
√⑤就业竞争太激烈	√⑥社会没有足够的就业岗位	
⑦文凭低	⑧年龄大	
⑨其他		
14. 您知道本地的最低工资标准吗？	①是　　√②否	2

四、实训小结

问卷编码是调查资料处理的一项基础性工作。在满足最大限度地利用原始问卷资料的前提条件下，合理确定编码规则，尽可能地简化数据，以便后面环节减少资料录入的工作量；在此基础上编制问卷编码手册，根据编码手册对问卷进行编码，这不仅有助于降低问卷编码过程中出错的概率，也有助于提高资料处理的效率。对问卷进行编码时，代码值是研究者自己设定的，不同的研究者虽然可以根据自己的偏好做不同的赋值，但在赋值时应当遵循习惯做法。未填写问题的答案以及特殊答案的赋值应当选用答案赋值中不容易出现的数字。问卷编码工作应认真细致，尽可能降低出错率。

任务二　数 据 录 入

学习目标

本任务主要学习数据录入方法，包括从 SPSS 数据编辑窗口录入数据和利用 SPSS 程序录入数据。通过学习，学会从 SPSS 数据编辑窗口中录入数据，能够编制 SPSS 程序。

理论知识

一、SPSS 入门知识

SPSS 是 Statistical Package for Social Science 的简称，意即社会科学统计软件包。SPSS 是世界知名的统计分析软件之一，被广泛运用于经济、财政、金融、营销、会计、管理及人文社会科学等领域。

（一）SPSS 的工作界面

SPSS 由多个窗口组成，每个窗口都有自己的作用，其中最重要的窗口有 3 个，即数据编辑窗口、输出窗口和语句窗口。下面将以 SPSS23.0 版为例，对这 3 个窗口进行介绍。SPSS23.0 版的输出和用户界面提供多种语言，用户可以在主菜单"编辑"的下拉菜单"选项"对话框中进行设置。

1. 数据编辑窗口

打开 SPSS 后，其默认窗口就是数据编辑窗口（即数据编辑器）。数据编辑窗口包括两个视窗：一是数据视窗（也称数据视图），用于编辑数据；二是变量视窗（也称变量视图），用于编辑变量。

注意：在数据视窗中输入数据之前必须先在变量视窗中定义变量。

数据编辑窗口界面从上至下依次是标题栏、菜单栏、工具栏、编辑栏、变量栏、编辑区、视窗切换标签和状态栏。

（1）标题栏。位于数据编辑窗口的最上方，用于显示当前打开的文件的名称，以及最小化、最大化和关闭按钮。

（2）菜单栏。列出了"文件""编辑""查看""数据""转换""分析""直销""图形""实用程序""窗口"和"帮助"等 11 个命令菜单。

（3）工具栏。列出了一些常用命令的快捷图标。

（4）编辑栏。用于输入数据，在编辑区选择了某个单元格后，在编辑栏中输入数据，该数据将显示在单元格中。

（5）变量栏。用于显示当前定义的变量的名称。

（6）编辑区。由变量名与行号组成。每一行用于输入一份问卷（即一个个案）的信息。

（7）视窗切换标签。用于切换数据视窗和变量视窗。

（8）状态栏。位于数据编辑窗口的最下方，用于显示当前的运行状态。当 SPSS 等待用户操作时，会显示"IBM SPSS Statistics 处理程序就绪"的提示信息。

2. 输出窗口

输出窗口即查看器，是用于显示与管理 SPSS 统计分析结果、报表和图形的窗口。

输出窗口界面由标题栏、菜单栏、工具栏、输出导航区、输出文本区和状态栏构成。

标题栏、菜单栏、工具栏、状态栏与数据编辑窗口的大同小异。需要注意的是，输出窗口的菜单栏由 13 个命令菜单构成，与数据编辑窗口菜单栏相比，新增了"插入"和"格式"两个命令菜单。工具栏的图标按钮随着功能窗口的变化而变化。

输出导航区和输出文本区一左一右，并列于工具栏和状态栏之间。输出导航区以树形结构列出输出信息的提纲，是浏览输出信息的导航器。输出文本区主要用于显示标题、文本、表格和统计图等输出信息。用户可以使用鼠标、键盘和编辑菜单中的各种命令对该区中的内容进行编辑。

3. 语句窗口

语句窗口即语法编辑器，用于编制 SPSS 程序。

语句窗口界面从上至下依次是标题栏、菜单栏、工具栏、语句编辑区和状态栏。

标题栏、菜单栏、工具栏和状态栏与数据编辑窗口的基本相同。所不同的是，语句窗口的菜单栏由 13 个命令菜单构成，与数据编辑窗口菜单栏相比，新增了"运行"和"工具"两个命令菜单。

语句编辑区位于工具栏与状态栏之间，左边用于显示命令语句列表，右边用于输入或编辑 SPSS 命令语句。

（二）SPSS 的启动与退出方法

（1）启动 SPSS 主要有 3 种方法。一是使用"程序"菜单打开 SPSS，依次单击"开始"→

"所有程序"→"IBM SPSS Statistics"→"IBM SPSS Statistics 23";二是双击桌面上的 SPSS 快捷图标;三是双击 SPSS 文件(假定用户已创建过 SPSS 文件),或者将鼠标置于 SPSS 文件上,单击鼠标右键,弹出快捷菜单,再用左键单击"打开"命令。

(2)退出 SPSS 的方法有三种。一是直接单击 SPSS 窗口右上角的"关闭"按钮;二是单击 SPSS 窗口标题栏最左边的图标,在弹出的快捷菜单中选择"关闭"命令;三是在桌面任务栏上,用鼠标右键单击 SPSS 文件最小化图标,在弹出的快捷菜单中选择"关闭"命令。

二、数据录入方法

数据录入就是将编码后所形成的数码输入计算机。数据录入的方式主要有两种:一种是直接录入,即直接把问卷上已编好的数码输入计算机;另一种是转录录入,即先将问卷上已编好的数码誊抄到专门的登录表上,再从登录表上将数码输入计算机。这两种方式各有优点,也各有缺点。直接录入的优点是减少了数据录入的中间环节,有助于降低总的出错概率;缺点是由于问卷信息是一页一页地录入的,因此录入时需要不断地翻动问卷,这样录入的速度相对较慢。转录录入的优点是方便计算机录入人员快速录入;缺点是由于多了誊抄这样一个中间环节,而每一个中间环节都存在出错的可能性,因而总的出错概率往往会增大。

数据录入需要借助一定的计算机软件来进行。在这里,主要介绍从 SPSS 软件中直接录入数据的方法。其具体做法有二:一是直接从 SPSS 数据编辑窗口中录入数据,采用这一方法时需要先在变量视窗中对变量的名称、类型、宽度、小数位数、变量标签、变量值标签、缺失值、显示列宽、对齐方式以及测量尺度等项目进行定义,然后再在数据视窗中录入数据;二是在 SPSS 程序中录入数据,SPSS 数据录入程序主要由 title、data list、variable label、value label、missing value、begin data、end data 等基本命令语句构成。

实作训练

一、任务描述

在 SPSS 中创建一个名为"昆明市低保制度实施状况调查"的数据文件,并在此数据文件中直接录入任务一中已经编好码的问卷信息。

二、任务分析

在这一实作训练中,需要完成启动 SPSS、录入数据、创建 SPSS 数据文件等操作。

三、操作过程

(一)启动 SPSS

启动 SPSS 的方法有 3 种,这里选择从"程序"菜单中启动 SPSS。打开 SPSS 后会出现一个对话框,在该对话框中有"新数据集""最近的文件"等内容(见图 7-1),用户可以双击"新数据集",开始创建一个新的 SPSS 文件;也可以从"最近的文件"中选择并打开一个最近操作过的文件。我们将学习如何在 SPSS 创建一个数据文件,可以双击"新数据集",也可以不用这个对话框,直接关闭它。此时,显示在屏幕上的是数据编辑窗口(即数据编辑器),如图 7-2 所示。

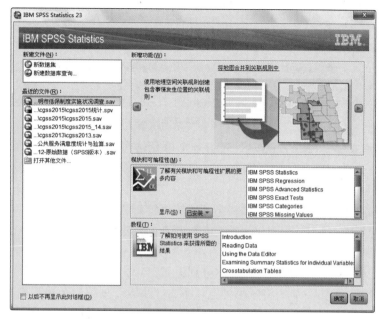

图 7-1　用程序菜单启动 SPSS 时出现的对话框

图 7-2　SPSS 数据编辑窗口

(二)在 SPSS 数据编辑窗口中录入数据

1. 定义变量

单击"变量视图",依据《昆明市低保制度实施状况调查(居民)问卷编码手册(节选)》,在"变量视图"中对变量逐个进行定义。下面分别以对第一个项目"编号"、第二个项目"问题 1"进行定义为例进行讲解。

(1)对"编号"进行定义。

1)定义变量名称。在"名称"列第一个单元格中输入 QN,此时,其他列中会出现 SPSS 默认值(见图 7-3)。

154 / 社会调查方法

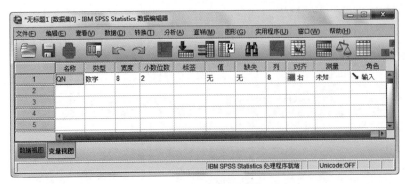

图 7-3　变量名的输入

2）确定变量类型。单击"类型"列第一个单元格右端的删节符号，此时会弹出"变量类型"对话框，系统默认为数字型变量，总宽度为 8 个字符，其中包括小数点和两位小数（见图 7-4），选择"数字（N）"。

3）设置变量宽度和小数位。宽度和小数位的设置有两种方法：

一是在"变量类型"对话框中设置。由于调查的样本容量只有几百份，因此应将"问卷编号"这一变量设定为 3 个字符宽，没有小数（见图 7-5）。

二是在"宽度"和"小数位数"列中分别设置。单击"宽度"列第一个单元格右端的上箭头将增大列宽，单击下箭头将减小列宽；单击"小数"列第一个单元格右端的上箭头将增加小数位，单击下箭头将减少小数位（见图 7-6）。特别注意：由于设定宽度是包含小数位数的，所以，应先设定小数位数，再设定宽度。

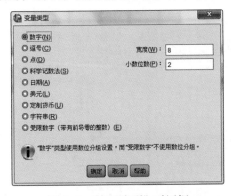　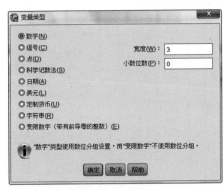

图 7-4　"变量类型"对话框　　图 7-5　在"变量类型"对话框中设置宽度和小数位数

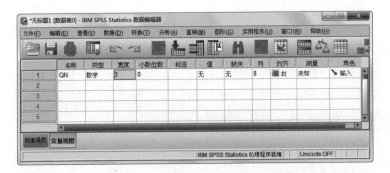

图 7-6　在"宽度"和"小数位数"列分别设置宽度和小数位数

4）定义变量标签和值标签以及缺失值。在"标签"列第一个单元格中输入"问卷编号"。由于"问卷编号"是一个连续型变量，不需要输入值标签；又由于问卷是连续编号的，不存在缺失值，所以"值"和"缺失"两列不用输入，直接采取系统默认值"无"即可，如图7-7所示。

5）定义显示列宽。"列"这一列中定义的是显示列宽。系统默认显示列宽是8个字符宽，可以像设置"宽度"那样，通过单击上、下箭头来改变显示列宽。

6）设置对齐方式。在SPSS中有3种数据对齐方式，分别是左对齐、右对齐和居中对齐。系统默认为右对齐，用户可以通过单击"对齐"列第一个单元格右端的下箭头，在弹出的对齐方式列表中选择所希望的对齐方式。

7）定义变量测量尺度。在SPSS中有3种变量测量尺度，分别是名义尺度（也称定类尺度）、有序尺度（也称定序尺度）和标度尺度（包括定距尺度和定比尺度，SPSS中不再区分这两种尺度）。系统默认为标度尺度，用户可以通过单击"测量"列中第一个单元格右端的下箭头，在弹出的尺度列表中选择所希望的测量尺度。

图7-7 定义变量标签、值标签和缺失值

（2）对"问题1"进行定义。

"名称""类型""宽度""小数位数""标签""列""对齐"和"测量"等列的设置方法与第一个项目"编号"的设置方法相同。故这里只介绍"值"和"缺失"两列的设置。

由于"性别"是一个定类变量，因此需要对赋值规则进行设置。单击"值"列第二个单元格中的删节符号，此时会弹出"值标签"对话框（见图7-8），在"值"和"标签"中分别输入"1"和"男"，此时"添加"按钮会变亮，单击此按钮，第一个变量值定义成功，并显示在右侧的长方形框中。用同样的方法定义第二个变量值，如图7-9所示。

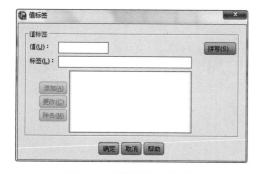

图7-8 "值标签"对话框

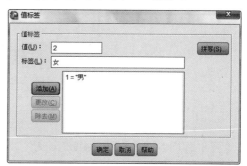

图7-9 定义变量值

"缺失"列用于定义缺失值,在编码手册中,用"0"表示性别未填写的情况。因此,应该将缺失值设置为"0"。单击"缺失"列第二个单元格中的删节符号,此时会弹出"缺失值"对话框(见图7-10),选择"离散缺失值"选项,并将"0"输入到第一个长方形框中,单击"确认"。

图 7-10 "缺失值"对话框

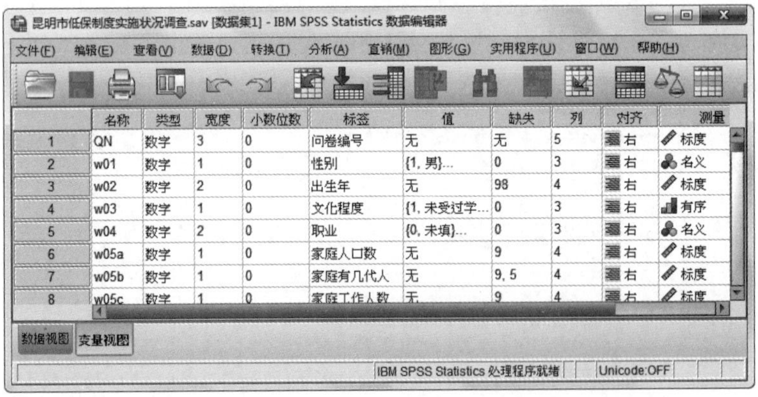

用同样的方法对其他变量逐个进行定义。变量定义好了以后,单击工具栏中的"保存"图标(也可选择"文件"菜单中的"保存"或"另存为"),并给文件取名为"昆明市低保制度实施状况调查",及时保存文件(见图7-11),以备录入数据之用。

图 7-11 昆明市低保制度实施状况调查数据文件

2. 录入数据

切换到"数据视图"。在第一行中录入第一份问卷的数字信息(指已编好的代码)(见图7-12);在第二行中录入第二份问卷的数字信息;依此类推,直到把所有的问卷信息都输入完毕为止。

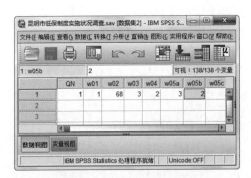

图 7-12 录入问卷的数字信息

(三)利用 SPSS 程序创建数据文件

利用《昆明市低保制度实施状况调查(居民)问卷编码手册(节选)》与已填写的第

一份问卷（节选），在 SPSS 语句窗口（语法编辑器）中编制如下 SPSS 程序，并将此程序保存为"昆明市低保制度实施状况调查 .sps"：

```
title ' 昆明市低保制度实施状况调查 '.
data list /QN 1-3 w01 4 w02 5-6 w03 7 w04 8-9 w05a 10 w05b 11 w05c 12 w06 13 w07 14-16 w08 17 w09 18 w10 19 w11_1 20 w11_2 21 w11_3 22 w11_4 23 w11_5 24 w11_6 25 w12a 26 w12b 27 w13a 28 w13b 29 w13c 30 w13d 31 w14 32.
variable label QN ' 问卷编号 '
/w01 ' 性别 '
/w02 ' 出生年 '
/w03 ' 文化程度 '
/w04 ' 职业 '
/w05a ' 家庭人口数 '
/w05b ' 家庭有几代人 '
/w05c ' 家庭工作人数 '
/w06 ' 住房类型 '
/w07 ' 住房面积 '
/w08 ' 您对当前的居住状况的感受 '
/w09 ' 您家所在的位置属于哪个区？'
/w10 ' 对自家经济条件的感受 '
/w11_1 ' 日常交往的主要对象是亲戚 '
/w11_2 ' 日常交往的主要对象是朋友 '
/w11_3 ' 日常交往的主要对象是邻居 '
/w11_4 ' 日常交往的主要对象是同事 '
/w11_5 ' 日常交往很少 '
/w11_6 ' 日常交往的主要对象是其他人 '
/w12a ' 您通常在哪里购物之一？'
/w12b ' 您通常在哪里购物之二？'
/w13a ' 您认为城里人找工作主要有哪些困难之一？'
/w13b ' 您认为城里人找工作主要有哪些困难之二？'
/w13c ' 您认为城里人找工作主要有哪些困难之三？'
/w13d ' 您认为城里人找工作主要有哪些困难之四？'
/w14 ' 您知道本地的最低工资标准吗 '.
value label w01 1 ' 男 ' 2 ' 女 '
/w03 1 ' 未受过学校教育 ' 2 ' 小学 ' 3 ' 初中 ' 4 ' 高中（中专 / 职高）' 5 ' 大专 ' 6 ' 本科 ' 7 ' 研究生及以上 '
/w04 1 ' 下岗失业 ' 2 ' 一般工人 ' 3 ' 企业技术人员 ' 4 ' 企业管理人员 ' 5 ' 公务员 ' 6 ' 教师或科研人员 ' 7 ' 个体工商户 ' 8 ' 服务业受雇者 ' 9 ' 退休 ' 10 ' 其他 '
/w06 1 ' 单位公房 ' 2 ' 已购单位房 ' 3 ' 集资房 ' 4 ' 商品房 ' 5 ' 租赁房 ' 6 ' 借住房 ' 7 ' 其他 '
/w08, w10 1 ' 非常满意 ' 2 ' 比较满意 ' 3 ' 一般 ' 4 ' 不太满意 ' 5 ' 很不满意 '
/w09 1 ' 五华区 ' 2 ' 盘龙区 ' 3 ' 官渡区 ' 4 ' 西山区 ' 5 ' 其他 '
/w11_1, w11_2, w11_3, w11_4, w11_5, w11_6 1 ' 是 ' 0 ' 否 '
```

/w12a, w12b 1'附近商店'2'农贸市场'3'超市'4'百货商场或购物中心'5'专卖店（不含商场中的专卖店）'6'其他'
/w13a, w13b, w13c, w13d 1'进城务工人员太多'2'对找工作没信心'3'工资太低，提不起就业动力'4'没技术特长'5'就业竞争太激烈'6'社会没有足够的就业岗位'7'文凭低'8'年龄大'9'其他'
/w14 1'是'2'否'.
missing value w01(0)，w02(98)，w03(0)，w04(00)，w05a(0)，w05b w05c(9)，w06(0)，w07(989)，w08 to w10(0)，w11_1 to w11_6(9)，w12a to w14(0).
begin data.
001168302321205042410010023456O2
end data.

单击"运行（R）"（见图7-13），在弹出的菜单中选择"全部（A）"，运行全部语句，将得到一个未命名的SPSS数据文件，单击"保存"，将此文件取名并保存为"昆明市低保制度实施状况调查.sav"（见图7-14）。

注意：此时"测量"列所显示的大多是名义尺度，不一定与变量的实际测量尺度相符，可以根据实际情况手动修改变量的测量尺度。首次保存文件时单击"保存"或"另存为"都可以，保存时只输入文件名，不必输入文件扩展名。

图7-13 运行SPSS程序

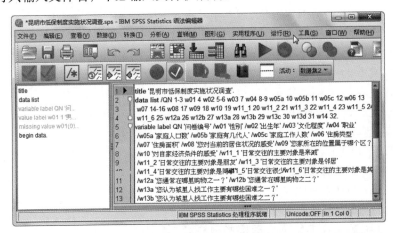

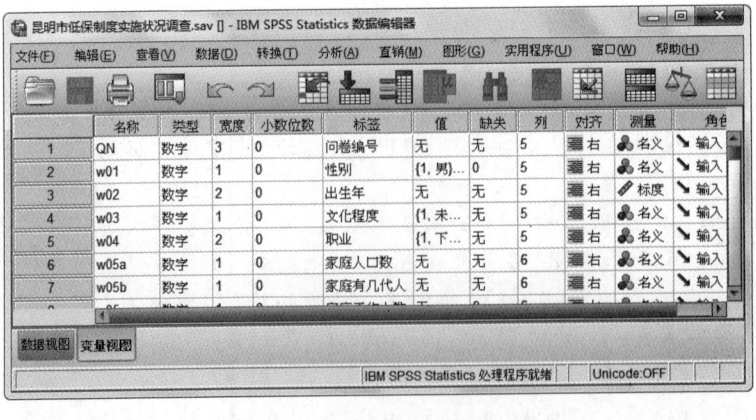

图7-14 生成SPSS数据文件

四、实训小结

数据录入是将已经编码的问卷资料，按照社会调查统计软件的格式要求，将数据输入计算机。本实训以昆明低保制度实施状况调查问卷资料为例，详细展示了如何利用 SPSS 数据编辑器和语法编辑器两种方法录入数据，生成 SPSS 数据库。SPSS23.0 可以同时打开多个数据编辑器、查看器和语法编辑器。如果当前打开了多个数据编辑器、查看器和语法编辑器，则可以直接单击标题栏或最小化图标来激活它。显示列宽与变量宽度是两个不同的概念，显示列宽一般要大于或等于变量宽度，同时还要考虑变量名所占宽度。在 SPSS 中，变量的测量尺度分为名义尺度、有序尺度和标度尺度 3 种类型。在语法编辑器中输入数据时，最好选择在半角状态下输入。SPSS 语法文件要求使用半角状态下的标点符号（引号中的标点符号除外），否则运行时会出错。

数据录入

任务三　数　据　清　理

学习目标

本任务主要学习数据有效范围清理和逻辑一致性清理的方法。通过学习，学会对数据进行有效范围清理和逻辑一致性清理。

理论知识

在调查资料编码和录入的过程中，虽然工作人员会尽可能小心细致地工作，但还是可能出现一些小的差错。因此，数据录入完毕以后，需要对 SPSS 数据文件中的数据进行清理。下面介绍两种常用的数据清理方法。

一、数据有效范围清理

1. 何为数据有效范围清理

数据有效范围清理是指将超出答案赋值有效范围的值找出来，并根据原始问卷信息进行修正。

由于问卷中任何一个变量的取值都有一定的范围，其编码值就在这个范围内。比如，"性别"这一变量的取值有 3 种情况：1="男"，2="女"，0="未填写"，相应地，其编码值就只有 0、1、2 这 3 个数字，也即 0、1、2 是"性别"这一变量的有效范围。超出这一范围的数字就是错误的，应当找到原始问卷对其进行核对与纠正。如果发现错误来自原始问卷本身，那就把它当作未填写来处理。如果一份问卷中错误太多，则应当考虑将这份问卷作废卷处理，取消其全部数据。

2. 数据有效范围清理的方法

在 SPSS 中，数据有效范围清理的具体方法是：通过执行变量的频率分布统计命令。该命令位于菜单栏"分析"菜单的"描述统计"命令中,由此获得变量的频数、频率分布表。观察表中的有效值一列,看看是否有超出有效范围的数字出现。如果有,则应当返回到数据视图中,将光标置于待查找变量一列的任何单元格中,在"编辑"菜单中选择"查找"命令,将超出有效范围的数字找出来,再看看该数字所在行对应的问卷编号,最后找到相应的原始问卷,根据原始问卷的信息对数据文件中的数字进行纠正。

二、数据逻辑一致性清理

1. 数据逻辑一致性清理的含义

数据逻辑一致性清理是指利用变量与变量之间内在的逻辑关系,对前后数据的合理性进行检验。其前提条件就是要弄清问卷中不同变量之间的关系。

在一份问卷中,不同变量之间可能存在某种逻辑关系。比如,在相倚问题中,对过滤性问题的不同回答将决定是否需要回答其后续性问题。

例7-1 » 相倚问题

过滤性问题:您正在上大学吗?

①是 ②否

后续性问题:您是大学几年级学生?

①大一 ②大二 ③大三 ④大四

如果某个调查对象在前一问题中选择了"②否",则其编码为"2",那么在后一个问题中,他就应当不填写才对,即后一问题的编码值应当为"0",表示"未填写"。

例7-2 » 存在数量关系的变量

在一份问卷中,有这样两个问题:

请问您的年龄:____周岁。

请问今年您母亲多大了?____周岁。

根据生理学的知识,人口统计中一般将 15～49 岁的女性视作育龄妇女。据此,母亲与其第一个子女的最小年龄差一般不小于 14 岁,与其最后一个子女的最大年龄差一般不大于 50 岁。如果某份问卷中这两个变量的差值太小或者太大,那么我们就应当质疑其数据的真实性。

2. 数据逻辑一致性清理的方法

在 SPSS 中,对于相倚问题,可以直接用"交叉表分析"命令,获得两个相倚变量的交叉表,并观察表中是否有不应当出现的统计数字。如果有,则使用菜单栏"数据"菜单中的"选择个案"命令,选出不需要回答后续性问题的个案,并在其中查找不应该出现的数字,最后与原始问卷进行核对并修正,查找的方法与有效范围清理相同。

对于存在数量关系的两个或多个变量,可以通过创建新变量(创建新变量的方法将在本项目任务四中进行介绍)的方法检查其逻辑一致性。比如,在上述例 7-2 中,可以构建"年龄差"这样一个新变量,年龄差 = 母亲的年龄 - 调查对象的年龄,并为"年龄差"生成频数、频率分布表,看看是否有年龄差太小或者太大的情况。如果有,则应通过"查找"命令把它找出来,并与相应的原始问卷进行核对。

实作训练

一、任务描述

利用"昆明市低保制度实施状况调查"SPSS 数据文件（截取了 232 个个案的信息），练习数据的有效范围清理和逻辑一致性清理。

二、任务分析

这一实作训练包括两个任务：一是数据的有效范围清理。可以选择"性别"这一变量来做练习。为了创设仿真情境，可以先将其中 3 个个案的 w01（性别）变量的值分别改为 5、7、8，然后再进行清理。二是数据的逻辑一致性清理。这就需要先分析不同变量之间的逻辑关系。由于变量 w42（您家现在享受低保吗？）与变量 w44（您家领取低保以后，您感觉有人歧视你们吗？）之间存在相倚关系，因此可以用来做逻辑一致性清理的练习。同样，为了创设仿真情境，可以先将 w42 中的若干个编码值为 1（即回答了"是"）的个案数据改为 2（即回答了"否"）。

三、操作过程

1. 预备工作：创设仿真情境

打开"昆明市低保制度实施状况调查"SPSS 数据文件，进入数据编辑窗口的数据视图，将问卷编号为 23、30、43 的个案信息中的 w01（性别）编码值由原来的 1 分别改为 5、7、8（见图 7-15），将问卷编号为 23、30、43 的个案信息中的 w42（您家现在享受低保吗？）编码值由原来的 1 分别改为 2（见图 7-16）。

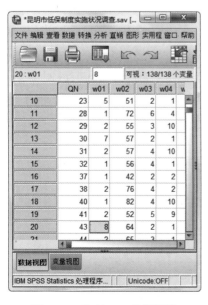

图 7-15　改变 w01 的编码值　　　　图 7-16　改变 w42 的编码值

2. 数据的有效范围清理

（1）执行"分析（A）"→"描述统计"→"频率（F）…"命令，将"性别 [w01]"从左边的变量列表中选入右边的方框中（见图 7-17），单击"确定"按钮，得到 w01 的频率分布表（见表 7-1）。

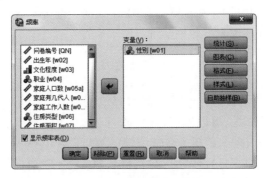

图 7-17 "频率"对话框

表 7-1 变量 w01 的频率分布表

项	目	频 率	百分比（%）	有效百分比（%）	累计百分比（%）
有效	男	108	46.6	46.6	46.6
	女	121	52.2	52.2	98.8
	5	1	0.4	0.4	99.2
	7	1	0.4	0.4	99.6
	8	1	0.4	0.4	100.0
	合 计	232	100.0	100.0	

依据编码手册，性别的取值只有 0、1、2 三种情况，表中 5、7、8 三个数字超出了取值的有效范围，需要清理。

（2）将光标置于 w01 所在列的任意一个单元格。

（3）执行菜单栏"编辑"菜单中的"查找"命令，在弹出的"查找和替换"对话框中输入"5"（见图 7-18），单击"查找下一个（F）"按钮，即可查找到超出有效范围的数字 5，找到其对应的问卷编号，然后与原始问卷进行核对并修正。用同样的方法把 7、8 两个数字找出来，并进行修正。

图 7-18 "查找和替换"对话框

3. 数据的逻辑一致性清理

（1）执行"分析（A）"→"描述统计"→"交叉表（C）…"命令，将"[w42]"从左边的变量列表中选入右上方的方框中，将"[w44]"从左边的变量列表中选入右边中间的方框中（见图7-19），单击"确定"按钮，得到w42与w44交叉表（见表7-2）。

在表7-2中，"否"所对应的行中出现了统计数字3，表明有3个非低保户调查对象在w44中填写了"没有"。而事实上，他们是不应该回答这一问题的。

图7-19 "交叉表"对话框

表7-2 w42与w44交叉表

		w44 您家领取低保以后，您感觉有人歧视你们吗？		合　计
		有	没有	
w42 您家现在享受低保吗？	是	33	52	85
	否	0	3	3
合　计		33	55	88

（2）执行"数据（D）"→"选择个案（S）…"命令，在弹出的"选择个案"对话框中单击第二个选项"如果条件满足（C）"（见图7-20），单击"如果（I）…"按钮。

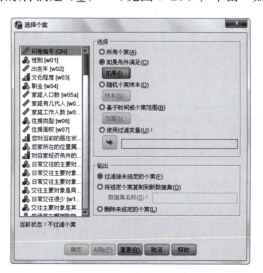

图7-20 "选择个案"对话框

接着在弹出的"选择个案：If"对话框中输入"w42=2"，单击"继续"按钮（见图 7-21），返回"选择个案"对话框，单击"确定"按钮。这样，在变量 w42 中回答"2"（否）的个案就被选择出来了，其他个案则被标上删除标记（见图 7-22）。

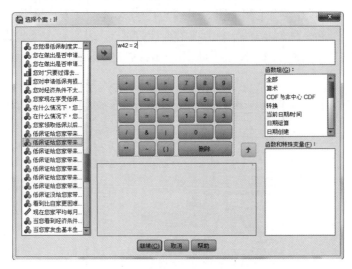

图 7-21 "选择个案：If"对话框

图 7-22 不满足"w42=2"的个案被标上了删除标记（/）

（3）选中变量 w44，将变量值按降序排序，观察满足"w42=2"的个案（即没有删除标记（/）的个案）在变量 w44 上的选择，很快就会发现在变量 w42 中选择"2"的个案在变量 w44 也回答的有 3 个（见图 7-23）。这 3 个个案的数据是存在问题的，要么是变量 w42 中的数据有误，要么就是变量 w44 中的数据有误，应当将其与原始问卷进行核对。

项目七　资料处理 / 165

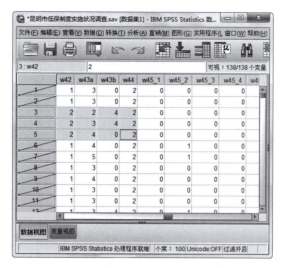

图 7-23　w42 与 w44 存在逻辑一致性问题的个案

四、实训小结

数据清理是对已经录入的问卷数据进行质量监控的一项工作。本实训利用"昆明低保制度实施状况调查"SPSS 数据库，详细展示了如何对数据进行有效范围清理和逻辑一致性清理。有效范围清理是数据清理的一种常用方法，对定类和定序数据尤其有用；逻辑一致性清理必须满足一个前提条件才能用，那就是待清理的两个变量之间存在某种可供利用的逻辑关系。利用已有数据进行数据清理时，为了创设仿真情境而修改数据之前，应注意做好数据文件的备份工作。

数据清理

任务四　数 据 转 化

学习目标

本任务主要学习变量重新赋值和利用已有变量创建新变量的方法。通过学习，学会变量的重新赋值和利用已有变量创建新变量。

理论知识

在数据清理工作完成以后，研究者可以根据自己的研究需要，对数据进行某种形式的转化，以提高资料的利用率。下面将介绍在 SPSS 中常用的两种数据转化方式。

一、变量的重新赋值

变量重新赋值（即重新编码）是指利用 SPSS 数据文件中原有的变量值，生成新的变量值，分为两种情况：一是不改变原来的变量名，只用新值取代旧值；二是生成新值的同时生成新变量名。其具体方法有二：一是执行菜单栏"转换（T）"菜单中的"重新编码为相同的变量（S）..."命令，此时将生成新的变量值，原变量名不变，即用新值替代旧值；二是执行菜单栏"转换（T）"菜单中的"重新编码为不同变量（R）..."命令，此时将生成新的变量值，同时生成一个新的变量名，原变量名及其赋值都不变。新生成的变量会自动添加在最后一个变量的后面。

例如，在《昆明市低保制度实施状况调查（居民）问卷》中有这样一个问题：

3. 您的文化程度：
①未受过学校教育　　　　②小学
③初中　　　　　　　　　④高中（中专/职高）
⑤大专　　　　　　　　　⑥本科
⑦研究生及以上

现在根据研究需要，要求把原来的 7 个选项合并为如下 4 个选项：
①小学及以下　　　　　　②中学（初中/高中/中专/职高）
③大学（专科/本科）　　　④研究生及以上

变量 w03 的重新赋值与重新赋值方法分别见表 7-3 和表 7-4。

表 7-3　变量 w03 的重新赋值

原　始　编　码	新　编　码
1 ' 未受过学校教育 '	
2 ' 小学 '	1 ' 小学及以下 '
3 ' 初中 '	2 ' 中学（初中/高中/中专/职高）'
4 ' 高中（中专/职高）'	3 ' 大学（专科/本科）'
5 ' 大专 '	4 ' 研究生及以上 '
6 ' 本科 '	
7 ' 研究生及以上 '	

表 7-4　变量 w03 的重新赋值方法

重新编码为相同变量的方法	重新编码为不同变量的方法
变量名：w03	变量名：xw03
原编码 1 与 2 → 新编码 1	原编码 1 与 2 → 新编码 1
原编码 3 与 4 → 新编码 2	原编码 3 与 4 → 新编码 2
原编码 5 与 6 → 新编码 3	原编码 5 与 6 → 新编码 3
原编码 7 → 新编码 4	原编码 7 → 新编码 4

二、利用已有变量创建新变量

在 SPSS 中，研究者可以根据自己的研究需要，利用数据文件中已有的连续型变量，通过一定的换算，创建新的变量。

例如，在《昆明市低保制度实施状况调查（居民）问卷》中有这样一个问题：

2. 您出生于哪一年：19____年。

现在需要知道调查对象的年龄。为此，我们可以通过"出生年"这一已有变量，创建 xw02（年龄）这样一个新的变量。其计算式为：xw02=2006-1900-w02（说明：式中 2006 指调查实施年）。具体方法是：在 SPSS 中执行菜单栏"转换（T）"菜单中的"计算变量（C）…"命令。

实作训练

一、任务描述

利用"昆明市低保制度实施状况调查"SPSS 数据文件，练习变量的重新编码和利用已有变量创建新变量。

二、任务分析

这是一项数据转化工作。首先要确定需要做数据转化的变量，我们可以借助"理论知识"中所提到的"文化程度"这个变量，来练习变量重新编码的相关操作，借助"出生年"这个变量，完成利用已有变量创建新变量的相关操作。

三、操作过程

打开"昆明市低保制度实施状况调查"SPSS 数据文件，进入数据编辑窗口。

（一）变量的重新编码

1. 重新编码为相同变量

（1）依次执行"转换（T）"→"重新编码为相同的变量（S）…"命令，弹出"重新编码为相同的变量"对话框（见图 7-24）。

（2）从左边的变量列表中将"文化程度 [w03]"选入右边的变量框中。此时，"旧值和新值（O）…"按钮变亮，表示该按钮已被激活，单击"旧值和新值（O）…"按钮（见图 7-25），进入"重新编码为相同变量：旧值和新值"对话框（见图 7-26）。

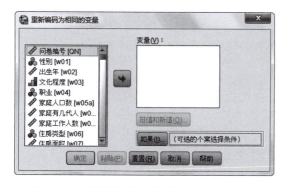

图 7-24 "重新编码为相同的变量"对话框

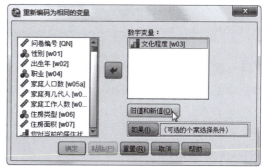

图 7-25 激活状态中"旧值和新值（O）…"按钮

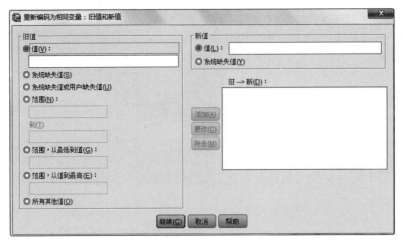

图 7-26 "重新编码为相同变量：旧值和新值"对话框

（3）在"旧值"框中单击第四个选项"范围（N）："，并在"范围（N）："下面的两个框中分别输入"1"和"2"，再在"新值"框"值（L）："后的长方形框输入"1"，此时"添加（A）"按钮变亮，单击此按钮（见图 7-27），新旧值就添加到"旧→新（D）："框中了。用同样的方法将旧值"3"和"4"转化为新值"2"，旧值"5"和"6"转化为新值"3"。接着，在"旧值"框中单击第一个选项，将旧值"7"输入选项下面的框中，将新值"4"输入"新值"框"值（L）："后的长方形框中，单击"添加（A）"按钮。最后，在"旧值"框中单击第三个选项"系统缺失值或用户缺失值（U）"，在"新值"框中单击第二个选项"系统缺失值（Y）"，即把旧值中的系统或用户缺失值统一替换为系统缺失值，单击"添加（A）"按钮。新旧值输入完毕，单击"继续（C）"按钮（见图 7-28），返回"重新编码为相同的变量"对话框。

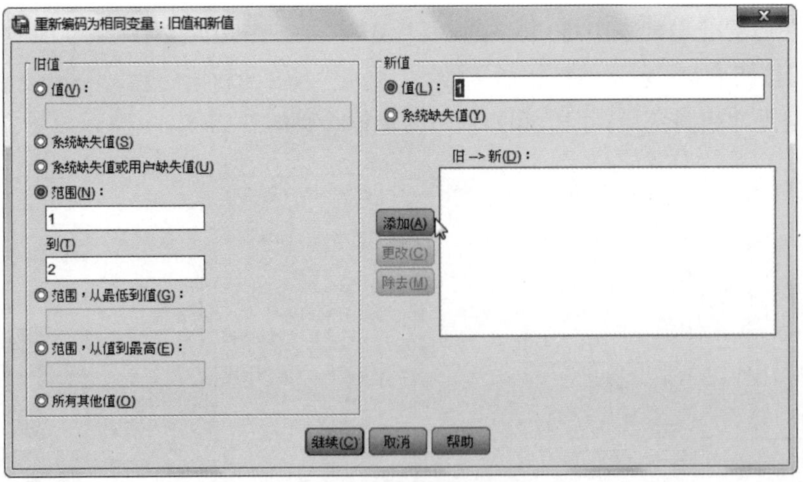

图 7-27 旧值与新值的输入

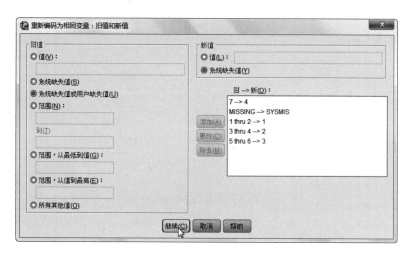

图 7-28　旧值与新值输入完毕

如果重新编码是针对某些个案的，则需要在"重新编码为相同的变量"对话框中单击"如果（I）…"按钮，进入"重新编码为相同变量：If 个案"对话框，在"在个案满足条件时包括（I）："下面的框中输入条件表达式。假如此处仅对男性个案的文化程度重新编码，那么，需要输入 w01=1（见图 7-29）。单击"继续（C）"按钮，返回"重新编码为相同的变量"对话框，单击"确定"按钮，完成操作。

如果重新编码是针对所有个案的，那么直接单击"确定"按钮即可。

图 7-29　在"重新编码为相同变量：If 个案"对话框中输入条件表达式

2. 重新编码为不同变量

（1）依次执行"转换（T）"→"重新编码为不同变量（R）…"命令，弹出"重新编码为不同变量"对话框（见图 7-30）。

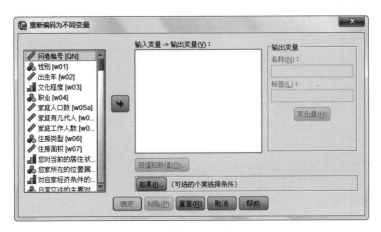

图 7-30 "重新编码为不同变量"对话框

（2）从左边的变量列表中将"文化程度 [w03]"选入右边的"输入变量→输出变量（V）："框中，在"输出变量"框中分别输入新变量名"xw03"及其标签"文化程度"（见图 7-31），单击"变化量（H）"按钮，此时"输入变量→输出变量（V）："框中的"w03 → ?"会变成"w03 → xw03"，单击"旧值和新值（O）..."按钮。后面的操作与前面所介绍的重新编码为相同变量是一样的。

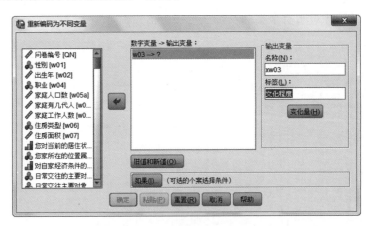

图 7-31 输入新变量名及其标签

（二）利用已有变量创建新变量

（1）依次执行"转换（T）"→"计算变量（C）..."命令，弹出"计算变量"对话框（见图 7-32）。

（2）在"目标变量（T）："框输入新变量名"xw02"，单击"类型与标签（L）..."按钮，进入"计算变量：类型和标签"对话框（见图 7-33），在"标签（L）："框中输入"年龄"，单击"继续（C）"按钮，返回"计算变量"对话框。

（3）在"数字表达式（E）："框中输入"2006-1900-w02"（见图 7-34），单击"确定"按钮，完成操作。

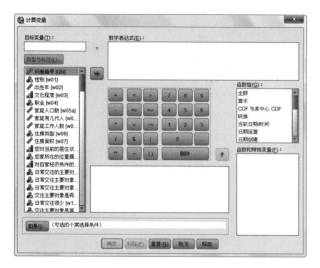

图 7-32 "计算变量"对话框　　　　　图 7-33 "计算变量：类型和标签"对话框

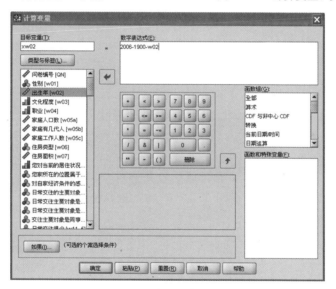

图 7-34 输入数字表达式

四、实训小结

数据转化是社会调查统计分析过程中随时可能需要用到的一项数据处理技术。根据研究需要对变量的原始数据形式进行某种变换，有助于提高数据的利用率和对数据进行深度挖掘。本实训利用"昆明低保制度实施状况调查"SPSS 数据库，详细展示了如何对变量进行重新赋值，如何通过计算，利用已有变量生成新的变量。实训过程中需要特别注意：第一，在进行数据转化之前做好数据文件的备份工作，以免造成原始数据的丢失。第二，进行数据转化操作时，SPSS 系统默认对所有个案进行数据转化。如果只对部分个案进行数据转化，则需要定义条件表达式。第三，为了保持原始数据文件的完整性，防止原始数据丢失，对变量进行重新编码时一般应选择"重新编码为不同变量（R）…"。

数据转化

本项目质量评价标准

序 号	检 测 内 容	分值（分）	评 价 标 准	得分（分）
1	编码手册制作	20	1. 每一项检测内容的评分都分为4个档次 （1）会做：85%及以上 （2）基本会做：60%～84% （3）会做一点：20%～59% （4）基本不会做：20%以下（不含20%） 2. 在每一个评分档次中，视出错的次数扣分，扣至本档最低分为止	
2	问卷编码	10		
3	创建SPSS数据文件	20		
4	数据录入	5		
5	数据有效范围清理	10		
6	数据逻辑一致性清理	10		
7	变量重新赋值	15		
8	利用已有变量创建新变量	10		
合 计		100		

知识拓展

一、变量的插入与删除

1. 变量的插入

在SPSS23.0变量视图中定义变量时，如果发现遗漏了某个变量，就需要插入一个变量。其方法有二：一是单击待插入行的行号，选定该行，单击鼠标右键，在弹出的快捷菜单中选择"插入变量（A）"；二是单击待插入行的任意位置，执行"编辑（E）"→"插入变量（A）"命令。系统会自动给新插入的变量取名，其取名从Var00001开始，依次往后推。数据类型默认为数字型。用户可以更改变量名和其他默认值。

2. 变量的删除

在SPSS23.0变量视图中，如果需要删除某个变量，则需要先单击待删除变量所在行的行号，选定该行，再单击鼠标右键，在弹出的快捷菜单中选择"清除（E）"，或按键盘上的"Delete"键一次，还可以执行"编辑（E）"→"清除（E）"命令。

补充说明：变量的插入和删除也可以在SPSS的数据视图中进行。只是操作时不再是选择待操作的行，而是选择待操作的列。

二、个案的插入与删除

1. 个案的插入

在SPSS23.0数据视图中，如果需要插入一个个案，则需要单击待插入行的行号，选定该行，单击鼠标右键，在弹出的快捷菜单中选择"插入个案（I）"；或者单击待插入行的行号或任意单元格，再执行"编辑（E）"→"插入个案（I）"命令。新插入个案的变量值被默认为系统缺失值，用户可以重新输入新值。

2. 个案的删除

在SPSS23.0数据视图中，如果需要删除一个个案，则需要单击待插入行的行号，选定该行，单击鼠标右键，在弹出的快捷菜单中选择"清除（E）"，或按键盘上的"Delete"键一次，还可以执行"编辑（E）"→"清除（E）"命令。

三、如何在 SPSS 中进行数据库文件的合并

在问卷资料录入的过程中，当问卷数量较多而由多人共同完成资料录入工作时，需要将每个人录入的数据库文件进行合并，以形成一个总的数据库文件。

假设需要两个人共同完成 500 份问卷的录入工作，每人录入 250 份，得到两个数据库文件，分别取名为 D1.sav 和 D2.sav，现在要将这两个数据库进行合并。

合并的方法如下：

（1）打开"D1.sav"，单击菜单上的"数据（D）"，再执行"合并文件（G）"→"添加个案（C）…"命令。此时，弹出如图 7-35 所示的对话框。

（2）单击"浏览（B）…"，找到待合并的数据库文件"D2.sav"，并打开它（见图 7-36）。

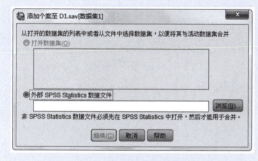

图 7-35　合并数据库文件对话框

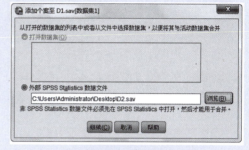

图 7-36　读取待合并的数据库文件

（3）单击图 7-36 中的"继续（C）"按钮，即可得到如图 7-37 所示的对话框。单击"确定"按钮，数据库文件的合并就完成了。

图 7-37　两个变量完全相同的数据库的合并

四、直接读取其他格式的数据文件

SPSS 可以读取的数据文件格式主要有：SPSS 数据文件、Excel 文件、dBase 系列数据文件、SAS 文件、Stata 文件等。读取的方法是：执行"文件（F）"→"打开（O）"→"数

据（A）…"命令，在弹出的"打开数据"对话框中的"文件类型（T）"中选择待打开文件的文件类型，并在"查找位置（I）："找到相应的文件，选中此文件，最后单击"打开"按钮。例如，用 SPSS 读取桌面 ABC 文件夹中的 Stata 文件"cgss2015_12.dta"（见图 7-38）。

图 7-38　SPSS 读取 Stata 文件

思考与练习

一、判断题

1. 在资料处理时，问卷编码手册可做可不做。（　　）
2. 在问卷编码时，选项一般用非数字字符作代码。（　　）
3. 问卷编码可分为预编码和后编码两种。（　　）
4. 数据的有效范围清理需要利用变量之间的逻辑关系才能进行。（　　）
5. 对变量进行转化时，重新编码既可重新编码为相同变量，也可以重新编码为不同变量。（　　）

二、简答题

1. 为什么在做数据录入工作之前，要对全部有效问卷进行统一编号？
2. 为什么问卷资料录入完成后，要对数据进行清理？
3. 为什么在数据统计分析时，研究者常常要对原始数据进行某种转化？

三、实训题

1. 表 7-5 显示了某养老院 10 个老年人的资料，包括年龄、性别、性格类型、健康状况（用 1～10 级尺度来测量，得分越高越健康）、日活动量（用 1～10 级尺度来测量，日活动量越大，得分越高）。

表 7-5 某养老院 10 个老年人的基本资料

个案号	年龄	性别	性格类型	健康状况	日活动量
1	83	男	外向	8	7
2	86	女	外向	5	4
3	81	男	内向	4	5
4	72	男	内向	7	8
5	76	女	外向	9	6
6	88	女	内向	3	2
7	91	男	外向	7	8
8	89	女	外向	6	5
9	82	男	内向	8	6
10	73	女	外向	6	4

（1）在"性别"项中，男性用 1 表示，女性用 2 表示；在"性格类型"项中，外向用 1 表示，内向用 2 表示。根据这一赋值规则，将表 7-5 中的文字信息转化为数字信息。

（2）创建 SPSS 数据文件，变量分别命名为"个案号""年龄""性别""性格类型""健康状况""日活动量"，并要求为"性别"和"性格类型"两个变量定义变量值标签。将文件保存为"老年人基本情况"。

（3）把转化后的数据（数字信息）输入上述 SPSS 数据文件中。

（4）对"性别"和"性格类型"这两个变量的数据进行有效范围清理。

2. 先将表 7-6 的内容输入 Excel 工作表中，并保存为"学生基本情况"，接着完成如下 3 项操作。

表 7-6 学生基本情况

学生姓名	性别	语文成绩（分）	数学成绩（分）	每天看电视时间（小时）
张鹏	男	75	85	2
李维	男	90	88	0.5
王辉	男	86	93	1
陈小娅	女	79	81	0.8
马力	男	87	86	0.2
黄莉莉	女	88	78	0.5
希旺华	女	82	80	1
陈宇春	男	81	83	1
刘蓉蓉	女	78	85	0.8
张梦婷	女	79	87	1.5

（1）打开 SPSS，直接读取该文件。

（2）将读取后生成的 SPSS 文件命名为"学生基本情况"，保存到你自己的文件夹中。

（3）利用"语文成绩"和"数学成绩"这两个变量，创建"总成绩"这一新变量。

项目八 / Project 8

08 资料统计与分析

❑ 项目描述

本项目要求学生了解集中趋势分析和离散趋势分析以及变量间关系的基本知识，掌握区间估计与假设检验、交互分析、相关关系测量的基本方法，学会利用 SPSS 生成频数频率分布表，求集中量数、离散量数、区间估计值，对求出的数据进行假设检验，以及进行双变量相关分析。重点培养学生对社会调查资料的初步统计与分析能力。

项目任务分解：单变量描述统计、单变量推论统计、双变量相关分析。

任务一　单变量描述统计

学习目标

本任务主要学习单变量的频数、频率分布，集中趋势分析和离散趋势分析。通过学习，理解常用集中量数和离散量数的含义，学会利用 SPSS 生成频数频率分布表，求集中量数和离散量数，并能对统计结果进行一定的分析。

理论知识

单变量描述统计分析的目的在于用比较简洁的数据反映大量数据资料中所包含的基本信息。其基本方法包括变量的频数分布与频率分布、集中趋势分析与离散趋势分析等。

一、频数分布与频率分布

（一）频数分布与频率分布的含义

频数分布反映的是变量每个取值出现的次数。频率分布反映的是变量每个取值的出现次数在全部个案数中所占的比例，也称相对频数分布，一般用百分比来表示。频数分布与频率分布主要适用于定类变量和定序变量的描述。

通常用统计表或统计图的形式来呈现变量的频数分布与频率分布。

（二）统计表

统计表有比较固定的规范格式，从其结构上看，通常由表号、总标题、横行标题、纵栏标题、数字、注释与资料来源等要素构成。

表号是指表的序号，位于表的左上角。总标题是指表的名称，位于表号之后，说明表中资料的内容。横行标题是表中横行的名称，位于表的左侧，用于说明统计主题或变量类别（一般指因变量类别）。纵栏标题是表中纵栏的名称，位于表的最上一行，用于说明调查统计指标或变量类别（一般指自变量类别）。数字所反映的是对调查资料进行统计汇总、整理和计算的结果，位于横行标题和纵栏标题所包围的区域中（见表 8-1）。注释与资料来源位于表的下端，是对表中资料的一种说明。如果统计表有需要说明的事项，则需要使用注释；如果统计表系转摘其他资料编制而成或直接引用其他资料，则应当说明其资料来源（见表 8-2、表 8-3）。

表 8-1　A、B、C 三社区低保户家庭保障人数分布　　　　　　　　　　　　　　（%）

家庭保障人数	A 社区	B 社区	C 社区	ABC 三社区
1	40.1	50.4	60.6	52.2
2	30.7	23.1	28.5	27.8
3	24.8	24.8	8.2	17.1
4	4.4	1.7	2.7	2.9
合　计（n）	100.0（137）	100.0（121）	100.0（221）	100.0（479）

表 8-2　第七次全国人口普查人口性别构成

性　别	人口数（人）	比重（%）
男	723 339 956	51.24
女	688 438 768	48.76
合　计	1 411 778 724	100.00

资料来源：根据 2020 年第七次全国人口普查主要数据公报（第 4 号）编制而成。

表 8-3　性别与敬佩父母的关系　　　　　　　　　　　　（%）

最敬佩的是	性　别	
	男	女
父亲	64.0	37.9
母亲	36.0	62.1
（n）	（197）	（261）

$\lambda_y=0.244$
$\chi^2=30.389$（$df=1$），$p<0.05$

资料来源：李沛良. 社会研究的统计应用 [M]. 北京：社会科学文献出版社，2002.

制作统计表应当遵循科学、规范、简明、实用、美观等基本规范。表的总标题要能准确说明表中数据的内容并且简洁明了；横行标题和纵栏标题要能准确反映变量取值的含义，而且其排列顺序应具有逻辑性；表中数据必须标明计量单位，计量单位可以写在表的右上角（见表 8-1），也可以在统计指标右侧注明（见表 8-2）；频数分布与频率分布表一般应列出合计或总计栏，频率分布表还应当用括号注明参加频率计算的总数（见表 8-1），交互分类表一般将各种专门的统计量放在表的最下面一行（见表 8-3）；统计表应以横线为主，尽量少用竖线，即便需要使用竖线，一般也应是开口式的，即表的左右两端不划竖线。而且除表的最上面一条横线和最下面一条横线用粗线以外，其余横线均应用细线。

（三）统计图

统计图主要用于描述调查资料的初级统计结果，特别是描述调查总体的内部构成，展示不同现象的分布或某种现象的变化趋势，具有直观、形象和一目了然等优点。制作统计图时，一般将图号与标题置于图的下方。

用于呈现变量频次分布与频率分布的统计图主要有条形图、饼图和直方图。

1. 条形图

条形图也称矩形图，是以宽度相等、长度不等的长条表示不同的统计数字，如频数或百分比的多少。制作条形图时，一般以 X 轴作为分类轴，以 Y 轴作为数值轴，如图 8-1、图 8-2 所示。

条形图可分为简单条形图和复合条形图。前者只有一组对象（见图 8-1、图 8-2），后者则包括两组或两组以上的对象（见图 8-3）。复合条形图既可以对每组中的条形进行比较，也可以对各组中的同类条形进行比较。

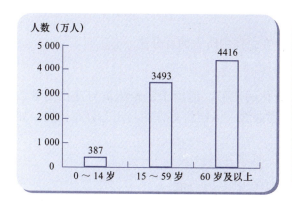

图 8-1 第二次全国残疾人
抽样调查残疾人口的年龄构成（人数）

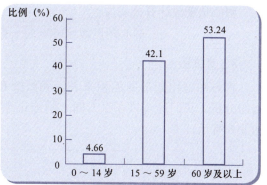

图 8-2 第二次全国残疾人
抽样调查残疾人口的年龄构成（比例）

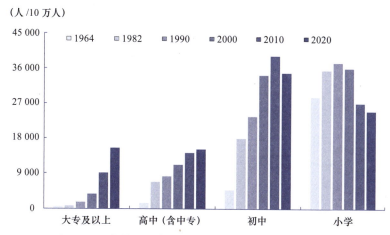

图 8-3 历次普查每 10 万人拥有的各种受教育程度人口

2. 饼图

饼图也称扇形图，是以圆内不同扇形面积的大小表示总体中不同部分的多少或所占比重。制作饼图时，需要先计算出总体中每一部分的圆心角度数，再在圆中画出其对应的扇形，如图 8-4、图 8-5 所示。

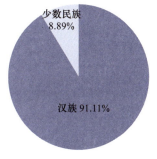

图 8-4 2020 年人口普查民族构成

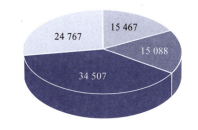

图 8-5 2020 年人口普查每 10 万人
拥有的各种受教育程度人口（人）

圆心角度数计算公式为

圆心角度数 =360× 每一部分在总体中所占的百分比

3. 直方图

直方图是用矩形的面积来表示频数分布变化的图形，适用于定距测量与定比测量数据的分析。我们还可以在直方图上附加正态概率曲线，以便将直方图与正态分布比较，如图 8-6 所示。

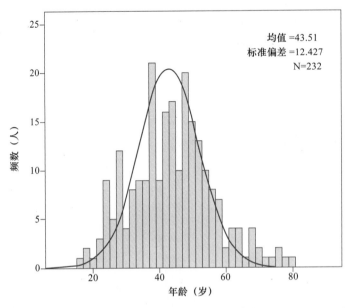

图 8-6　调查对象的年龄分布

对于定距变量和定比变量来说，由于其类别往往很多，而且每一类别中的个案又比较少，因而如果做频数分布表或频率分布表的话，其所得结果往往会很繁杂，起不到数据简化的作用，研究者很难从中得到清晰有效的信息。这时，需要选择别的更有效的统计分析方法。下面介绍两种新的方法：集中趋势分析和离散趋势分析。

二、集中趋势分析

集中趋势分析是指用典型值或代表值来反映一组数据的一般水平，也即反映这组数据向这个典型值或代表值集中的情况。集中趋势分析常用表示集中程度的统计量（即集中量数）来表示，这些集中量数主要有众数、中位数和平均数（也称均值）等。

（一）众数

众数是变量所有取值中出现次数最多的那个取值。从理论上讲，众数这一统计量数可应用于所有测量尺度，但在实际操作中，一般只用于定类测量和定序测量。

（1）在单值分组资料中，只需要在频数一栏中找出最大频数，然后找到这个最大频数所对应的分组值，这一分组值即为众数。例如，在表 8-4 中，众数是高中（含中专、中职）。

表8-4 某工厂职工的文化程度构成

文化程度	人 数	累计人数	所占位置
小学及以下	5	5	1～5
初中	86	91	6～91
高中（含中专、中职）	142	233	92～233
大专（含高职）	67	300	234～300
大学及以上	76	376	301～376
合 计		376	

（2）在组距分组资料中，众数的求法比较复杂，一种相对简单的方法是组中值法。这种方法首先需要通过直接观察找出频数最大的分组值，然后求出该组的组中值即可。

$$组中值 = (U+L)/2$$

式中　U——上限值；

　　　L——下限值。

例如，在表8-5中，频数最大的分组值是1 200～1 400元，该组的组中值是1 300元，所以该校学生月均生活费支出的众数是1 300元。

表8-5 某校学生月均生活费支出

生活费支出（元）[①]	人 数	累计人数	所占位置
0～1 200	100	100	1～100
1 200～1 400	700	800	101～800
1 400～1 600	350	1 150	801～1 150
1 600～1 800	200	1 350	1 151～1 350
1 800～2 000	50	1 400	1 351～1 400
合 计	1 400		

① 下限包括本数，上限不包括本数。

在利用表8-5的资料求众数时，只用到了生活费支出为1 200～1 400元这一行的数据，换句话说，资料的利用率太低，损失的信息太多。这也正是定距尺度以上层次的测量一般不选用众数进行集中趋势分析的原因。

（二）中位数

中位数是指把变量的取值按照大小或高低顺序排列起来，位于中间位置上的那个取值。它可以应用于定序尺度以上层次的测量。其基本含义是：在整个数据中，有一半个案的数据值在它之上，另一半个案的数据值在它之下。

$$中间位置 = \frac{n+1}{2}$$

式中　n——样本容量。

在未分组的原始资料中，当n为奇数时，中间位置有直接对应的数值；当n为偶数时，中间位置处于中间两个数值之间，没有直接对应的数值，此时，一般以中间这两个数值的平均数作为中位数。

例如，调查某班10个同学的身高分别为155cm、157cm、158cm、160cm、161cm、165cm、168cm、170cm、173cm、179cm。这一组数据的中间位置 = $(n+1)/2$ = $(10+1)/2$ = 5.5，位于161cm和165cm这两个数值之间，因此，取这两个数值的平均数，即这10位同学身高的中位数 = $(161+165)/2$ = 163（cm）。

（1）在单值分组资料中，中位数就是中间位置所对应的分组值，因此，求其中位数时，只需直接找出中间位置所对应的分组值即可。例如，在表8-4中，中间位置=（376+1）/2=188.5，位于高中（含中专、中职）这一组中，因此，该工厂职工文化程度的中位数就是高中（含中专、中职）。又如，某年级100名学生的年龄分布见表8-6。

表8-6 某年级100名学生的年龄分布

年　龄	人　数	累计人数	所占位置
17	11	11	1～11
18	25	36	12～36
19	36	72	37～72
20	26	98	73～98
21	2	100	99～100
合　计	100		

在表8-6中，中间位置=（n+1）/2=（100+1）/2=50.5，位于19岁这一组中，因此，该年级100名学生的年龄中位数就是19岁。

（2）在组距分组资料中，首先也需要计算出全部数据的中间位置，并找到中间位置所对应的数据组，然后可以根据下限公式求中位数。

$$Md = L + \frac{i}{f_m} \times \left(\frac{\sum f_i + 1}{2} - cf \right)$$

式中　Md——中位数；
　　　L——中位数所在组的下限值；
　　　f_m——中位数所在组的频数；
　　　i——中位数所在组的组距；
　　　$\sum f_i$——总频数，在无缺失值的情况下，$\sum f_i = n$；
　　　cf——比中位数所在组的数值小的所有组的累计频数。

组距 i 的计算公式为

$$i = U - L$$

例如，在表8-5中，中间位置=（1 400+1）/2=700.5，位于1 200～1 400元这一组中。该校学生月均生活费支出的中位数 $= L + \frac{i}{f_m} \times \left(\frac{\sum f_i + 1}{2} - cf \right) = 1\,200 + \frac{1\,400 - 1\,200}{700} \times \left(\frac{1\,400 + 1}{2} - 100 \right) = 1\,371.57$（元）。

（三）平均数

平均数是指各单位数值之和除以单位总数目所得的商，一般用 $\overline{X}$ 表示样本平均数。平均数用于反映一组定比测量数据的平均水平，与众数、中位数这两个集中量数相比，平均数的计算要用到变量的所有取值，因而，它对资料的利用率是最高的，但是平均数的大小往往容易受到极值的影响，而且，如果当分组中存在开区间组时，无法计算平均值。例如，在表8-7中，1 800元以上这个区间就属于一个没有上限的开区间，无法计算其组中值，因而也就无法计算其平均值。此时，可以选用中位数作为集中趋势分析的统计量数。

表8-7 某校学生月均生活费支出

生活费支出（元）①	人　　数	累 计 人 数	所 占 位 置
1 200 以下	100	100	1～100
1 200～1 400	700	800	101～800
1 400～1 600	350	1 150	801～1 150
1 600～1 800	200	1 350	1 151～1 350
1 800 以上	50	1 400	1 351～1 400
合　　计	1 400		

① 下限包括本数，上限不包括本数。

平均数的计算公式依资料形式的不同而有所区别。

（1）如果是原始数据，那么平均数的计算公式为

$$\overline{X} = \frac{\sum X_i}{n}$$

式中　$\overline{X}$——平均数；

　　　$\sum$——求和符号；

　　　X_i——变量的不同取值；

　　　n——样本容量。

例如，从某班抽出10名学生，调查得到其上月生活费支出分别为1 250元、1 300元、1 350元、1 400元、1 450元、1 500元、1 550元、1 600元、1 650元、1 700元，求这10名学生上月的平均生活费支出。根据平均数的计算公式，可得到其上月平均生活费支出 $\overline{X}$=（1 250+1 300+1 350+1 400+1 450+1 500+1 550+1 600+1 650+1 700）/10=1 475（元）。

（2）如果是单值分组资料，那么平均数的计算公式为

$$\overline{X} = \frac{\sum X_i f_i}{\sum f_i}$$

式中　$\overline{X}$——平均数；

　　　$\sum$——求和符号；

　　　X_i——各组的值；

　　　f_i——各组所对应的频数，$\sum f_i = n$。

例如，表8-6所提供的是单值分组资料，该年级100名学生的平均年龄 $\overline{X} = \frac{\sum X_i f_i}{\sum f_i} = \frac{17 \times 11 + 18 \times 25 + 19 \times 36 + 20 \times 26 + 21 \times 2}{11 + 25 + 36 + 26 + 2} = 18.83$（岁）。

（3）如果是组距分组资料，那么平均数的计算公式为

$$\overline{X} = \frac{\sum X_{\text{mid}} f_i}{\sum f_i}$$

式中　$\overline{X}$——平均数；

　　　$\sum$——求和符号；

　　　X_{mid}——各组的组中值；

　　　f_i——每一个取值所对应的频数，$\sum f_i = n$。

例如，表 8-5 所提供的是组距分组资料，该校学生月均生活费支出的平均数 $\overline{X}=\dfrac{\sum X_{\text{mid}} f_i}{\sum f_i}=$

$$\dfrac{\dfrac{0+1\,200}{2}\times 100+\dfrac{1\,200+1\,400}{2}\times 700+\dfrac{1\,400+1\,600}{2}\times 350+\dfrac{1\,600+1\,800}{2}\times 200+\dfrac{1\,800+2\,000}{2}\times 50}{100+700+350+200+50}$$

≈1 378.57（元）。

三、离散趋势分析

集中趋势只是反映一组数据向某个典型值集中的情况，要完整地反映这组数据的全貌，还要知道这组数据相互之间的差异程度或与典型值偏离的程度，以补充说明那个典型值对这组数据的代表性到底好不好。离散趋势分析就是用表示离散程度的统计量（即离散量数）来反映一组数据的各个数值距离它的代表值的差异程度。离散量数越大，说明典型值的代表性越差；离散量数越小，说明典型值的代表性越好。

集中量数和离散量数分别反映同一总体在数量上的共性和差异性，二者结合起来对数据资料进行分析，有助于人们全面地认识总体的分布情况。

下面将通过一个实例来说明离散量数对集中量数代表性好坏的补充说明作用。

例如，从某校一、二、三年级的学生中各调查了 10 名学生，得到他们上个月的通信费见表 8-8。

表 8-8 某校学生上个月的通信费   （单位：元）

学生	一年级	二年级	三年级
学生 1	20	18	0
学生 2	21	19	10
学生 3	22	20	12
学生 4	23	21	13
学生 5	24	22	14
学生 6	25	27	35
学生 7	26	28	36
学生 8	27	29	37
学生 9	28	30	38
学生 10	29	31	50
均　值	24.5	24.5	24.5

从集中趋势统计量均值来看，一、二、三年级学生上个月的平均通信费用是相同的，都是 24.5 元。但只要仔细一看，就会发现 24.5 元这个均值对三个年级学生通信费的代表性是不同的。一年级学生在通信费上存在的差异最小，所以均值的代表性最好，三年级学生在通信费上存在的差异最大，所以均值的代表性最差。因此，在对数据进行集中趋势分析的同时，还需要对数据进行离散趋势分析，以便全面地反映数据的分布情况。

常用的离散趋势统计量有异众比率、四分位差、全距、标准差、离散系数等。

1. 异众比率

异众比率是指非众数次数与总体全部次数之比。异众比率适用于定类测量，用于补充说明众数的代表性。异众比率越小，说明众数的代表性越好；异众比率越大，说明众数的代表性越差。异众比率的计算公式为

$$V_R = \frac{n - f_{mo}}{n}$$

式中 V_R——异众比率；
n——样本容量；
f_{mo}——众数次数。

例如，从某高校调查了100名二年级学生，统计得到喜欢政治类课外书的有20人，喜欢经济类课外书的有40人，喜欢历史类课外书的有15人，喜欢文学类课外书的有20人，喜欢其他类别课外书的有5人。在这里，众数是喜欢经济类课外书，共有40人。其异众比率 $V_R = \frac{n - f_{mo}}{n} = \frac{100 - 40}{100} = 0.6$，表明众数所不能代表的那一部分调查单位在总体全部单位中所占的比重是60%。

2. 四分位差

四分位差是指舍去一组数据中最大和最小的1/4，只计算中央1/2的资料中的最大值与最小值之差。四分位差适用于定序尺度以上测量，用于补充说明中位数的代表性。四分位差越小，说明中位数的代表性越好；四分位差越大，说明中位数的代表性越差。四分位差的大小不受极值的影响，因而当一组数据中出现极值比较小或比较大的情况时，可以考虑用四分位差来衡量其离散程度。

求四分位差的基本步骤如下：

（1）一般按照从小到大（或从低到高）的顺序将数据排列起来。

（2）求四分位。

$$Q_1 \text{的位置} = \frac{1}{4}(n+1)$$

$$Q_3 \text{的位置} = \frac{3}{4}(n+1)$$

式中 Q_1——第一个四分位数；
Q_3——第三个四分位数。
n——样本规模。

（3）找到或计算四分位值。当数列包含个数为奇数且 Q_1、Q_3 的位置是整数时，直接从 Q_1、Q_3 位置上找到四分位值；当数列包含个数为奇数且 Q_1、Q_3 的位置不是整数时，Q_1、Q_3 的值为对应落到位置的中位值，即（高位+低位）/2；当数列包含个数为偶数时，Q_1、Q_3 的值为对应落到位置的区间值，即低位+（高位−低位）×小数部分。

（4）求四分位差。其计算公式为

$$Q = Q_3 - Q_1$$

例 8-1 » 以表 8-8 所提供的数据为例，计算三年级学生通信费的四分位差。

第一步：按照从低到高的顺序将三年级学生通信费排列起来。

第二步：求出 Q_1、Q_3 的位置。

$$Q_1 \text{的位置} = \frac{1}{4}(10+1) = 2.75$$

$$Q_3 \text{的位置} = \frac{3}{4}(10+1) = 8.25$$

Q_1 的位置在 2.75 位置上，即在第 2 个学生与第 3 个学生之间的 0.75 处；Q_3 的位置在 8.25 位置上，即在第 8 个学生与第 9 个学生之间的 0.25 处。

第三步：求出 2.75、8.25 位置上的数值。

$$Q_1 = 10 + (12-10) \times (2.75-2) = 11.5 \text{（元）}$$

$$Q_3 = 37 + (38-37) \times (8.25-8) = 37.25 \text{（元）}$$

第四步：求四分位差。

$$Q = Q_3 - Q_1 = 37.25 - 11.5 = 25.75 \text{（元）}$$

3. 全距

全距，也称极差，是指一组数据中最大值与最小值之差。全距越小，表明集中量数的代表性越好；全距越大，表明集中量数的代表性越差。全距的计算公式为

$$\text{全距} = X_{\max} - X_{\min}$$

例如，在表 8-8 中，一、二、三年级学生通信费的全距分别为 9 元、13 元、50 元。

全距计算非常简单，只用到最大值与最小值，但它对数据的利用率很低，而且容易受极值的影响。

4. 标准差

标准差是指一组数据中的各个数值与这组数据的平均值之差的平方和除以该组数据个数所得值的平方根。标准差适用于定距和定比测量，用于补充说明均值的代表性。标准差越小，表明均值的代表性越好；标准差越大，表明均值的代表性越差。标准差的计算公式依据资料形式的不同而不同。

（1）对于原始数据而言，标准差的计算公式为

$$S = \sqrt{\frac{\sum(X_i - \overline{X})^2}{n}}$$

式中　S——标准差；

　　　X_i——各个原始数据值；

　　　$\overline{X}$——均值；

　　　n——全部数据个数。

例如，在表 8-8 中，一、二、三年级学生的通信费的标准差分别为

$$S_1=\sqrt{\frac{\begin{array}{l}(20-24.5)^2+(21-24.5)^2+(22-24.5)^2+(23-24.5)^2+(24-24.5)^2+\\(25-24.5)^2+(26-24.5)^2+(27-24.5)^2+(28-24.5)^2+(29-24.5)^2\end{array}}{10}}\approx2.87\text{（元）}$$

$$S_2=\sqrt{\frac{\begin{array}{l}(18-24.5)^2+(19-24.5)^2+(20-24.5)^2+(21-24.5)^2+(22-24.5)^2+\\(27-24.5)^2+(28-24.5)^2+(29-24.5)^2+(30-24.5)^2+(31-24.5)^2\end{array}}{10}}\approx4.72\text{（元）}$$

$$S_3=\sqrt{\frac{\begin{array}{l}(0-24.5)^2+(10-24.5)^2+(12-24.5)^2+(13-24.5)^2+(14-24.5)^2+\\(35-24.5)^2+(36-24.5)^2+(37-24.5)^2+(38-24.5)^2+(50-24.5)^2\end{array}}{10}}\approx15.62\text{（元）}$$

S_1 最小，表明均值 24.5 元对一年级学生通信费的代表性最好；S_3 最大，表明均值 24.5 元对三年级学生通信费的代表性最差；S_2 居中，表明均值 24.5 元对二年级学生通信费的代表性介于一年级和三年级之间。

（2）对于单值分组资料而言，标准差的计算公式为

$$S=\sqrt{\frac{\sum(X_i-\overline{X})^2 f_i}{n}}$$

式中　S——标准差；
　　　X_i——各组的值；
　　　$\overline{X}$——均值；
　　　f_i——各值的频数；
　　　n——全部数据个数。

例8-2 根据表8-6所提供的数据，计算该年级100名学生的年龄标准差。

第一步：计算100名学生的年龄的均值，得到 $\overline{X}$ 为 18.83 岁。

第二步：求标准差。

$$S=\sqrt{\frac{(17-18.83)^2\times11+(18-18.83)^2\times25+(19-18.83)^2\times36+(20-18.83)^2\times26+(21-18.83)^2\times2}{100}}$$

≈ 1.00（岁）

（3）对于组距分组资料而言，标准差的计算公式为

$$S=\sqrt{\frac{\sum(X_{\text{mid}}-\overline{X})^2 f_i}{n}}$$

式中　S——标准差；
　　　X_{mid}——各组的组中值；
　　　$\overline{X}$——均值；
　　　f_i——各值的频数；
　　　n——全部数据个数。

例 8-3 根据表 8-5 所提供的数据，计算该校学生月均生活费支出的标准差。

第一步：计算该校学生月均生活费支出的均值，得到 $\overline{X}$ 为 1378.57 元。

第二步：求标准差。

$$S = \sqrt{\frac{\left(\frac{0+1200}{2}-1378.57\right)^2 \times 100 + \left(\frac{1200+1400}{2}-1378.57\right)^2 \times 700 + \left(\frac{1400+1600}{2}-1378.57\right)^2 \times 350 + \left(\frac{1600+1800}{2}-1378.57\right)^2 \times 200 + \left(\frac{1800+2000}{2}-1378.57\right)^2 \times 50}{1400}}$$

≈ 273.02（元）

5. 离散系数

离散系数，又叫变差系数，是指标准差与平均数的比值，常用百分比表示。这是一种不带单位的表示离散程度的统计量，可用于对同一总体中两种不同单位的离散量数或不同总体中同一离散量数进行比较。其计算公式为

$$CV = \frac{S}{\overline{X}} \times 100\%$$

例如，根据前面的计算结果以及表 8-5 所提供的数据，可以计算出该校学生月均生活费支出的离散系数为 $\frac{273.02}{1378.57} \times 100\% \approx 19.80\%$。

实作训练

一、任务描述

利用"昆明市低保制度实施状况调查"SPSS 数据文件（截取了 232 个个案的信息），学习如何通过 SPSS 生成频数分布和频率分布表以及求集中量数和离散量数。

二、任务分析

频数分布和频率分布表是对变量分布状态的一种描述方法；集中量数主要有众数、中位数和平均数；离散量数主要有异众比率、四分位差、全距、标准差、离散系数等。

三、操作过程

1. 利用 SPSS 生成频数分布和频率分布表

在"昆明市低保制度实施状况调查"SPSS 数据文件中，变量"性别""您日常交往的主要对象是""您通常在哪里购物？"都属于定类测量，变量"文化程度"属于定序测量。这两类变量都属于离散型变量，适合做频数分布和频率分布表。所不同的是，在变量"性别"和变量"文化程度"中，每个调查对象只能选择备选项中的一个选项，属于单选式问题；而在变量"您通常在哪里购物？"和变量"您日常交往的主要对象是"中，则可以选择两个或两个以上的选项，属于多重响应问题。

（1）单选式问题频数频率分布统计操作步骤。

1）执行"分析（A）"→"描述统计（E）"→"频率（F）…"命令，此时会出现"频率"对话框，将变量"性别""文化程度"从左边的变量列表中选入右边的"变量（V）"框中（见图 8-7）。

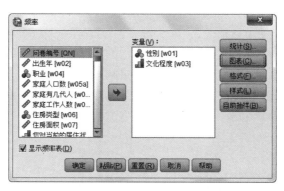

图 8-7 "频率"对话框

2）单击"显示频率表（D）"前面的小方框，选中该选项。如果在生成统计表的同时需要生成统计图，则可以单击"图表（C）…"，打开"频率：图表"对话框，其中有条形图、饼图和直方图 3 种图形可供选择，图表值有频率和百分比两种选择，系统默认状态是无图表。这里直接采用系统默认状态。

3）单击"继续（C）"按钮，返回"频率"对话框，单击"确定"按钮，即可得到"性别""文化程度"两个变量的频数频率分布表（见表 8-9、表 8-10），该结果显示在输出窗口。

表 8-9 性别构成

姓　别	频　数	百分比（%）	有效百分比（%）	累计百分比（%）
男	111	47.8	47.8	47.8
女	121	52.2	52.2	100.0
总　计	232	100.0	100.0	

表 8-10 文化程度分布

文化程度	频　数	百分比（%）	有效百分比（%）	累计百分比（%）
未受过学校教育	5	2.2	2.2	2.2
小学	42	18.1	18.1	20.3
初中	60	25.8	25.8	46.1
高中（中专/职高）	65	28.0	28.0	74.1
大专	38	16.4	16.4	90.5
本科	21	9.1	9.1	99.6
研究生及以上	1	0.4	0.4	100.0
总　计	232	100.0	100.0	

（2）多重响应问题频数频率分布统计操作步骤。

1）执行"分析（A）"→"多重响应（U）"→"定义变量集（D）…"命令，此时会出现"定义多重响应集"对话框，将变量"w11_1"至"w11_6"从左边的变量列表中选入中间的"集合中的变量（V）："框中；在"变量编码方式"框中选"二分法（D）"，在"计数值（O）："后面的框中输入"1"；在"名称（N）："和"标签（L）："对应的框中分别输入"w11"和"日常交往的主要对象"（见图 8-8a）；单击"添加（A）"按钮，将新定义的多重响应集添加到右边的"多重响应集（S）"框中，再单击"关闭"按钮。

2）执行"分析（A）"→"多重响应（U）"→"定义变量集（D）…"命令，此时会出现"定义多重响应集"对话框，将变量"w12a"至"w12b"从左边的变量列表中选入中间的"集合中的变量（V）："框中；在"变量编码方式"框中选"类别（G）"，在"范围（E）："后面的两个框中分别输入"1"和"6"；在"名称（N）："和"标签（L）："对应的框中分别输入"w12"和"您通常在哪里购物？"（见图 8-8b）；单击"添加（A）"按钮，将新定义的多重响应集添加到右边的"多重响应集（S）"框中，再单击"关闭"按钮。

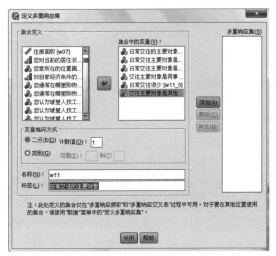 

a)   b)

图 8-8 "定义多重响应集"对话框

3）执行"分析（A）"→"多重响应（U）"→"频率（F）…"命令，此时会出现"多重响应频率"对话框，将左边"多重响应集（M）"列表中的变量"$w11"和"$w12"选入右边的"表（T）："框中，缺失值直接采用系统默认状态（见图 8-9）；单击"确定"按钮，即可得到"日常交往的主要对象"（包含变量"w11_1"至"w11_6"）和"您通常在哪里购物？"（包含变量"w12a"至"w12b"）这两个多重响应问题的统计结果（见表 8-11、表 8-12）。

图 8-9 "多重响应频率"对话框

表 8-11 日常交往的主要对象

日常交往的主要对象①	响应		个案百分比（%）
	个案数	百分比（%）	
日常交往的主要对象是亲戚	96	21.1	41.4
日常交往的主要对象是朋友	133	29.3	57.3
日常交往的主要对象是邻居	83	18.3	35.8
日常交往的主要对象是同事	103	22.7	44.4
日常交往很少	28	6.2	12.1
交往主要对象是其他人	11	2.4	4.7
总　　计	454	100.0	195.7

① 使用了值 1 对二分组进行制表。

表 8-12 通常的购物场所

您通常在哪里购物？	响应		个案百分比（%）
	个案数	百分比（%）	
附近商店	63	16.7	27.3
农贸市场	157	41.5	68.0
超　市	101	26.7	43.7
百货商场或购物中心	32	8.5	13.9
专卖店（不含商场中的专卖店）	12	3.2	5.2
其他	13	3.4	5.6
总　　计	378	100.0	163.6

2. 利用 SPSS 求集中量数和离散量数

在"昆明市低保制度实施状况调查"SPSS 数据文件中，"年龄"这一变量属于定比测量。从理论上讲，众数、中位数、均值等集中量数，以及异众比率、四分位差、全距、标准差、离散系数等离散量数都可以求。但在实际操作中，对于定比测量所得到的连续型数据，一般不选择求众数和异众比率，而选择求中位数和四分位差，或者求均值和标准差。因为连续型数据中每个值的频数一般都不大，求众数和异众比率没有多大的实际意义。

操作步骤如下：

（1）方法一。

1）执行"分析（A）"→"描述统计（E）"→"频率（F）..."命令，此时会出现"频率"对话框，将变量"年龄"从左边的变量列表中选入右边的"变量（V）"框中（见图 8-10）。

2）取消"显示频率表（D）"选项；单击"统计（S）..."按钮，打开"频率：统计"对话框，在"百分位值"选项框中选中"四分位数（Q）"，在"集中趋势"选项框中选中"平均值（M）"和"中位数（D）"，在"离散"选项框中选中"标准差（T）"，如图 8-11 所示。

3）单击"继续（C）"按钮，返回"频率"对话框，单击"确定"按钮，即可得到所选统计量的值，见表 8-13。

可见，平均年龄是 43.51 岁，年龄中位数是 43.00 岁，标准差是 12.43 岁，3 个四分位值分别是 35.25 岁、43.00 岁和 51.00 岁，四分位差为 51.00−35.25=15.75（岁）。

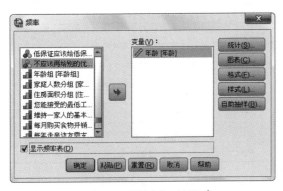

图 8-10 "频率"对话框

图 8-11 "频率：统计"对话框

表 8-13 年龄统计量（$n=232$）

统 计 量		统计值（岁）
平均值		43.51
中位数		43.00
标准差		12.43
百分位数	25	35.25
	50	43.00
	75	51.00

（2）方法二。

1）对于定距尺度以上的测量所得到的数据，如果需要快速获得描述统计量，则可以执行"分析（A）"→"描述统计（E）"→"描述（D）…"命令，此时会出现"描述"对话框，将变量"年龄"从左边的变量列表中选入右边的"变量（V）"框中（见图 8-12）。

2）单击"选项（O）…"按钮，打开"描述：选项"对话框，系统默认选中平均值（M）、标准差（T）、最小值（N）和最大值（X），如图 8-13 所示。

3）单击"继续（C）"按钮，返回"描述"对话框，单击"确定"按钮，即可得到所选统计量的值。

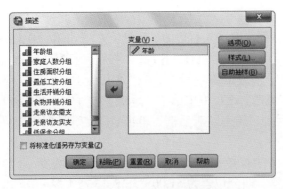

图 8-12 "描述"对话框

图 8-13 "描述：选项"对话框

四、实训小结

单变量描述统计是一项基础性的社会调查统计分析技术。本实训利用"昆明低保制度实施状况调查"SPSS 数据库,详细展示了如何通过 SPSS 生成频数频率分布表,如何求众数、中位数和平均数等集中量数,如何求异众比率、四分位数、全距、标准差、离散系数等离散量数。在实训过程中需要注意:第一,选择统计量之前,应当分析待统计的变量用的是哪种测量尺度。因为不同的统计量对测量尺度有不同的要求。第二,一般只显示定类测量和定序测量的频数和频率分布表,定距测量和定比测量一般不显示频数和频率分布表。第三,利用 SPSS 求出平均值和标准差,在此基础上再计算离散系数就不难了。

单变量描述统计

任务二 单变量推论统计

学习目标

本任务主要学习区间估计和假设检验的方法。通过学习,掌握如何利用 SPSS 求区间估计值以及对求出的数据进行假设检验。

理论知识

推论统计是指用样本的统计值去推估总体相应的参数值。单变量推论统计分析的目的在于通过对样本资料的分析,去把握总体的特征。在社会调查研究中,使用较多的不是普查,而是抽样调查,但描述样本状况并不是研究的最终目的,因此,仅做像任务一中所述的频数分布与频率分布、集中趋势分析与离散趋势分析等针对样本资料的描述统计是不够的,还需要对样本资料做一些推论统计,以达到通过样本特征认识总体特征的目的。

推论统计分为参数估计和假设检验两大类。参数估计是指根据样本统计值去推估总体参数值。例如,根据样本统计值所显示的调查对象的平均年龄是 43.51 岁,去推估总体中所有个体的平均年龄,这就是一种参数估计。由此可见,在使用参数估计这种统计方法时,先要看样本情况,然后探讨总体情况。假设检验则是首先假定总体情况是什么样的,然后用一个随机样本的统计值去检验这个假设是否正确。例如,首先假设总体的平均年龄是 46 岁,然后用样本的平均年龄来检验总体平均年龄到底可不可能是 46 岁。由此可见,假设检验与参数估计在逻辑思路上恰恰相反,它是先构想总体情况,再分析样本资料,并用样本资料去检验对总体的构想是否正确。

一、参数估计

用样本统计值推估总体参数值可分为两种情况:

(一)点值估计

点值估计就是用一个最适当的样本统计值代表总体的参数值。例如,调查某城市居民对限制生产销售使用塑料购物袋（即"限塑令"）的态度，假定发现样本中有66%的人表示支持，由此推估该城市大约有66%的居民支持限塑令。这就是点值估计。一般来说，抽样方法越严谨，样本容量越大，那么点值估计就越可信。由于点值估计仅仅提供单一估计值，而在抽样调查中，抽样误差总是存在的，点值估计不能给出抽样误差的范围，区间估计却可以弥补这种不足，因而，在社会调查研究中，人们更多的是采用区间估计。

（二）区间估计

区间估计是指以两个数值之间的间距去推估总体参数值的范围（区间）。区间的大小取决于研究者估计时所要求的置信度的高低，在其他条件不变的情况下，所要求的置信度越高，则区间越大；所要求的置信度越低，则区间越小。

1. 总体均值的区间估计

总体均值的置信区间可用下面的公式来计算：

$$\overline{X} \pm Z_{(1-\alpha)} SE \text{ 或者 } \overline{X} \pm Z_{(1-\alpha)} \frac{S}{\sqrt{n}}$$

式中 $\overline{X}$ ——样本均值；

$Z_{(1-\alpha)}$ ——置信度为 $1-\alpha$ 所对应的 Z 值；

α ——显著性水平；

SE ——标准误差；

S ——样本标准差；

n ——样本容量，$SE = \frac{S}{\sqrt{n}}$。

例8-4 》一次调查所得到的样本统计值如下：平均年龄为43.51岁，标准差为12.427岁，样本容量为232人。求置信度分别为95%和99%时总体平均年龄的置信区间。

当置信度为95%时，查标准正态分布左右两部分的累计概率表，得其所对应的 Z 值为1.96，相应的置信区间为 $43.51 \pm 1.96 \times \frac{12.427}{\sqrt{232}} \approx 43.51 \pm 1.5991$，即 41.9109～45.1091 岁。取两位小数，得到置信区间为 41.91～45.11 岁。换言之，总体平均年龄介于 41.91～45.11 岁，这个估计的置信度为95%，即总体平均年龄不在 41.91～45.11 岁的可能性只有5%。

当置信度为99%时，查标准正态分布左右两部分的累计概率表，得其所对应的 Z 值为2.58，相应的置信区间为 $43.51 \pm 2.58 \times \frac{12.427}{\sqrt{232}} \approx 43.51 \pm 2.105$，即 41.4051～45.6150 岁。取两位小数，得到置信区间为 41.40～45.62 岁。换言之，总体平均年龄介于 41.40～45.62 岁，这个估计的置信度为99%，即总体平均年龄不在 41.40～45.62 岁的可能性只有1%。

注意：要保证取两位小数以后，置信水平不因此而降低，就只能扩大而不是缩小取小数前的区间，因而这里不能采用四舍五入的方法，而应当采用下限直接截取两位小数，舍去后面的小数；上限则只要第二位小数后的小数不为0就进1的取数方法。

2. 总体百分比的区间估计

总体百分比的置信区间可用下面的公式来计算：

$$p \pm Z_{(1-\alpha)} SE \text{ 或者 } p \pm Z_{(1-\alpha)} \sqrt{\frac{p(1-p)}{n}}$$

式中　p——样本中的百分比；

$Z_{(1-\alpha)}$——置信度为 $1-\alpha$ 所对应的 Z 值；

α——显著性水平；

SE——标准误差；

n——样本容量，$SE = \sqrt{\dfrac{p(1-p)}{n}}$。

例8-5 » 一次调查所得到的样本统计值如下：男性占47.8%，样本容量为232人。求置信度分别为95%和99%时总体中男性所占百分比的置信区间。

当置信度为95%时，查标准正态分布左右两部分的累计概率表，得其所对应的 Z 值为1.96，相应的置信区间为 $0.478 \pm 1.96 \times \sqrt{\dfrac{0.478 \times (1-0.478)}{232}} \approx 0.478 \pm 0.064\,28$，即 $0.413\,7 \sim 0.542\,3$。换言之，总体中男性所占百分比的置信区间介于41.37%～54.23%，这个估计的置信度为95%，即总体中男性所占百分比的置信区间不在41.37%～54.23%的可能性只有5%。

当置信度为99%时，查标准正态分布左右两部分的累计概率表，得其所对应的 Z 值为2.58，相应的置信区间为 $0.478 \pm 2.58 \times \sqrt{\dfrac{0.478 \times (1-0.478)}{232}} \approx 0.478 \pm 0.084\,60$，即 $0.393\,4 \sim 0.562\,6$。换言之，总体中男性所占百分比的置信区间介于39.34%～56.26%，这个估计的置信度为99%，即总体中男性所占百分比的置信区间不在39.34%～56.26%的可能性只有1%。

二、假设检验

假设检验是指先对总体的某一参数做出某种假设（即虚无假设或原假设），再根据样本观察的数据去检验原假设是否正确，以决定是接受还是拒绝原假设。如果检验统计量大于等于临界值（或检验统计量的相伴概率小于等于给定的显著性水平），则拒绝原假设。其理论依据是概率论中的小概率原理，该原理认为小概率事件在一次观察中是不可能出现的。换言之，如果在一次调查（即观察）中发现了小概率事件，就应当做出这样的判断：这种事件本身就不是一个小概率事件，而是一个大概率事件。

（一）与假设检验相关的重要概念

1. 研究假设与虚无假设

研究假设是指根据抽样调查资料而对总体特征所做的假设，常用 H_1 表示；虚无假设（也称原假设或零假设）是对总体特征做出的与研究假设相对立的假设，常用 H_0 表示。例如，2021年某省农民人均纯收入为15 000元，抽样调查结果表明，2022年该省农民的人均纯收入超过15 000元。现在想知道的是：该省农民2022年的人均纯收入到底超没超过15 000元？

为了解答此问题，可以采用假设检验的方法。其研究假设是：$H_1>15\,000$ 元，即该省农民 2022 年人均纯收入超过 15 000 元。与此对立的虚无假设是：$H_0 \leqslant 15\,000$ 元，即该省农民 2022 年人均纯收入没有超过 15 000 元。

2. 否定域与显著性水平

否定域是指在抽样分布中分属两端的能够否定虚无假设 H_0 的小区域。否定域的大小是由显著性水平决定的。显著性水平即否定域的概率，常用 α 表示，是指研究者根据抽样资料对统计假设做出不正确结论的冒险性程度，其大小由研究者根据研究的需要而设定。在社会研究中，常取 $\alpha=0.05$、0.01 或 0.001。当用抽样调查资料所计算出的概率 p 小于等于显著性水平 α 时，则进入了否定域，应当否定虚无假设，接受研究假设；当 p 大于显著性水平 α 时，则没有进入否定域，此时就不能否定虚无假设，而应当接受虚无假设。

3. 单尾检验与双尾检验

单尾检验是指在检验虚无假设 H_0 时，否定域在抽样分布的一端（见图 8-14）；双尾检验则是指否定域分布在抽样分布的两端（见图 8-15）。到底选用单尾检验还是双尾检验，取决于研究假设 H_1 的方向。如果 H_1 没有指明方向（用 $\neq$ 表述），则选用双尾检验；如果 H_1 指明了方向（用 >、$\geqslant$ 或 <、$\leqslant$ 表述），则用单尾检验。

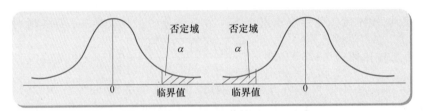

图 8-14　单尾检验

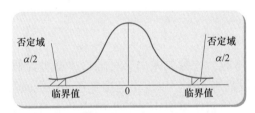

图 8-15　双尾检验

（二）假设检验的一般步骤

下面以 Z 检验法为例，介绍假设检验的一般步骤。

（1）建立研究假设 H_1 与虚无假设 H_0。

（2）规定显著性水平 α，查 Z 检验表得到否定域的临界值 Z_α 或 $Z_{\alpha/2}$。

（3）由样本资料计算出检验统计量的值（即用于检验的 Z 统计量的值）。

（4）将统计值与临界值进行对比，决定虚无假设的取舍。当 $|Z| \geqslant Z_\alpha$ 或 $|Z| \geqslant Z_{\alpha/2}$ 时，进入否定域，此时，$p \leqslant \alpha$，拒绝原假设，接受研究假设；当 $|Z|<Z_\alpha$ 或 $|Z|<Z_{\alpha/2}$ 时，未进入否定域，此时，$p>\alpha$，不能否定原假设，应当接受原假设。

1. 总体平均数的假设检验

总体平均数的假设检验，在大样本（$n \geq 30$）情况下，用 Z 检验法；在小样本（$n<30$）情况下，用 t 检验法。Z 统计量的计算公式为

$$Z = \frac{\overline{X} - \mu_0}{S/\sqrt{n}}$$

式中 $\overline{X}$——样本平均数；
  μ_0——虚无假设的总体平均数；
  S——样本标准差；
  n——样本容量。

t 统计量的计算公式与 Z 统计量的计算公式大同小异，只要将 Z 统计量计算公式中的 $\sqrt{n}$ 改为 $\sqrt{n-1}$ 即可。

$$t = \frac{\overline{X} - \mu_0}{S/\sqrt{n-1}}$$

例 8-6 ▶ 2021 年某校学生的月均生活费支出为 1 400 元，2022 年在该校抽取了 100 名学生进行调查，得到这 100 名学生的月均生活费支出为 1 450 元，标准差为 60 元。请问在 0.05 的显著性水平上，该校学生 2022 年的月均生活费支出与 2021 年相比有没有变化？

分析：此题中需要对总体平均数 μ_0 进行检验，但所问的是"有没有变化"，至于怎样变化，是"超过 1 400 元"，还是"低于 1 400 元"，题中并没有指明，因此，应当选用双尾检验。

解：设 H_1：$\mu_0 \neq 1\,400$，即该校学生 2022 年的月均生活费支出与 2021 年相比有变化。
H_0：$\mu_0 = 1\,400$，即该校学生 2022 年的月均生活费支出与 2021 年相比没有变化。

$$Z = \frac{\overline{X} - \mu_0}{S/\sqrt{n}} = \frac{1\,450 - 1\,400}{60/\sqrt{100}} = 8.33$$

此题没有指明如何变化，即 H_1 的方向是不明确的，所以应当选用双尾检验。查 Z 检验表，得到 $Z_{0.05/2} = 1.96$，由于 $Z = 8.33 > Z_{0.05/2} = 1.96$，进入了虚无假设的否定域，所以应当拒绝虚无假设，接受研究假设，即该校学生 2022 年的月均生活费支出与 2021 年的相比有变化。

需要注意的是：假设检验与区间估计只是从不同的方向进行统计推论，其所得到的结论应该是一致性的。例如，在 95% 的置信度下，上题中该校学生 2022 年月均生活费支出的置信区间是 $\overline{X} \pm Z_{(1-\alpha)} \frac{S}{\sqrt{n}} = 1\,450 \pm 1.96 \times \frac{60}{\sqrt{100}} = 1\,450 \pm 11.76$，即 1 438.24～1 461.76 元，1 400 元不在此置信区间内。据此，也可以得出"该校学生 2022 年的月均生活费支出与 2021 年的相比有变化"这样的结论，这一结论判断失误的概率不超过 5%。

2. 总体百分比的假设检验

总体百分比假设检验的基本思路与方法和总体平均数的假设检验相同，只是检验统计量的计算公式不同。以 Z 检验法为例：

$$Z=\frac{p-P_0}{\sqrt{\dfrac{P_0(1-P_0)}{n}}}$$

式中　p——样本百分比；
　　　P_0——虚无假设的总体百分比；
　　　n——样本容量。

例 8-7 » 某市市民 2021 年参加过慈善捐款的比例为 65%，2022 年该市社情民意调查中心电话访问了 2 000 位市民，发现其中的 70% 在 2022 年参加过慈善捐款。请问：在 0.05 的显著性水平上，2022 年该市有慈善捐款行为的市民比例是否比 2021 年有所提高？

分析：此题要做的是总体百分比的假设检验，且用"是否比 2021 年有所提高"指明了检验的方向，因此应当选用单尾检验。

解：设 H_1：$P_0 > 0.65$，即 2022 年该市有慈善捐款行为的市民比例比 2021 年有所提高。
H_0：$P_0 \leq 0.65$，即 2022 年该市有慈善捐款行为的市民比例与 2021 年的相比，没有提高。

$$Z=\frac{p-P_0}{\sqrt{\dfrac{P_0(1-P_0)}{n}}}=\frac{0.70-0.65}{\sqrt{\dfrac{0.65\times(1-0.65)}{2\,000}}}\approx 4.69$$

查 Z 检验表，得到单尾检验时，$Z_{0.05}=1.65$，由于 $Z=4.69>Z_{0.05}=1.65$，进入了虚无假设的否定域，所以应当拒绝虚无假设，接受研究假设，即 2022 年该市有慈善捐款行为的市民比例比 2021 年有所提高。

实作训练

一、任务描述

利用"昆明市低保制度实施状况调查"SPSS 数据文件（截取了 232 个个案的信息），学习如何通过 SPSS 进行单变量的推论统计。

二、任务分析

单变量的推论统计分为参数估计和假设检验两大类。区间估计是社会调查研究中最常用的参数估计。所以，在这里主要是利用 SPSS 完成区间估计和假设检验这两大统计分析任务。

三、操作过程

1. 区间估计（以利用 SPSS 求"您能接受的最低工资（w15）"的置信区间为例）

（1）打开"昆明市低保制度实施状况调查.sav"，执行"分析（A）"→"描述统计（E）"→"探索（E）…"命令，出现"探索"对话框，从左边的变量列表中将"w15"选入右边的"因变量列表（D）"框中，如图 8-16 所示。

（2）单击"统计（S）…"按钮，出现"探索：统计"对话框，系统默认状态是选择描述统计量，求平均值在 95% 置信度下的置信区间（见图 8-17）。

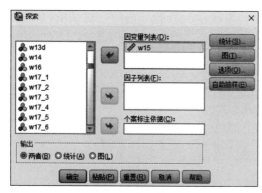
图 8-16 "探索"对话框

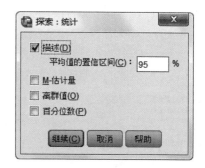
图 8-17 "探索：统计"对话框

（3）单击"继续（C）"按钮，返回"探索"对话框，单击"确定"按钮，得到平均值及其标准误差、平均值的 95% 置信区间、5% 剪除后平均值、中位数、方差、标准差、最小值、最大值、全距、四分位距（即四分位差）、偏度和峰度及其标准误差等统计量，见表 8-14。

表 8-14 您能接受的最低工资的置信区间

统 计 量		统 计	标 准 误 差
平均值		775.99	31.340
平均值的 95% 置信区间	下限	714.22	
	上限	837.76	
5% 剪除后平均值		725.19	
中位数		600.00	
方差		213 141.722	
标准差		461.673	
最小值		150	
最大值		3 000	
全距		2 850	
四分位距		500	
偏度		2.007	0.165
峰度		4.469	0.329

从表 8-14 中可以直接得到 95% 置信度下，您能接受的最低工资的置信区间：714.22～837.76 元。

2. 假设检验（以检验总体年龄的均值为例）

表 8-14 的样本统计数据显示：年龄均值为 43.51 岁。现在想知道的是，总体年龄均值会不会是 46 岁？为此，可以先假定总体年龄均值 μ_0=46 岁，与之对立的研究假设是总体年龄均值 μ_1≠46 岁？再用样本统计值进行检验。在 SPSS 中，可以利用单样本 T 检验来完成此项任务。

（1）打开"昆明市低保制度实施状况调查 .sav"，执行"分析（A）"→"比较平均值（M）"→"单样本 T 检验（S）..."命令，出现"单样本 T 检验"对话框，从左边的变量列表中将"年龄"选入右边的"检验变量（T）"框中，在"检验值（V）"框中输入"46"，如图 8-18 所示。

（2）单击"选项（O）…"按钮，弹出"单样本T检验：选项"对话框，在"置信区间的百分比（C）"中输入置信度，系统默认为95%，如图8-19所示。

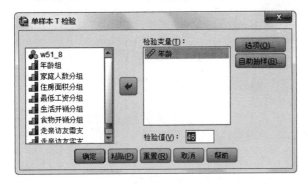

图8-18 "单样本T检验"对话框

图8-19 "单样本T检验：选项"对话框

（3）单击"继续（C）"按钮，返回"单样本T检验"对话框，单击"确认"按钮，即可得到单个样本检验输出结果（见表8-15）。

表8-15 单样本检验结果

	检验值=46				差值95%置信区间	
	t	自由度	显著性（双尾）	平均值差值	下限	上限
年龄	−3.048	231	0.003	−2.487	−4.09	−0.88

从表8-15可以看到，$|t|$=3.048，大于95%置信度下t的临界值1.96，t统计量的相伴概率为0.003，小于所要求的显著性水平0.05，所以拒绝原假设，接受研究假设，即总体年龄均值不会是46岁。

四、实训小结

单变量推论统计是检验样本统计值能否推论到总体中去，样本数据能否反映总体状况的一种社会调查统计分析技术。本实训利用"昆明低保制度实施状况调查"SPSS数据库，详细展示了如何通过样本数据求总体参数的置信区间，以及如何对总体均值进行检验。判断是接受还是拒绝原假设时，利用Z、t等统计量与其临界值进行对比，与利用其相伴概率和研究者所要求的显著性水平进行对比，二者是等价的。SPSS已将一些常用值设定为默认值，如果研究者没有特殊要求，可以直接使用系统默认值。

单变量推论统计

任务三 双变量相关分析

学习目标

本任务主要学习分析双变量间的关系，掌握交互分析方法及其他相关关系测量方法，学会利用 SPSS 做双变量相关关系分析。

理论知识

依据参与分析的变量的多少，可将变量间关系分为双变量间的关系（只有两个变量参与分析）和多变量间的关系（有两个以上的变量参与分析）。由于多变量间的关系常常可以分解为多个双变量间的关系，因此，双变量间关系的分析就成为分析变量间关系的基础。双变量间的关系可分为两大类：相关关系和因果关系。本书只介绍双变量相关关系分析。

一、相关关系的含义

两变量间的相关关系通常是指当其中一个变量的取值发生变化时，另一个变量的取值也随之发生变化。

二、相关关系的种类

1. 根据相关的形式分类

根据相关的形式，可以将相关关系区分为线性相关和曲线相关。在平面直角坐标系中，如果由两个变量的不同取值所确定的点大致散布在一条直线附近，则称两个变量之间存在线性相关关系；如果这些点散布在一条曲线附近，则称两变量之间存在曲线关系。本书中只讨论线性相关关系。

2. 根据相关的方向分类

根据相关的方向，可将相关关系分为正相关和负相关。正相关是指当一个变量的数值由小变大时，另一个变量的数值也由小变大。负相关则是指当一个变量的数值由小变大时，另一个变量的数值却由大变小。

3. 根据相关的程度分类

根据相关的程度，可将相关关系分为完全相关、不完全相关和零相关（不相关）。完全相关是指两变量之间存在着一一对应关系，即函数关系。在这种关系中，当一个变量的数值确定以后，另一个变量的数值也随之完全确定。函数关系是相关关系的一种特例。不完全相关是指两变量之间虽然存在着相互依赖、相互影响的关系，但这种关系不是严格的一一对应关系。在这种关系中，当一个变量的数值确定以后，另一个变量的数值并不随之完全确定，而是可能在一定范围内发生变化。零相关即不相关，是指两变量彼此互不影响，其数量变化各自独立。我们通常所说的相关关系，是指介于完全相关与不相关之间的不完全相关。

三、相关程度的表示

相关程度可以用相关统计量来表示，相关统计量的取值范围在 $-1 \sim 1$ 之间，正负号表示相关关系的方向，数值表示相关关系的强弱，其绝对值越大，表示相关性越强。相关统计量等于 -1 或 1，表明两变量完全相关，即两变量之间存在确定的函数关系；相关统计量等于 0，表明两变量之间是零相关。

需要说明的是，相关统计量是用来表示变量间相关程度的量的指标，而不是相关量的等单位度量。因此，不能说相关统计量0.6是相关统计量0.3的两倍，而只能说相关统计量为0.6的两个变量之间的相关程度比相关统计量为0.3的两个变量之间的相关程度更为密切。相关统计量也不是相关的百分数。因此，不能说相关统计量0.6表示两变量有60%的相关。

四、常用相关统计量的计算

不同测量尺度的变量，其相关统计量的计算方法是不同的。如果是两个定距测量的变量，则可以根据两变量数值上的共同变化来理解它们之间的相关。这种基于共变基础的相关统计量也就是一般数理统计上所说的相关系数。如果是两个定类或定序测量的变量，则可以从连同发生的角度来理解其相关关系，即当一个变量中的某种情况（类别）发生时，另一变量中的某种情况（类别）会更有可能发生。这里隐含着根据一个变量的取值情况去预测或估计另一个变量的取值的意思。基于这种预测，人们提出了消减误差比例（PRE）的概念。所谓消减误差比例，是指当两个变量之间存在相关关系时，用其中一个变量X的取值分布去预测另一变量Y的取值，比不利用变量X的取值分布而直接预测变量Y的取值时所能够减少的误差与总误差之比。PRE数值表示用一个变量去预测或解释另一个变量时能够消除百分之几的误差。消减误差比例越大，表明两变量之间的相关关系越强。消减误差比例是解释相关关系的主要依据。定类或定序变量之间的相关计算公式大多建立在消减误差比例的基础之上。

消减误差比例的公式为

$$PRE = \frac{E_1 - E_2}{E_1}$$

式中　E_1——不利用变量X的取值分布的情况下预测Y的取值时所产生的误差；

E_2——用变量X的取值分布去预测Y的取值时所产生的误差。

常用的相关统计量主要有Lambda、tau-y、Gamma、tau-b、d_y、E^2、r等。

（一）相关统计量 *Lambda*

Lambda（简记为λ系数或λ_y系数）是适用于定类变量（或一个定类变量与一个定序变量）之间的一种相关统计量。Lambda相关统计量的基本逻辑是计算以一个定类变量的值去预测另一个定类变量的值时，如果以众数作为预测的准则，可以减少多少误差。消减的误差占全部误差的比重越大，表示两个变量的相关性越强。Lambda的统计值介于0~1之间，其计算公式分为对称与不对称两种形式。

当两变量是对称关系（即不分自变量与因变量）时，Lambda的计算公式为

$$\lambda = \frac{\sum m_{ox} + \sum m_{oy} - (M_{ox} + M_{oy})}{2n - (M_{ox} + M_{oy})}$$

式中　m_{ox}——Y变量每一个取值（类别）下X变量的众数次数；

m_{oy}——X变量每一个取值（类别）下Y变量的众数次数；

M_{ox}——X变量的众数次数；

M_{oy}——Y变量的众数次数；

n——样本容量。

当两变量是不对称关系（即区分自变量与因变量）时，$Lambda$ 的计算公式为

$$\lambda_y = \frac{\sum m_{oy} - M_{oy}}{n - M_{oy}}$$

式中　m_{oy}——X 变量每一个取值（类别）下 Y 变量的众数次数；
　　　M_{oy}——Y 变量的众数次数；
　　　n——样本容量。

例如，对 100 名大学生最喜欢的课外书进行了调查，得到的资料见表 8-16。

表 8-16　100 名大学生最喜欢的课外书　　　　　　　　　（单位：名）

最喜欢的课外书	性　别		小　计
	男	女	
小说类	10	23	33
教辅类	15	25	40
时政类	25	2	27
合　计	50	50	100

在表 8-16 中，性别和最喜欢的课外书两个都是定类变量，其中性别可以被看作自变量，最喜欢的课外书可以被看作因变量。因此，应当选用 λ_y 来计算其相关程度。

$$\lambda_y = \frac{\sum m_{oy} - M_{oy}}{n - M_{oy}} = \frac{(25 + 25) - 40}{100 - 40} = 0.17$$

该统计值表明，在知道性别的情况下预测大学生最喜欢的课外书，可以消减 17% 的误差。

又如，对 100 对夫妻的家庭与事业观进行了调查，得到的资料见表 8-17。

表 8-17　100 对夫妻的家庭与事业观　　　　　　　　　（单位：对）

丈夫的家庭与事业观	妻子的家庭与事业观			小　计
	以家庭为重	以事业为重	家庭与事业并重	
以家庭为重	20	5	15	40
以事业为重	5	8	10	23
家庭与事业并重	10	7	20	37
合　计	35	20	45	100

在表 8-17 中，丈夫的家庭与事业观和妻子的家庭与事业观两个都是定类变量，二者相互影响，难以区分哪个是自变量，哪个是因变量。因此，应当选用 λ 来计算其相关程度。

$$\lambda = \frac{\sum m_{ox} + \sum m_{oy} - (M_{ox} + M_{oy})}{2n - (M_{ox} + M_{oy})} = \frac{(20 + 10 + 20) + (20 + 8 + 20) - (45 + 40)}{2 \times 100 - (45 + 40)} = 0.11$$

该统计值表明，以丈夫的家庭与事业观和妻子的家庭与事业观两个变量互相预测，可以消减 11% 的误差。

λ 系数是以众数作为预测标准的，如果全部众数集中在交互分类表（或条件次数表）的同一列或同一行中，则 λ 系数便会等于 0。此时，可以改用古德曼（Goodman）和克鲁斯卡尔（Kruskal）的 $tau\text{-}y$ 系数对相关程度进行测量。

（二）相关统计量 tau-y

相关统计量 tau-y（简记为 τ）适用于不对称相关测量，要求在两个定类变量（或一个定类变量和一个定序变量）中能够区分自变量与因变量。其统计值介于 0～1 之间。由于 tau-y 值计算中包括全部边缘次数（即交互分类表中某个变量的某个取值的总次数）和条件次数（即交互分类表中两变量取值交叉项的次数），所以其敏感度高于 Lambda 相关测量法。

$$\tau = \frac{E_1 - E_2}{E_1}, \text{ 其中 } E_1 = \sum \frac{F_{yi}(n - F_{yi})}{n}, \quad E_2 = \sum \frac{f_{ij}(F_{xj} - f_{ij})}{F_{xj}}$$

式中　E_1——不利用变量 X 的取值分布而直接预测变量 Y 的取值时的全部误差；

　　　E_2——利用变量 X 的取值分布去预测变量 Y 的取值时所产生的误差；

　　　F_{yi}——Y 变量第 i 个取值（类别）所对应的边缘次数；

　　　F_{xj}——X 变量第 j 个取值（类别）所对应的边缘次数；

　　　f_{ij}——Y 变量第 i 个取值（类别）与 X 变量第 j 个取值（类别）交叉项的条件次数；

　　　n——样本容量。

例 8-8 » 根据表 8-16 所提供的资料，求相关统计量 tau-y。

$$E_1 = \frac{33 \times (100-33)}{100} + \frac{40 \times (100-40)}{100} + \frac{27 \times (100-27)}{100} = 65.82$$

$$E_2 = \frac{10 \times (50-10)}{50} + \frac{15 \times (50-15)}{50} + \frac{25 \times (50-25)}{50} + \frac{23 \times (50-23)}{50} + \frac{25 \times (50-25)}{50} + \frac{2 \times (50-2)}{50}$$
$$= 57.84$$

$$\tau = \frac{65.82 - 57.84}{65.82} = 0.12$$

该统计值表明，在知道性别的情况下预测大学生最喜欢的课外书，可以消减 12% 的误差。

（三）相关统计量 Gamma

相关统计量 Gamma（简记为 G 或 γ）适用于测量两个具有对称关系的定序变量之间的相关程度。其统计值介于 -1～1 之间，在表示相关程度的同时又指明相关的方向。Gamma 系数的基本含义是：根据任何两个个案在某一变量上的等级去预测它们在另一变量上的等级时，可以消减多少误差。Gamma 系数的计算公式为

$$G = \frac{N_s - N_d}{N_s + N_d}$$

式中　N_s——同序对（即两个个案在两个变量上的相对等级相同）对数；

　　　N_d——异序对（即两个个案在两个变量上的相对等级不相同）对数。

例 8-9 » 某社区敬老院记录了 5 位老人的身体健康状况（分为很好、较好、一般、较差、很差 5 个等级）与日活动量（分为很多、较多、一般、较少、很少 5 个等级），具体资料见表 8-18。要求计算老人的身体健康状况与日活动量之间的相关程度。

表 8-18　5 位老人的身体健康状况与日活动量

个　案　号	健康状况等级	日活动量等级
A	较好	很多
B	一般	较少
C	较差	一般
D	很差	很少
E	很好	较多

由于老人的身体健康状况与日活动量可能相互影响，所以这里难以区分自变量和因变量，即两个变量属于对称关系，适合选 Gamma 系数进行相关度量。5 个个案可以组成 A 与 B、A 与 C、A 与 D、A 与 E、B 与 C、B 与 D、B 与 E、C 与 D、C 与 E、D 与 E 共 10 对个案，其中同序对有 A 与 B、A 与 C、A 与 D、B 与 D、B 与 E、C 与 D、C 与 E、D 与 E 等 8 对，异序对有 A 与 E、B 与 C 等 2 对。

$$G=\frac{8-2}{8+2}=0.6$$

该统计值表明，老人的身体健康状况与日活动量成正相关关系，相关程度为 0.6，即以老人身体健康状况的相对等级去预测其日活动量的相对等级，可以消减 60% 的误差，反之亦然。

上面所介绍的是如何根据原始资料计算 G 系数。可是，在社会调查研究中，由于一次调查的个案往往比较多，因而常常采用频数、频率表或交互分类表对资料进行简化。下面举例说明如何利用交互分类表资料求 G 系数。

假设调查了 100 名大学生，得到其父母的文化程度见表 8-19。求父母的文化程度之间的相关程度。

表 8-19　父母的文化程度　　　　　　　　　　（单位：人）

父亲的文化程度	母亲的文化程度			小　计
	初中及以下	高中（中专、职高）	大学专科及以上	
初中及以下	10	5	0	15
高中（中专、职高）	20	20	5	45
大学专科及以上	5	15	20	40
合　计	35	40	25	100

父亲的文化程度和母亲的文化程度二者之间难以区分自变量和因变量，因而属于一种对称关系，可选用 Gamma 系数测量二者间的相关程度。

在交互分类表中，确定同序对和异序对的基本规则是：如果两个变量的等级排列方向是一致的，那么凡是处在某一单元格右下角的单元格，都与该单元格构成同序对；处在左下角的，都与该单元格构成异序对。如果两个变量的等级排列方向是不一致的，那么同序对和异序对的确定规则正好相反。

当两个变量的等级排列方向一致时，同序对与异序对的计算公式分别如下：

同序对（N_s）：

$$N_s = \sum N_i$$

式中　N_i——某一单元格的同序对，N_i = 某一单元格条件次数 × 该单元格右下角各单元格条件次数之和。

异序对（N_d）：

$$N_d = \sum N_i$$

式中　N_i——某一单元格的异序对，N_i = 某一单元格条件次数 × 该单元格左下角各单元格条件次数之和。

在表 8-19 中，父亲的文化程度和母亲的文化程度两变量的等级排列方向是一致的，都是由低到高。

$$N_s = 10 \times (20+15+5+20) + 20 \times (15+20) + 5 \times (5+20) + 20 \times 20 = 1\,825$$
$$N_d = 0 \times (20+15+20+5) + 5 \times (5+15) + 5 \times (20+5) + 20 \times 5 = 325$$
$$G = \frac{1825 - 325}{1825 + 325} \approx 0.70$$

该统计值表明，父亲的文化程度和母亲的文化程度成正相关关系，相关程度约为 0.70。即以学生父亲的文化程度去预测其母亲的文化程度，或者以其母亲的文化程度去预测其父亲的文化程度，均可以消减大约 70% 的误差。

（四）相关统计量 *tau-b*

肯德尔（Kendall）的 *tau-b* 也适用于测量两个具有对称关系的定序变量之间的相关程度。在横行与纵列数量相等的交互分类表中，*tau-b* 系数的取值介于 $-1 \sim 1$ 之间。与 G 系数不同的是，*tau-b* 在计算时既考虑了只在自变量 X 上同分（即两个个案在自变量 X 上取值一样，属于同一等级）的对（T_x），也考虑了只在因变量 Y 上同分（即两个个案在因变量 Y 上取值一样，属于同一等级）的对（T_y）；而 G 系数在计算时则不考虑同分对。*tau-b* 系数的计算公式为

$$tau\text{-}b = \frac{N_s - N_d}{\sqrt{N_s + N_d + T_x}\sqrt{N_s + N_d + T_y}}$$

在交互分类表（假定纵栏为自变量 X，横行为因变量 Y）中，确定同分对的基本规则是：如果两个变量的等级排列方向是一致的，那么凡是与某一单元格处于同一横行，且位于右边的单元格，都与该单元格构成只在因变量 Y 上同分的对；凡是与某一单元格处于同一纵栏，且位于下边的单元格，都与该单元格构成只在自变量 X 上同分的对；每个单元格内的个案所组成的对，属于在两个变量上都同分的对。如果两个变量的等级排列方向是不一致的，那么只在因变量 Y 或自变量 X 上同分的对的确定规则正好相反。

当两个变量的等级排列方向一致时，只在自变量 X 上同分的对（T_x）的计算公式为

$$T_x = \sum T_i$$

式中　T_i——与某一单元格构成只在自变量 X 上同分的对，T_i = 某一单元格条件次数 × 该单元格下方各单元格（同列）条件次数之和。

当两个变量的等级排列方向一致时，只在因变量 Y 上同分的对（T_y）的计算公式为

$$T_y = \sum T_i$$

式中　T_i——与某一单元格构成只在因变量 Y 上同分的对，$T_i=$ 某一单元格条件次数 × 该单元格右边各单元格（同行）条件次数之和。

计算在两个变量上都同分的对（T_{xy}），需要先计算每个条件单元格内的个案所组成的对数，再将所有对数相加。

$$各条件单元格内个案对数 = \frac{f_{ij} \times (f_{ij}-1)}{2}$$

$$T_{xy} = 各条件单元格内个案对数之和$$

式中　f_{ij}——Y 变量第 i 个取值（等级）与 X 变量第 j 个取值（等级）交叉项的条件次数。

例如，在表 8-19 中，T_x、T_y 与 T_{xy} 的计算分别为

$$T_x = 10 \times (20+5) + 20 \times 5 + 5 \times (20+15) + 20 \times 15 + 5 \times 20 = 925$$

$$T_y = 10 \times (5+0) + 5 \times 0 + 20 \times (20+5) + 20 \times 5 + 5 \times (15+20) + 15 \times 20 = 1\,125$$

$$T_{xy} = \frac{10 \times (10-1)}{2} + \frac{20 \times (20-1)}{2} + \frac{5 \times (5-1)}{2} + \cdots + \frac{20 \times (20-1)}{2} = 750$$

$$tau\text{-}b = \frac{1825 - 325}{\sqrt{1825 + 325 + 925}\sqrt{1825 + 325 + 1125}} \approx 0.47$$

该统计值表明，父亲的文化程度和母亲的文化程度成正相关关系，相关程度约为 0.47，即以学生父亲的文化程度去预测其母亲的文化程度，或者以其母亲的文化程度去预测其父亲的文化程度，均可以消减大约 47% 的误差。可见，在同分对较多的情况下，$tau\text{-}b$ 系数比 G 系数要保守一些。这是由于 $tau\text{-}b$ 系数的分母中同时考虑了变量 X 与 Y 上的同分对，所以其值比 G 系数要小。

（五）相关统计量 d_y

萨默斯（Somers）的 d_y 系数适用于测量两个具有不对称关系的定序变量之间的相关程度。其统计值介于 $-1 \sim 1$ 之间。d_y 系数的计算公式为

$$d_y = \frac{N_s - N_d}{N_s + N_d + T_y}$$

例如，假设调查了 100 名高中生，得到学生的升学愿望和其父亲对子女的学业期望资料，见表 8-20。

表 8-20　学生的升学愿望和其父亲对子女的学业期望　　　　　　　　　　（单位：人）

学生的升学愿望	父亲对子女的学业期望			小　计
	高	中	低	
强烈	30	15	10	55
中等	15	5	5	25
不强烈	5	10	5	20
合　计	50	30	20	100

一般情况下，可以将父亲对子女的学业期望视作自变量，将学生的升学愿望视作因变量。因而，可以选择 d_y 系数来测量两个变量之间的相关程度。

$$N_s=30\times(5+10+5+5)+15\times(10+5)+15\times(5+5)+5\times5=750+225+150+25=1\,150$$

$$N_d=10\times(5+10+15+5)+5\times(10+5)+15\times(15+5)+5\times5=750$$

$$T_y=30\times(15+10)+15\times(5+5)+5\times(10+5)+15\times10+5\times5+10\times5=1\,200$$

$$d_y=\frac{1150-750}{1150+750+1200}\approx0.13$$

该统计值表明，父亲对子女的学业期望与学生的升学愿望成正相关关系，相关程度约为0.13，即以父亲对子女的学业期望去预测学生的升学愿望，可以消减大约13%的误差。

（六）相关统计量 E^2

相关比率又称 Eta 平方系数（简记为 E^2 或 η^2），适用于以定类（或定序）变量为自变量，以定距（或定比）变量为因变量的两个变量间相关关系的测量。相关比率以均值作为预测准则，其基本含义是：在知道自变量 X 取值分布的情况下，预测因变量 Y 的取值时能够消减的误差占总误差的比例。其统计值介于 0 ~ 1 之间，计算公式为

$$E^2=\frac{\sum(Y-\overline{Y})^2-\sum(Y-\overline{Y_i})^2}{\sum(Y-\overline{Y})^2}$$

式中　Y——因变量的各个取值；

　　　$\overline{Y}$——因变量的均值；

　　　$\overline{Y_i}$——在自变量每个取值（X_i）上因变量的均值。

上述公式可以转化为如下形式（该形式运算相对方便一些）：

$$E^2=\frac{\sum n_i\overline{Y_i}^2-n\overline{Y}^2}{\sum Y^2-n\overline{Y}^2}$$

式中　Y——因变量的各个取值；

　　　$\overline{Y}$——因变量的均值；

　　　$\overline{Y_i}$——在自变量每个取值（X_i）上因变量的均值；

　　　n_i——自变量每个取值（X_i）的频数；

　　　n——样本容量。

例如，假设调查了15名小学生，得到了早餐营养和学习综合成绩两项资料，见表8-21。

表8-21　15名小学生的早餐营养和学习成绩

	早餐营养好	早餐营养一般	早餐营养不好	总　体
学习综合成绩（分）	90	93	75	
	91	91	81	
	95	90	73	
	94	85	76	
	80	81	95	
n_i	5	5	5	（n）15
$\overline{Y_i}$	90	88	80	（$\overline{Y}$）86

$$E^2 = \frac{5 \times 90^2 + 5 \times 88^2 + 5 \times 80^2 - 15 \times 86^2}{90^2 + 91^2 + 95^2 + 94^2 + 80^2 + \cdots + 95^2 - 15 \times 86^2} \approx 0.34$$

该统计值表明，小学生早餐营养状况和学习综合成绩成正相关关系，相关程度约为 0.34，即以小学生早餐营养状况去预测其学习综合成绩，可以消减大约 34% 的误差。

（七）相关统计量 r

皮尔逊（Pearson）积差相关系数（简记为 r 或 R）适用于测量两个具有对称关系的定距（或定比）变量之间的相关程度。其统计值介于 $-1 \sim 1$ 之间，既表示相关的方向，又表示相关的程度。积差相关系数是从两个变量共变的角度来分析相关关系的，其基本含义是：两个变量以其平均数为基准的平均共变程度与其标准差之比。r 本身不具有消减误差比例的意义，但其平方 r^2（被称为决定系数）具有消减误差比例的意义。积差相关系数的计算公式为

$$r = \frac{\sum (X_i - \overline{X})(Y_i - \overline{Y})}{n S_x S_y}$$

式中　X_i——变量 X 的各个取值；

$\overline{X}$——变量 X 的均值；

Y_i——变量 Y 的各个取值；

$\overline{Y}$——变量 Y 的均值；

n——样本容量；

S_x——变量 X 的标准差；

S_y——变量 Y 的标准差。

在原始资料中，由于 $S_x = \sqrt{\dfrac{\sum (X_i - \overline{X})^2}{n}}$，$S_y = \sqrt{\dfrac{\sum (Y_i - \overline{Y})^2}{n}}$，所以上述公式可以转化为

$$r = \frac{\sum (X_i - \overline{X})(Y_i - \overline{Y})}{\sqrt{\sum (X_i - \overline{X})^2} \sqrt{\sum (Y_i - \overline{Y})^2}}$$

需要注意的是：如果要根据单值分组资料或组距分组资料计算 r 系数，由于标准差的计算公式发生了变化，因而 r 系数的计算公式也会发生相应的变化。

例 8-10　假设调查了 10 名学生的语文成绩与英语成绩，具体资料见表 8-22。求语文成绩与英语成绩之间的相关程度。

表 8-22　10 名学生的语文成绩与英语成绩

个案号	语文成绩（X）	英语成绩（Y）	$X_i - \overline{X}$	$Y_i - \overline{Y}$	$(X_i - \overline{X})(Y_i - \overline{Y})$	$(X_i - \overline{X})^2$	$(Y_i - \overline{Y})^2$
1	88	82	6	8	48	36	64
2	83	85	1	11	11	1	121
3	70	65	−12	−9	108	144	81
4	80	83	−2	9	−18	4	81
5	90	70	8	−4	−32	64	16
6	85	71	3	−3	−9	9	9

（续）

个案号	语文成绩（X）	英语成绩（Y）	$X_i-\overline{X}$	$Y_i-\overline{Y}$	$(X_i-\overline{X})(Y_i-\overline{Y})$	$(X_i-\overline{X})^2$	$(Y_i-\overline{Y})^2$
7	87	80	5	6	30	25	36
8	75	66	−7	−8	56	49	64
9	72	65	−10	−9	90	100	81
10	90	73	8	−1	−8	64	1
合计	820	740			276	496	554
均值			$\overline{X}=82$	$\overline{Y}=74$			

$$r=\frac{276}{\sqrt{496}\sqrt{554}}\approx 0.53$$

该统计值表明，学生的语文成绩与英语成绩成正相关关系，相关程度约为0.53。其决定系数 $r^2\approx 0.28$，说明用学生的语文成绩与英语成绩相互预测，可以消减大约28%的误差。

五、相关关系的检验

Lambda、tau-y、Gamma、tau-b、d_y、E^2、r等相关统计量是根据样本资料计算出来的，由于抽样误差的存在，所以即使样本中两个变量呈现出相关关系，在总体中，这两个变量也未必一定存在相关关系。但是，抽样调查的目的是调查部分以认识总体，这就需要对样本统计值所显示的相关关系进行检验，以确定在总体中两个变量是否也存在相关关系。

（一）相关关系检验的基本步骤

（1）设立研究假设（H_1：在总体中，两变量 X 与 Y 相关）与虚无假设（H_0：在总体中，两变量 X 与 Y 不相关）。

（2）根据样本资料选择相关关系的检验统计量并计算出统计值及其相伴概率 p 值。

（3）根据给定的显著性水平 α，查表，得到相应的临界值。

（4）将检验统计量的统计值及其相伴概率与显著性水平 α 及其临界值进行对比，当统计值≥临界值（或相伴概率≤显著性水平 α）时，表明差异显著，应接受研究假设，即在总体中，两变量 X 与 Y 也相关；当统计值<临界值（或相伴概率>显著性水平 α）时，表明差异不显著，应接受虚无假设，即在总体中，两变量 X 与 Y 并不相关，样本统计上的相关是由抽样误差所引起的。

（二）常用相关关系检验方法

变量的测量尺度不同，其相关关系检验的方法也不一样。表8-23列出了变量类型及其常用相关统计量、相关关系检验方法与检验统计量的对应关系。

表8-23 两变量的相关统计量和检验方法及其统计量的对应关系

变量类型	相关统计量	检验方法与检验统计量	
		检验方法	检验统计量
定类 – 定类（定序）	Lambda、tau-y	χ^2 检验	χ^2
定序 – 定序	Gamma、tau-b、d_y	Z 检验（$n\geq 30$） t 检验（$n<30$）	Z、t
定类（定序）– 定距	E^2	F 检验、t 检验	F、t
定距 – 定距	r	F 检验、t 检验	F、t

1. 定类变量之间或定类变量与定序变量之间相关关系的检验：χ^2 检验

χ^2（读作卡方）检验是对次数分布的检验，适用于检验定类变量之间或定类变量与定序变量之间的相关关系。χ^2 检验建立在 χ^2 分布之上，所针对的是总体的次数分布，其基本思路是以理论分布次数为基准，考察实际观测次数与理论分布次数之间的偏离程度，并据此对虚无假设 H_0 的正确与否做出判断。当检验统计量 $\chi^2 \geq$ 临界值 χ^2_α 时，拒绝虚无假设 H_0，接受研究假设 H_1；当 $\chi^2 <$ 临界值 χ^2_α 时，接受虚无假设 H_0。χ^2 值及其自由度的计算公式分别为

$$\chi^2 = \sum \frac{(f_o - f_e)^2}{f_e}$$

对于 $r \times c$ 交互分类表而言，$df = (c-1)(c-1)$

式中，f_o 表示实际观测次数，f_e 表示理论分布次数，每一单元格的理论分布次数等于相应的两个边缘次数之积除以样本容量，即 $f_e = \dfrac{F_{yi} \times F_{xj}}{n}$。$F_{yi}$ 为 Y 变量第 i 个取值（类别）所对应的边缘次数，F_{xj} 为 X 变量第 j 个取值（类别）所对应的边缘次数。r 和 c 分别表示两变量的取值（类别）数。

例 8-11 假设对 100 名成年社区居民参与社区事务情况进行了调查，得到的资料见表 8-24。问居民性别和参与社区事务两变量是否相关（显著性水平 $\alpha=0.05$）。

表 8-24　100 名成年社区居民参与社区事务情况　　　　（单位：人）

参 与 度	性 别		小 计
	男	女	
高	10	25	35
中	15	20	35
低	25	5	30
合 计	50	50	100

性别和参与社区事务两变量中，一个是定类变量，另一个是定序变量。可采用 χ^2 检验来判断总体中居民性别和参与社区事务是否存在相关关系。具体步骤如下：

第一步：建立如下研究假设与虚无假设。

H_1：在总体中，居民性别和参与社区事务两变量存在相关关系。

H_0：在总体中，居民性别和参与社区事务两变量相互独立，互不相关。

第二步：根据样本资料计算 χ^2 值（见表 8-25）。

表 8-25　χ^2 值计算

参 与 度	性 别						小 计
	男			女			
	f_o	f_e	$\dfrac{(f_o-f_e)^2}{f_e}$	f_o	f_e	$\dfrac{(f_o-f_e)^2}{f_e}$	
高	10	17.5	3.21	25	17.5	3.21	35
中	15	17.5	0.36	20	17.5	0.36	35
低	25	15	6.67	5	15	6.67	30
合 计	50		10.2	50		10.2	100

$$\chi^2 = 10.2 + 10.2 = 20.4$$
$$df = (3-1)(2-1) = 2$$

第三步：查 χ^2 分布表，得到当显著性水平 $\alpha=0.05$，$df=2$ 时，临界值 $\chi^2_{0.05} = 5.991$。

第四步：由于 $\chi^2 = 20.4 \geqslant \chi^2_{0.05} = 5.991$，表明差异显著，所以应拒绝虚无假设，接受研究假设，即在总体中，居民性别和参与社区事务两变量存在相关关系。

2. 两个定序变量之间相关关系的检验：Z 检验与 t 检验

根据统计学的推算，在总体中，如果两个定序变量之间不存在相关关系（即 Gamma=0）的话，那么随机样本的 G 统计值的抽样分布就会接近正态分布。因此，在随机样本中，两个定序变量之间相关关系的检验可以采用 Z 检验法（即正态分布检验法）。G 值标准化的公式为

$$Z = G\sqrt{\frac{N_s + N_d}{n(1-G^2)}}$$

式中　G——随机样本的 Gamma 系数值；
　　　N_s——同序对数；
　　　N_d——异序对数；
　　　n——样本容量。

当样本为小样本时，则应当采用 t 检验法。t 分布与自由度有关，随着自由度的增大，t 分布会越接近于 Z 分布。因而，t 检验法也适用于大样本的情况。t 值及其自由度的计算公式为

$$t = G\sqrt{\frac{N_s + N_d}{n(1-G^2)}}, \quad df = N_s + N_d - 2$$

例8-12 » 前面我们根据表8-19的资料，求得父亲的文化程度和母亲的文化程度之间的 Gamma 值为 0.70，即样本资料显示二者之间存在中度相关关系。现在要问的是，这种相关关系能否推论到总体当中去（假定显著性水平 $\alpha=0.05$）。这一问题可以通过 Z 检验或 t 检验来回答。

第一步：设立研究假设与虚无假设。

H_1：在总体中，Gamma≠0，即父亲的文化程度和母亲的文化程度之间存在相关关系。
H_0：在总体中，Gamma=0，即父亲的文化程度和母亲的文化程度之间不存在相关关系。

第二步：根据样本资料计算 Z 值（或 t 值）。

$$Z（\text{或}\ t） = 0.70 \times \sqrt{\frac{1825 + 325}{100 \times (1 - 0.70^2)}} \approx 4.54$$

第三步：查 Z 检验表，得到当显著性水平 $\alpha=0.05$ 时，临界值 $Z_{0.05/2} = 1.96$。

第四步：由于 $|Z|=4.54 > Z_{0.05/2} = 1.96$，所以应拒绝虚无假设，接受研究假设，即在总体中，Gamma≠0，父亲的文化程度和母亲的文化程度之间存在相关关系。

上述第三步与第四步也可改为查 t 检验表，将 t 的绝对值与 t 的临界值进行对比。当自由度为 2 148（df=1 825+325-2=2 148）时，$t_{0.05/2}=1.96$。由于 $|t|=4.54>Z_{0.05/2}=1.96$，所以应拒绝

虚无假设，接受研究假设。

需要说明的是：由于 tau-b、d_y 与 Gamma 系数都是以 N_s-N_d 作为分子，所以，如果在总体中，$G=0$（此时 $N_s-N_d=0$），那么在总体中，必定有 tau-b=d_y=0。因此，Gamma、tau-b 与 d_y 这 3 种相关系数的检验可用相同的方法。

3. 定类变量与定距变量之间或两个定距变量之间相关关系的检验：F 检验与 t 检验

定类变量与定距变量之间的相关关系的检验，可以用 F 检验，其目的是推算各子总体中的均值是否相等，当定类变量为二分变量时，也可以用 t 检验；定距变量与定距变量之间的相关关系的检验，既可用 F 检验，也可以用 t 检验。

（1）对于定类变量与定距变量，F 值及其自由度的计算公式分别为

$$F=\frac{E^2}{1-E^2}\left(\frac{n-k}{k-1}\right), \mathrm{d}f_1=k-1, \mathrm{d}f_2=n-k$$

式中　E^2——相关比率；
　　　k——自变量的分组数；
　　　n——样本容量。

例 8-13 根据表 8-21 中的样本资料，已求得小学生早餐营养状况和学习综合成绩之间的相关比率为 0.34。请问：这种相关关系能推论到总体当中去吗（假定取显著性水平 $\alpha=0.05$）？可用 F 检验来判断。

第一步：设立研究假设与虚无假设。

H_1：在总体中，小学生早餐营养状况和学习综合成绩之间存在相关关系，即早餐营养状况不同的小学生的学习综合成绩的均值是不完全相同的。

H_0：在总体中，小学生早餐营养状况和学习综合成绩之间不存在相关关系，即早餐营养状况不同的小学生的学习综合成绩的均值是完全相同的，$\mu_1=\mu_2=\mu_3$。

第二步：根据样本资料计算 F 值及其自由度。

$$F=\frac{0.34}{1-0.34}\times\frac{15-3}{3-1}\approx 3.09, \mathrm{d}f_1=3-1=2, \mathrm{d}f_2=15-3=12$$

第三步：查 F 分布表，得到当显著性水平 $\alpha=0.05$，$\mathrm{d}f_1=2$，$\mathrm{d}f_2=12$ 时，临界值 $F_{0.05}=3.88$。

第四步：由于 $F\approx 3.09<F_{0.05}=3.88$，所以无法拒绝虚无假设，即在总体中，小学生早餐营养状况和学习综合成绩之间并不存在相关关系。样本统计上的相关是由于抽样误差引起的，不能推论到总体中去。

（2）对于定距变量与定距变量，F 值与 t 值及其自由度的计算公式分别为

$$F=\frac{r^2(n-2)}{1-r^2}, \mathrm{d}f_1=1, \mathrm{d}f_2=n-2$$

$$t=r\sqrt{\frac{n-2}{1-r^2}}, \mathrm{d}f=n-2$$

式中　r——相关系数；
　　　r^2——决定系数；
　　　n——样本容量。

从 F 值与 t 值的计算公式中，可以看出二者存在如下关系：$t=\sqrt{F}$。

例 8-14 » 根据表 8-22 中的样本资料，已求得 10 名学生的语文成绩与英语成绩之间的相关系数为 0.53，决定系数 $r^2 \approx 0.28$。请问：这种相关关系能推论到总体当中去吗？可用 F 检验或 t 检验对此相关系数 r 进行检验。

第一步：设立研究假设与虚无假设。

H_1：在总体中，$r \neq 0$，即学生的语文成绩与英语成绩之间存在相关关系。

H_0：在总体中，$r=0$，即学生的语文成绩与英语成绩之间不存在相关关系。

第二步：根据样本资料计算 F 值（或 t 值）。

$$F=\frac{0.28 \times (10-2)}{1-0.28} \approx 3.11,\ df_1=1,\ df_2=10-2=8$$

$$t=0.53 \times \sqrt{\frac{10-2}{1-0.28}} \approx 1.77,\ df=10-2=8$$

第三步：查 F 分布表，得到当显著性水平 $\alpha=0.05$，$df_1=1$，$df_2=8$ 时，临界值 $F_{0.05}=5.32$。或者查 t 分布表，得到当显著性水平 $\alpha=0.05$，$df=8$ 时，临界值 $t_{0.05/2}=2.31$。

第四步：由于 $F \approx 3.11 < F_{0.05}=5.32$，所以无法拒绝虚无假设，即在总体中，学生的语文成绩与英语成绩之间并不存在相关关系。样本统计上所显示的相关关系不能推论到总体中去。换成比较 t 值，也能得到同样的结果，因为 $t \approx 1.77 < t_{0.05/2}=2.31$，所以无法拒绝虚无假设。

实作训练

一、任务描述

利用"昆明市低保制度实施状况调查"SPSS 数据文件（截取了 232 个个案的信息），学习如何通过 SPSS 求样本资料中两变量之间的相关系数，并对相关关系进行检验。

二、任务分析

求两个变量之间的相关系数，首先应当弄清楚两个变量的测量尺度。如果是两个定类变量或一个定类变量与一个定序变量，可以用 *Lambda* 和 *tau-y* 系数进行测量；如果是两个定序变量，可以用 *Gamma*、*tau-b*、d_y 系数进行测量；如果是一个定类（或定序）变量与一个定距变量，可以用 E^2 系数进行测量；如果是两个定距变量，可以用 r 系数进行测量。相关关系的检验方法主要有 χ^2 检验、Z 检验、F 检验与 t 检验，变量类型不同，检验方法也不尽相同。

三、操作过程

1. 两个定类变量之间相关关系的测量与检验

以"性别"与"您认为政府有必要规定最低工资标准吗"为例，利用 SPSS 求两个定类变量之间的相关关系并进行检验。

（1）打开"昆明市低保制度实施状况调查.sav"，执行"分析（A）"→"描述统计（E）"→"交叉表（C）..."命令。此时会出现"交叉表"对话框（见图 8-20），将变量"性别"从左边的变量列表中选入右边的"列（C）"框中，将变量"您认为政府有必要规定最低工资标准吗"选入右边的"行（O）"框中（见图8-21）。

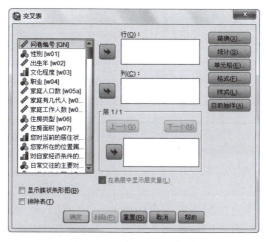

图8-20 "交叉表"对话框

（2）单击"统计（S）…"按钮，在"交叉表：统计"对话框中选中"卡方（H）"和"名义"虚框中的"Lambda"统计量，单击"继续（C）"按钮（见图8-22）。

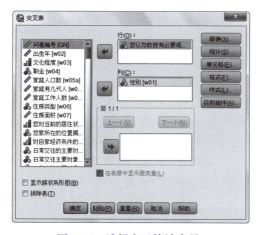

图8-21 选择交叉统计变量

图8-22 "交叉表：统计"对话框

（3）在"交叉表"对话框中单击"确定"按钮，即可得到统计结果，见表8-26、表8-27。

表8-26 卡方检验

	值	自由度	渐进显著性（双侧）
皮尔逊卡方	0.060①	2	0.970
似然比	0.060	2	0.970
线性关联	0.019	1	0.892
有效个案数	228		

① 0个单元格(0.0%)的期望计数小于5。最小期望计数为8.68。

表 8-27　定向测量

			值	渐进标准化误差①	近似T②	渐进显著性
从名义到名义	Lambda	对称	0.000	0.027	0.000	1.000
		您认为政府有必要规定最低工资标准吗？ 因变量	0.000	0.000	③	③
		性别 因变量	0.000	0.039	0.000	1.000
	古德曼和克鲁斯卡尔 tau-y	您认为政府有必要规定最低工资标准吗？ 因变量	0.000	0.001		0.980④
		性别 因变量	0.000	0.002		0.971

① 未假定原假设。
② 在假定原假设的情况下使用渐进标准误差。
③ 由于渐进标准误差等于零，因此无法进行计算。
④ 基于卡方近似值。

（4）统计结果解读。卡方检验表明：自由度 =2，卡方值 =0.06，小于显著性水平为 0.05 时的临界值 5.991（查 χ^2 分布表即可得到不同自由度下 χ^2 的临界值）；也可直接比较卡方值的相伴概率，此例中卡方值的相伴概率为 0.97，大于显著性水平 0.05，所以应接受原假设，即两变量不相关。对称的 Lambda 和不对称的 Lambda、古德曼和克鲁斯卡尔 tau-y 系数皆为 0，表明对"政府有无必要规定最低工资标准"这一问题的看法与性别不相关，即男性与女性对此问题的看法没有区别。

2. 两个定序变量之间相关关系的测量与检验

以"文化程度"和"对自家经济状况的感受"为例，利用 SPSS 求两个定序变量之间的相关关系并进行检验。

（1）打开"昆明市低保制度实施状况调查 .sav"，执行"分析（A）"→"相关（C）"→"双变量（B）..."命令，此时会出现"双变量相关性"对话框（见图 8-23）。将变量"文化程度"和"对自家经济状况的感受"从左边的变量列表中选入右边的"变量（V）"框中，并在"相关系数"框中选择"肯德尔 tau-b（K）"，系统默认在"显著性检验"框中选择"双尾（T）"，默认"标记显著性相关性（F）"选项，如图 8-24 所示。

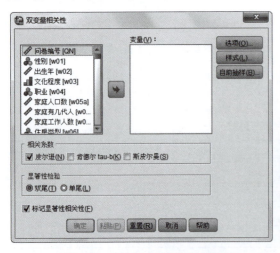

图 8-23　"双变量相关性"对话框

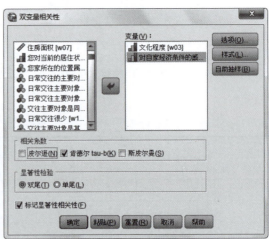

图 8-24　设定统计分析变量与相关系数

（2）单击"确定"按钮，即可得到如下统计结果（见表 8-28）。

表 8-28　相关系数

			文 化 程 度	对自家经济条件的感受
肯德尔 tau–b	文化程度	相关系数	1.000	−0.294①
		显著性（双尾）		0.000
		个案数	232	232
	对自家经济条件的感受	相关系数	−0.294①	1.000
		显著性（双尾）	0.000	
		个案数	232	232

①在 0.01 级别（双尾），相关性显著。

（3）统计结果解读。tau–b=−0.294，表明"文化程度"与"对自家经济状况的感受"两变量之间存在负向的相关关系。由于在数据文件中，变量"文化程度"是按从低到高的顺序排列的，而"对自家经济状况的感受"却是按满意程度由高到低排列的，所以这里的负向相关关系应该理解为：文化程度越高，对自家经济状况的感受越满意。检验结果表明：相关系数的相伴概率为 0.000，小于显著性水平 0.01，所以相关关系是显著的，也即样本统计中所显示的相关关系可以推论到总体中去。

3. 定类（或定序）变量与定距变量之间相关关系的测量与检验

以"性别"与"您觉得您家平均每月要花多少钱才能维持一家人的基本生活"为例，利用 SPSS 求定类变量与定距变量之间的相关关系并进行检验。

（1）相关关系的测量。

1）打开"昆明市低保制度实施状况调查 .sav"，执行"分析（A）"→"描述统计（E）"→"交叉表（C）..."命令，在"交叉表"对话框中，将变量"性别"从左边的变量列表中选入右边的"列（C）"框中，将变量"您觉得您家平均每月要花多少钱才能维持一家人的基本生活"选入右边的"行（O）"框中。

2）单击"统计（S）..."按钮，弹出"交叉表：统计"对话框，选中"按区间标定"框中的"Eta"统计量（见图 8-25），单击"继续（C）"按钮。

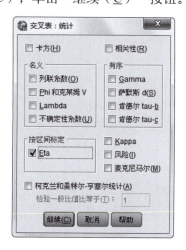

图 8-25　相关统计量 Eta 的选择

3)在"交叉表"对话框中单击"确定"按钮,即可得到如表8-29所示的统计结果。

表8-29 定向测量

		值
按区间标定 Eta	您觉得您家平均每月要花多少钱才能维持一家人的基本生活？因变量	0.090
	性别 因变量	0.417

4)统计结果解读。Eta 统计量的值为 0.090,计算得到 Eta 平方系数为 0.0081,表明两变量之间几乎没有相关关系。

(2)相关关系的检验。

1)打开"昆明市低保制度实施状况调查.sav",执行"分析（A）"→"比较平均值（M）"→"单因素 ANOVA 检验…"命令,此时会出现"单因素 ANOVA 检验"对话框（见图8-26）。将变量"性别"从左边的变量列表中选入右边的"因子（F）:"框中,将变量"您觉得您家平均每月要花多少钱才能维持一家人的基本生活"选入"因变量列表（E）:"框中（见图8-27）。

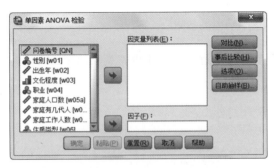

图8-26 "单因素 ANOVA 检验"对话框

2)单击"选项（O）…"按钮,进入"单因素 ANOVA 检验"对话框,选中"描述（D）"统计量（见图8-28）。

3)单击"继续（C）"按钮,返回"单因素方差分析"对话框,单击"确定"按钮,即可得到如表8-30、表8-31所示的统计结果。

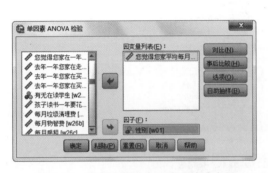

图8-27 设定单因素 ANOVA 检验变量

图8-28 选择单因素方差分析中的"描述"统计量

表 8-30　单因素方差分析中的描述性统计量

性别	个案数	平均值	标准差	标准误差	平均值的 95% 置信区间		最小值	最大值
					下限	上限		
男	111	1 303.56	1 147.512	108.917	1 087.71	1 519.41	45	8 000
女	121	1 108.01	1 020.425	92.766	924.34	1 291.68	200	9 999
总计	232	1 201.57	1 085.145	71.243	1 061.20	1 341.94	45	9 999

表 8-31　ANOVA（单因素方差分析）①

方差来源	平方和	自由度	均方	F	显著性
组间	2 213 794.535	1	2 213 794.535	1.887	0.171
组内	269 798 060.361	230	1 173 035.045		
总计	272 011 854.897	231			

① 说明：分组变量（自变量）为"性别"，因变量为"您觉得您家平均每月要花多少钱才能维持一家人的基本生活"。

4）统计结果解读。在样本资料中，男性组与女性组在"您觉得您家平均每月要花多少钱才能维持一家人的基本生活"上的均值是不同的（男性组的均值为 1 303.56 元，女性组的均值为 1 108.01 元），也即两变量相关。但在方差分析表中，$F=1.887$，F 的相伴概率为 0.171，大于显著性水平 0.05，这表明两变量相关的统计结论不能推论到总体中去，即在总体中，"性别"与"您觉得您家平均每月要花多少钱才能维持一家人的基本生活"两变量不相关，换言之，男女两性在每月要花多少钱才能维持一家人的基本生活这一问题上的看法没有明显区别。

4. 两个定距变量之间相关关系的检验 ⊖

以"家庭人口数"与"您家平均每月用于购买食物的开销"为例，利用 SPSS 对两个定距变量之间的相关关系进行检验。

（1）打开"昆明市低保制度实施状况调查 .sav"，执行"分析（A）"→"比较均值（M）"→"单因素 ANOVA…"命令，在"单因素 ANOVA 检验"对话框中，将变量"家庭人口数"从左边的变量列表中选入右边的"因子（F）"框中，将变量"您家平均每月用于购买食物的开销"选入"因变量列表（E）"框中。

（2）单击"确定"按钮，即可得到如表 8-32 所示的统计结果。

表 8-32　ANOVA（单因素方差分析）①

方差来源	平方和	自由度	均方	F	显著性
组间	2 078 522.568	7	296 931.795	1.282	0.261
组内	47 494 557.864	205	231 680.770		
总计	49 573 080.432	212			

① 说明：自变量为"家庭人口数"，因变量为"您家平均每月用于购买食物的开销"。

（3）统计结果解读。在方差分析表中，$F=1.282$，F 的相伴概率为 0.261，大于显著性水平 0.05，这表明在总体中，"家庭人口数"与"您家平均每月用于购买食物的开销"两变量不相关，换言之，人口数不同的家庭，平均每月用于购买食物的开销没有明显区别。

需要特别说明的是，这样的结果与常识（定性分析）在逻辑上似乎是矛盾的。这时候需要对数据进行进一步分析，同时重新分析常识，看看能不能找到合理的解释。如果不能找到合

⊖ 两个定距变量之间相关关系的测量可以在交叉表中完成，只要将图 8-22"交叉表：统计"对话框中的"相关性（R）"统计量选中，运行后即可得到皮尔逊相关系数 R。

理的解释，就应当留下疑问，等待后续研究，而不应当轻易下结论。在本样本数据中，一方面，家庭人数大多集中在 3 人左右；另一方面，调查对象分为低保对象与非低保对象两大类。如果做进一步的分析，就会发现人口数不同的低保家庭，平均每月用于购买食物的开销存在明显区别；而人口数不同的非低保家庭，平均每月用于购买食物的开销则不存在明显区别。

四、实训小结

双变量相关分析是对两变量之间的关系进行探索与分析的一种社会调查统计分析技术。本实训利用"昆明低保制度实施状况调查"SPSS 数据库，详细展示了如何对两个定类变量、两个定序变量、定类（或定序）变量与定距变量，以及两个定距变量之间的相关关系进行测量与检验，并对 SPSS 返回结果进行解读。在 SPSS 中，定距测量与定比测量是不加区分的，所以只有名义（对应定类测量）、有序（对应定序测量）与标度（对应定距测量与定比测量）3 种测量尺度。利用检验统计量的值和临界值进行对比，与利用检验统计量的相伴概率和显著性水平进行对比，二者是等价的。进行相关关系测量与检验时，要注意不同相关系数和检验方法对样本数据的不同要求。当数据不满足统计要求时，虽然也能得到一些统计结果，但这些统计结果并没有实际意义。在实际调查分析中，要注意将定量分析与定性分析结合起来。当定量分析结果与定性分析结果之间出现逻辑矛盾时，应进行进一步的探讨，而不可迷信定量数据。

双变量相关分析

本项目质量评价标准

序号	检测内容	分值（分）	评价标准	得分（分）
1	制作频数频率分布表	10	1. 每一项检测内容的评分都分为四个档次 （1）会做：85% 及以上 （2）基本会做：60%～84% （3）会做一点：20%～59% （4）基本不会做：20% 以下（不含 20%） 2. 在每一个评分档次中，视出错的次数扣分，扣至本档最低分为止	
2	计算集中量数与离散量数	15		
3	均值与百分比的区间估计	10		
4	均值与百分比的假设检验	10		
5	计算相关系数	15		
6	计算相关检验统计量	10		
7	交互分析	10		
8	相关性检验	10		
9	单因素方差分析	10		
合计		100		

 知识拓展

问卷调查的优缺点

一、问卷调查的优点

（1）在描述大样本特征时，问卷调查是比较有用的方法。审慎地根据概率方法抽样，并结合一份标准化问卷，能够很好地描绘一个学生总体、一个城市、一个国家或其他任

何大型群体特征。

（2）问卷调查使得大样本调查具有可行性，特别是自填式问卷方法。调查2 000名受访者，并不是稀奇的事。大样本数对于描述性和解释性的分析非常重要，当要同时分析几个变量时，尤其需要足够大的样本。

（3）从某种意义上说，问卷调查也有弹性。我们可以就某个议题问很多问题，并由此使分析具有一定的弹性空间。在实验设计方法中，我们需要事先对概念进行操作化，可是在问卷调查方法中，却允许我们从实际观察中发展操作化定义。

（4）最后要说明的是，标准化问卷对于测量很有帮助。多数概念都呈现出模棱两可的特征：没有终极的真实意义。出于完成研究目标的目的，必须要定义概念，然而同一个定义并不一定完全适合所有受访者。问卷调查者必须对所有受访者询问同样的访题，并假定给出相同回答的所有受访者具有同样的意图。

二、问卷调查的缺点

（1）标准化要求常常导致我们削足适履。标准化问卷列出的选项，通常代表我们在评价人们的态度、取向、环境和经验时的最小公分母。在设计访题时，也许我们无法做到使它最适合某些受访者，不过必须保证它适合所有受访者，尽管适合的程度可能不是很高。从这个观念而言，问卷调查在处理较复杂的议题时，总是显露出肤浅的一面。即使这个问题可以部分通过复杂分析来消除，却仍旧是问卷调查固有的天性。

（2）问卷调查很少能处理社会生活的情境。即使问卷可以提供这方面的信息，问卷调查者也很少能把握受访者在整个生活状况中的所想、所为。但是，参与观察者却可以掌握这些。

（3）问卷调查方法在某些方面缺乏弹性。当研究者采用直接观察法时，我们能够根据实地工作的实际情况，做些调整修正。可是，在问卷调查中，从一开始就要保持研究设计不变。譬如作为实地工作者，必须能够察觉到研究现象中新的重要变量，且小心地进行观察。问卷调查者则无法察觉新的变量，也不能做任何处理。

（4）问卷调查会受到一些人为因素的影响。某个人在问卷上给出了保守的答案，并不表示这个人就是保守的；若发现某个人给出了满是偏见的答案，也不表示这个人充满偏见。这一点在行动领域特别显著，问卷调查并不能测量社会行动，只能搜集回溯性行动的自我报告，或将来的、假设性的行动。

（资料来源：巴比. 社会研究方法 [M]. 邱泽奇，译. 14版. 北京：清华大学出版社，2022：257-258. 有删改。）

思考与练习

一、判断题

1. 进行假设检验时，接受原假设表明原假设就一定是正确的。　　　　　　（　　）
2. 在进行单变量描述统计时，定类变量和定序变量都可以求平均数。　　　（　　）
3. 在做区间估计时，置信区间的大小与置信水平的高低有关。　　　　　　（　　）

4. 独立样本 t 检验与单因方差分析都可以起到均值比较的作用。　　　　　（　　）
5. 在进行双变量相关分析时，相关系数的选择与变量类型无关。　　　　　（　　）

二、简答题

1. 对"考生类型"（城市、农村）与"入学成绩"（考试分数）进行集中趋势分析时，所采用的方法有什么不同？
2. 假设某班 10 名学生的月均生活费支出为 1 300 元，可以用什么方法来求该班全体学生的月均生活费支出？
3. 可以用 SPSS 中的哪个命令来完成如下统计？
（1）全部考生的年龄分布。
（2）城市考生与农村考生的人数或百分比。
（3）城市考生与农村考生的平均入学成绩。
4. 推论统计对样本数据有什么要求？
5. 下列变量之间的相关程度分别用什么相关系数来测量比较合适？
（1）升学愿望强弱（采用五等级测量）与学习努力程度（采用五等级测量）。
（2）文化程度（按学历划分）与工资（用金钱数值表示）。
（3）性别与喜欢的电视节目。
（4）日均闲暇时间（用小时数表示）与生活满意度（用 1～10 分表示）。

三、实训题

假设对某高校 30 名学生对食堂的满意度进行了调查，所得资料见表 8-33。请运用所学知识对这些数据资料进行分析。

表 8-33　30 名学生对食堂的满意度调查数据

个案号	性别	生源地	月均生活费	满意度	个案号	性别	生源地	月均生活费	满意度
1	女	农村	1 500	很不满意	16	男	农村	1 300	比较满意
2	女	农村	1 300	不太满意	17	女	城市	1 300	不太满意
3	女	农村	1 400	一般	18	女	农村	1 500	很不满意
4	女	农村	1 350	不太满意	19	女	城市	1 400	一般
5	女	城市	1 300	比较满意	20	男	农村	1 350	不太满意
6	女	城市	1 400	比较满意	21	男	城市	1 550	不太满意
7	女	城市	1 250	比较满意	22	女	农村	1 600	很不满意
8	男	农村	1 550	不太满意	23	男	城市	1 250	比较满意
9	女	城市	1 600	很不满意	24	女	农村	1 550	不太满意
10	女	农村	1 600	不太满意	25	男	城市	1 300	一般
11	女	城市	1 300	很满意	26	女	农村	1 600	不太满意
12	男	农村	1 550	不太满意	27	男	城市	1 300	很满意
13	男	城市	1 550	不太满意	28	男	农村	1 450	比较满意
14	女	农村	1 300	一般	29	女	城市	1 550	不太满意
15	男	城市	1 450	比较满意	30	男	农村	1 400	比较满意

项目九 / Project 9

09 撰写调查报告

□ 项目描述

本项目要求学生通过对调查报告的特点、类型、撰写步骤、行文规则、应用性和学术性调查报告的构成等知识的学习,以及调查报告的实例分析,初步培养学生对社会调查报告的写作能力。

项目任务分解:调查报告撰写的一般知识、应用性调查报告和学术性调查报告的撰写。

任务一　调查报告撰写的一般知识

学习目标

本任务主要学习调查报告的特点、类型、撰写步骤、行文规则等基础知识，以便对调查报告的撰写有一个初步的认识。

理论知识

一、调查报告的特点

调查报告是反映社会调查研究成果的一种书面报告，是整个调查研究过程的全面总结，也是调查研究成果的集中体现。它以文字、图表等形式将调查研究的过程、调查结果、研究结论与研究建议表现出来，以便相关读者能够对调查的研究过程、所采用的方法以及所取得的结果有一个比较清楚的认识。

在撰写调查报告时，应当恪守职业道德，严格遵循《中华人民共和国统计法》的要求，将调查过程中所收集的资料以统计的形式呈现，实事求是地进行客观陈述，不能泄露调查中所获得的能够识别或者推断单个调查对象身份的资料。同时，要注意体现调查报告的基本特点。

调查报告具有以下4个基本特点：

1. 针对性

（1）社会调查总是为了达到某个特定目的而进行的，这就决定了调查报告具有很强的针对性。

（2）在撰写调查报告的时候，要明确它的主要读者是谁。调查报告的读者大致可以分为3类：第一类是政府领导、决策机关和政府职能部门工作人员，这类读者往往希望听到社会各界对现行政策的意见与评价，也非常关注调查报告中那些有针对性的研究建议；第二类是科研工作者，他们往往希望寻找社会现象产生的原因及其发展趋势，关注最新的研究成果以及整个调查研究的严谨性；第三类是一般民众，他们看调查报告常常是希望了解身边发生的社会变化，以及发生这些变化的原因解释。由于不同的读者对调查报告的期望与要求不同，所以撰写调查报告时一定要考虑该报告的主要读者可能是些什么人，并有针对性地精心安排调查报告的内容侧重点及其表现形式。

2. 实证性

实证性就是要求调查报告一定要用"真材实料"说话，主要体现在两个方面：

（1）调查报告材料必须真实、具体、准确，用客观事实说话是调查报告最基本的表现手段。调查报告应当以客观经验事实为基础，实事求是地反映所研究的社会现象。

（2）撰写调查报告时，必须坚持实证原则，系统地、详尽地占有调查过程中所收集的各种材料，特别是"第一手"材料。坚持用经验材料来说明问题，推导结论，检验理论。

3. 时效性

（1）社会调查所涉及的问题往往是现实社会中迫切需要解决的问题，这就决定了调查报告必须讲究时效性，及时反映情况，分析原因，提出解决问题的对策与方案。

（2）社会现象每时每刻都在发生变化，如果调查报告不能及时撰写，就难免出现因时过境迁而使调查报告不再能反映当前的情况，其意义与作用也随之大打折扣，失去其应有的价值。

4. 价值性

每一份调查报告都应当有自己独特的价值。调查报告的价值包括学术价值与应用价值两个方面，学术价值主要是针对学术性调查报告而言的，应用价值主要是针对应用性调查报告而言的。在撰写学术性调查报告时，应当严格地按照学术性调查报告的要求，翔实地向读者报告整个调查研究过程，特别是调查所使用的方法，主要变量的操作化方法，调查结果与同类研究的对比分析等。在撰写应用性调查报告时，则应当注意对具体问题的状况描述、原因分析与解决对策的陈述，以体现调查报告对解决实际问题的指导意义，突出其应用性。

二、调查报告的类型

调查报告类型的划分与社会调查的主题、内容、性质以及目的等因素有关。不同主题、内容、性质、目的的社会调查往往有着不同的关注对象，这些必然会反映到调查报告中，从而使调查报告在性质、目的、内容安排和具体写法上表现出差异。根据调查报告性质的不同，可以将其分为应用性调查报告与学术性调查报告；根据调查报告主要目的的不同，可以将其分为描述性调查报告和解释性调查报告；根据调查报告内容的不同，可以将其分为综合性调查报告与专题性调查报告。

1. 应用性调查报告与学术性调查报告

（1）应用性调查报告。应用性调查报告是应用性调查成果的一种重要表现形式，它侧重于解决社会现实生活中的实际问题。其主要读者为各级政府领导及其部门工作人员和普通民众。根据应用领域的不同，又可将这类调查报告分为如下 4 种类型：

1）社会情况调查报告。其主要目的是认识与掌握某种社会现象的现状，其内容可以是社会的政治、经济、文化、教育、生产方式、生活方式等方面的基本情况。

2）政策研究调查报告。这类调查报告中所反映的是与政策有关的问题，其主要目的是为政策的制定、执行、评估和修订提供服务。

3）社会问题调查报告。这类调查报告围绕现实生活中所存在的问题陈述调查结果，分析问题的严重性及其产生的原因，探寻解决问题的对策。其主要目的在于提高人们对社会问题的认识，引起社会各界对社会问题的重视，同时也为社会问题解决方案的制订提供参考依据。

4）经验总结调查报告。这类调查报告以总结与推广先进经验为主要目的，对推进同类工作具有重要的指导意义。

（2）学术性调查报告。学术性调查报告侧重于通过对实地调查资料的分析与推理，对社会现象进行理论探讨，分析社会现象之间的相互关系，以达到检验理论或建构新理论的目的。其主要读者为专业研究人员。

由于应用性调查报告与学术性调查报告在主要目的和读者对象等方面的不同，因而其撰写要求与具体格式也存在着较大的差异。应用性调查报告常常注重对调查结果的描述、说明与应用，而对调查所采用的方法与工具以及调查过程则往往不需要详细说明；在报告语言方面，应用性调查报告比较讲究语言的大众化与通俗化；在报告具体格式上，应用性调查报告的格式也比较灵活，不拘一格。学术性调查报告则往往需要对有关的理论进行综述，并在此基础上陈述自己的研究假设，这类调查报告需要对研究方法、调查工具、调查过程做比较详尽的介绍；在报告语言方面，学术性调查报告讲究语言的严谨性与客观性；在报告具体格式上，学术性调查报告往往有比较固定的格式。

2. 描述性调查报告与解释性调查报告

（1）描述性调查报告。描述性调查报告的主要目的是通过对调查资料与结果的详细陈述，向读者展示所调查的社会现象的基本状况和主要特点，以使读者对这一社会现象有一个比较系统的、全面的认识。这种调查报告比较适用于那些以了解情况、把握现状、归纳特点为主要目标的社会调查。从写作要求上来看，描述性调查报告强调内容全面详尽，力求使读者对所调查的社会现象有一个整体的、清晰的认识。

（2）解释性调查报告。解释性调查报告的主要目的是通过调查资料来说明与解释某种社会现象产生的原因，或揭示不同社会现象之间的相互关系。从写作要求上来看，学术性调查报告强调内容的集中与深入，注重解释的针对性和实证性，力求给读者一个合理的、深刻的解释。

需要特别说明的是，描述与解释都只是侧重点的不同，二者在调查报告中并不相互排斥。事实上，要把社会现象解释清楚，往往离不开对社会现象的描述；而在对社会现象进行描述的过程中，也不可能一点都不加以解释与说明。只不过是在描述性调查报告中，解释的目的是使描述更清晰、更精练、更便于读者理解与把握所描述的社会现象；而在解释性调查报告中，描述的目的则是为解释做铺垫，为解释服务，使解释更加有理有据。

3. 综合性调查报告与专题性调查报告

（1）综合性调查报告。综合性调查报告是指对调查对象的基本情况和发展变化过程做较为全面、系统、完整且具体的调查报告。这类调查报告多用于反映某一总体或某一现象各方面的基本情况。例如，进行一项社区概况调查时，比较适合用综合性调查报告来全面反映该社区的政治、经济、文化、环境、社会结构、社会心理、社会生产与生活方式等各方面的基本情况。从写作要求上来看，这类调查报告力求描述内容全面，因而其篇幅往往比较大。当一项社会调查涉及某一总体或某一现象各个方面的内容或状况时，比较适合选用综合性调查报告来展示调查成果。

（2）专题性调查报告。专题性调查报告是指为围绕某一特定现象或特定问题而进行的调查所撰写的调查报告。从写作要求上来看，这类调查报告的内容往往比较单一，针对性强，因而其篇幅也相对小一些。当一项社会调查涉及某一社会现象或问题某个方面的内容或状况时，比较适合选用专题性调查报告来展示调查成果。

三、撰写调查报告的一般步骤

当我们根据社会调查的主题、内容、性质、目的以及调查报告的主要阅读对象等因素确定调查报告的类型以后，就可以开始调查报告的撰写工作了。虽然不同类型的调查报告在具体内容与格式以及写作风格方面存在着差异，但其撰写的基本步骤还是一样的，通常包括确立主题→拟定提纲→选择材料→撰写调查报告→修改调查报告等5个环节。

1. 确立主题

调查报告的主题就是调查报告所要表达的中心思想或所要说明的核心问题，是调查报告的灵魂所在。每一个调查报告都应当有自己明确而适当的主题。恰当地确定调查报告的主题，是顺利撰写调查报告的前提条件。

确定调查报告主题时，应考虑以下4个方面的问题：

（1）注意该项调查的主题是什么。在一般情况下，调查报告的主题应当与调查主题相一致，换言之，调查主题即为调查报告的主题。由于调查主题在调查报告撰写之前就早已确定，因而，在这种情况下，确立调查报告的主题并不困难。

（2）注意调查材料所能够反映的主题。有些时候，由于某些不曾预料的原因，调查材料所能够反映的主题与调查主题并不一致。这时候，需要根据调查材料所能够反映的主题，重新确立调查报告的主题。另外，在调查面广、内容多的综合性调查研究中，在撰写总调查报告的同时，往往还需要撰写多个分报告，才能够将整个调查研究过程及其成果完整地展现出来。在这种情况下，需要根据调查材料所能够反映的主题，适当地确定各个分报告的主题。

（3）调查报告的主题宜小不宜大。主题越小，内容越集中，调查报告就越容易把握，越好写。确立调查报告的主题之前，应当对调查材料进行初步的分析与评估，从中挖掘最有意义、最有价值的信息，确立调查报告的主题；也可以从中发现新的写作角度，确定小主题，写出短小精悍的调查报告。这样做也有助于最大限度地利用调查资料。

（4）注意选择合适的调查报告标题来反映调查报告主题。调查报告的标题往往是调查报告主题的集中体现。好的标题不仅要能够反映调查报告的主题，而且要能吸引读者的目光。为此，在确定调查报告标题时，要注意使标题与报告主题相吻合，同时做到使标题尽可能文字简洁、醒目，并能够反映作者的思想倾向性。

2. 拟定提纲

调查报告主题确立以后，接下来要做的事情是对调查报告的整体框架（即结构安排）进行构思，并把这种整体框架转变为具体的写作提纲。

调查报告写作提纲可以分为条目提纲和观点提纲两大类。条目提纲就是从层次上列出报告的章节目，观点提纲则还需要列出各章节所要叙述的观点。

拟定提纲的一般做法是先粗后细。即先拟定粗提纲，把调查报告的几大部分确定下来；再详细列出每一个部分中的细目，形成细提纲，以便为调查报告的撰写打下坚实的基础。

3. 选择材料

撰写调查报告时，并非要把所有的调查资料都写进报告中。在很多时候，围绕调查主题所收集的资料，并不一定都适合某一主题的调查报告。这时候，就需要对调查材料进行取舍，把那些与调查报告主题紧密相关的材料挑选出来，供撰写调查报告时使用。

调查报告需要使用的材料包括客观材料和主观材料两大类。前者是指从调查中所得到的各种以数据、文字、图表、影视或录音等形式表现的材料；后者是指在上述客观材料的基础上，通过分析、综合、概括等方式所形成的观点、认识和建议等。

材料的选择以与调查报告主题密切相关、精练、典型、全面为原则。在具体做法上，可以依据写作提纲所列出的内容范围与观点来选择材料。

4. 撰写调查报告

完成前3个环节的工作以后，调查报告的雏形就已基本形成。这时，就可以动笔撰写调查报告了。如果说，写作提纲是调查报告的"骨架"的话，那么，撰写调查报告就是将有关内容"填"进骨架中，使之丰满起来，变成一个有血有肉的"有机体"。撰写时应注意以下两个方面的问题：

（1）合理布局，详略得当，突出重点。在拟定提纲时，虽然已经对调查报告的整体框架即结构安排做了比较充分的考虑，但是具体某一部分写哪些内容，写多长，这是报告撰写过程中不得不考虑的问题。一般来说，调查报告的导言部分常常是向读者介绍调查的意义、目的、调查对象、调查范围、调查方法、调查过程等内容，这部分应简明扼要，文字简练，所占篇幅较短；报告的主体部分应向读者展示调查结果并进行一定的分析，这部分所占篇幅较大；报告的结尾部分常常是调查结论与研究建议或相关讨论，这部分可短可长。需要说明的是，这3个部分的篇幅比重并不是一成不变的，随着调查内容与报告用途的不同，写作布局也应当做相应的调整，以突出重点。

（2）合理使用调查资料。调查报告的一个显著特点就是需要使用大量的调查资料，用调查资料来反映事实，说明问题。要合理地、恰当地使用调查资料，首先应当注意用观点统帅资料，用资料证明观点；其次还应当注意"点""面"资料的结合，文字、数字、图表等多种表达形式以及定量资料与定性资料的配合使用。

注意： 在撰写调查报告的过程中，有时可能会发现某项比较重要的资料在之前的调查中并没有调查到，这时候，常常需要做一定的补充调查。

5. 修改调查报告

刚刚撰写完的调查报告只能称之为初稿，通常需要对调查报告初稿进行多次修改后才能最终定稿。俗话说"文章三分'写'，七分'改'"，调查报告也不例外。修改调查报告时，应当注意以下3个方面的问题：

（1）检查所使用的概念是否清楚，观点是否明确，表达是否清晰，引用资料是否准确无误。

（2）检查整个调查报告的思想基调是否与调查目的和时代要求相吻合，通篇报告是否有理有据，层次清晰。

（3）通读报告，看看有没有被遗漏的问题，同时检查语言是否流畅。

四、调查报告的行文规则

作为社会调查成果的集中体现，调查报告应当客观、准确、严谨、简洁。为此，撰写调查报告时，应当遵守一定的行文规则。

（1）报告语言应简单平实，通俗易懂。因为调查报告这种文体非常注重"摆事实，讲道理"，即用事实说话，用调查资料论证观点。所以，在行文时应当尽量用平实的语言写作，以简单明了、科学严谨为标准，以清楚、明确地表达调查成果为目的。

（2）陈述事实力求客观中立，避免使用主观或感情色彩较浓的词句。在行文中，最好使用非人称代词或者第三人称，而不使用第一人称。例如，采用"研究者发现""调查结果表明""这一调查数据说明"之类的表达方式，是符合客观中立要求的，而采用"我认为""我们发现"之类的表达方式，则不符合客观中立的要求。

（3）应以一种向读者做报告的口气，而不是试图说服读者的口气来撰写调查报告。在阅读调查报告时，读者最关心的往往是调查结果、调查发现以及对调查结果的分析，而不是研究者的主观看法。因此，在行文时，应当避免将研究者自己的观点强加于读者，而只需将有关调查结果、调查发现及研究者的分析和相关研究建议呈现给读者即可。

实作训练

一、任务描述

阅读给定的调查报告，并根据本任务所学的知识对该调查报告进行简要分析与评价。

二、任务分析

本任务所学的知识包括调查报告的特点、类型、撰写步骤、行文规则等，可以从这4个方面对该调查报告进行分析与评价。

三、操作过程

1. 阅读如下调查报告

音乐课堂有效聆听——课题研究问卷调查分析报告

一、调查目的

通过问卷调查，了解学生在音乐课堂中的聆听表现，喜欢聆听和不喜欢聆听的原因和动机，从侧面帮助老师了解学生的心理动态，为制订下一步的研究计划提供参考。

二、调查对象和方法

对象：紫薇小学三年级全体学生。

方法：采用不记名的问卷调查方法，在问卷后的括号里填"是"或者"否"，并在题下方写上原因。

三、调查问卷内容

音乐课，你在听吗？

请同学们在括号中填"是"或者"否"，并在题目的下方写出原因，谢谢！

1. 老师说话时，你是否能看着老师有意识地坚持听、认真听？　　　　　　（　　）

2. 同学发言时,你是否认真聆听? （   ）

   是否打断别人说话? （   ）

3. 聆听音乐作品时,你是否听一会儿,就不专心了? （   ）

   是否有自己的想法? （   ）

4. 音乐表演和活动中,你是否按节奏和旋律进行有序的表演? （   ）

5. 你是否喜欢倾听同学在集体中的讲话? （   ）

   是否有交流的欲望? （   ）

6. 听老师和同学讲话后的发言,你是否顺着自己感兴趣的话题讨论下去? （   ）

   是否有自己的见解? （   ）

四、调查结果分析

题 目	回 答	人 数	所占百分比(%)	分 析
1. 老师说话时,你是否能看着老师有意识地坚持听、认真听?	是	187	64.9	从数据可以看出,在课堂上没有坚持认真听讲的同学还是占有很大的比例,值得关注
	否	101	35.1	
2. ①同学发言时,你是否认真聆听?	是	172	59.7	同学知道上课要专心听讲,但当同学发言时就能不听吗? 有40.3%的同学没有认真听同学发言,28.8%的同学会打断别人说话,值得深思
	否	116	40.3	
②是否打断别人说话?	是	83	28.8	
	否	205	71.2	
3. ①聆听音乐作品时,你是否听一会儿,就不专心了?	是	97	33.7	真是不得了,有1/3以上的同学不能完整地聆听音乐作品,将近一半的同学对音乐作品没有自己的想法,这个问题十分严重,急需解决
	否	191	66.3	
②是否有自己的想法?	是	151	52.4	
	否	137	47.6	
4. 音乐表演和活动中,你是否按节奏和旋律进行有序的表演?	是	216	75	有25%的同学不能按节奏进行有序的表演,从此可以看出课堂组织纪律对学生聆听习惯的影响极大
	否	72	25	
5. ①你是否喜欢倾听同学在集体中的讲话?	是	148	51.4	在音乐教学中,聆听与表达是紧密联系的,表达能力及表达习惯对学生的聆听同样影响很大。聆听与表达应同步培养
	否	140	48.6	
②是否有交流的欲望?	是	123	42.7	
	否	165	57.3	
6. ①听老师和同学讲话后的发言,你是否顺着自己感兴趣的话题讨论下去?	是	202	70.1	从结果看,部分学生能顺着自己感兴趣的话题参与讨论,还有一部分学生不太喜欢参与学习讨论,还有56.6%的同学对老师和同学的发言不提出自己的见解,说明聆听处于被动,只是参与聆听而不是用心聆听
	否	86	29.9	
②是否有自己的见解?	是	125	43.4	
	否	163	56.6	

具体原因分析如下:

第一题

能坚持认真听老师讲的原因主要有:老师讲得生动;老师说过上课要认真、专心听讲;老师要求我们要认真听。

不能坚持认真听老师讲的原因主要有:老师讲的内容我已经懂了;班级课堂纪律不好;管不住自己。

第二题

同学发言时能认真听的原因主要有：认真听会得到表扬和奖励；同学讲的东西很有趣，对我学习有帮助；打断同学发言是没有礼貌的。

同学发言时不能认真听的原因主要有：同学表达不清楚；发言的声音太小；发言的同学思考的时间太长，没有马上发言。

第三题

对音乐作品有自己的想法的原因主要有：音乐很好听；认真听才能学到一些音乐知识；上课要动脑筋才能增加自己的音乐智慧。

对音乐作品没有自己的想法的原因主要有：对音乐不感兴趣；因为我听不懂；听音乐的时候我在讲话。

第四题

能按节奏和旋律进行有序表演的原因主要有：我很喜欢音乐表演；能让我更好地学好所学的音乐；表演让我很快乐。

不能按节奏和旋律进行有序表演的原因主要有：我对音乐表演没有兴趣；旁边同学讲话影响我表演；不知道怎么表演。

第五题

在集体活动中有交流欲望的原因主要有：因为我喜欢音乐；和同学交流能让我学到很多东西；我想让自己进步。

在集体活动中没有交流欲望的原因主要有：因为我很胆小；我不喜欢交谈；同学们讲的我不感兴趣。

第六题

能顺着自己的兴趣参与讨论、发表自己见解的原因主要有：因为喜欢音乐课；讨论能学到更多东西；能让老师知道我在想什么。

不能顺着自己的兴趣参与讨论、发表自己见解的原因主要有：不知道该怎么讨论；对音乐话题不感兴趣；我很胆小，怕说错了同学笑话。

五、对策与建议

1. 以趣促听。教学设计新颖，富有童趣，创设学生喜闻乐见的生活情境或故事情境等，以调动学生多种感官参与学习，学习方法、形式多样化，游戏化，尽量做到动静结合，既有师生配合又有生生互动。

2. 以评促听。教师的课堂教学语言，要贴近学生的心理，且充满激情，再配以具有导向性的语言评价和持续物质奖励手段，激发学生认真聆听的兴趣。

3. 听说同步。说话的语调、语速、音量等因素都会影响聆听，因此教师本身要注重表达能力的提高，如在言语表达过程中伴以适当的体态动作，增加语言的生动性、形象性。同时注重学生口头表达能力的培养，便于吸引同伴的聆听愿望，如说话完整、声音响亮、吐字清晰、富有感情等。

4. 听要有法。在教学的过程中，适时地让学生带着任务听，如聆听歌曲时，让全体学生用手拍打节奏；聆听乐曲时，听出乐曲的速度变化、情绪等；让一位学生回答比较简单的问题时，请另一位学生转述；几位学生说出对某一乐曲各自的理解后，请一位学生概括几位同学发言的要点（概括之前教师可板书一些重点词句，帮学生概括）。

（资料来源：http://www.doc88.com/p-943562463134.html. 作者：潘小艳）

2. 简要分析与评价

（1）该调查报告属于应用性调查报告，其目的在于解决教学过程中的实际问题，具有调查报告的针对性、实证性、时效性、价值性等4个基本特点。

（2）该调查报告的整体框架与结构安排不是很妥当。这主要体现在作者将原始调查问卷作为报告的第三个组成部分，写进了报告中。这样的安排在调查报告中不仅少见，而且与第四部分在陈述上出现重复。即使没有第三部分的陈述，也不影响报告的整体性和读者对报告的理解，因此，第三部分可以删去。

（3）调查报告中能对调查结果进行一定的分析，这一点很好。不足的是，对策与建议部分与结果及其分析的联系不够紧密。

（4）从报告行文来看，整个报告用语简单平实，通俗易懂，基本没有出现主观色彩较浓的词句，比较客观地向读者呈现了自己的调查成果，符合调查报告的行文规则。但是，在第四部分对问题具体原因的分析中，文字表述还可以更简练一点。

四、实训小结

调查报告是对整个调查研究工作及其成果进行汇报的文本体现。本实训通过对给定调查报告进行阅读、分析和评价，以便加深学生对调查报告的特点、类型、行文规则等知识的理解，提高学生对所学知识的运用能力。需要注意的是：第一，对调查报告进行分析与评价的前提条件是对调查报告的性质、特点、类型、行文规则等基本知识有一个最起码的了解。第二，对调查报告的评价与评价者的主观倾向有关，因而，同一篇调查报告，不同评价者所做出的评价存在差异是难免的。

任务二　应用性调查报告和学术性调查报告的撰写

学习目标

本任务主要学习应用性调查报告与学术性调查报告的构成和写作方法，要求掌握两类调查报告的区别，并初步学会撰写内容比较集中、篇幅比较短小的简单调查报告。

理论知识

应用性调查报告和学术性调查报告是调查报告的两种常见类型，二者在目标、结构、格式和阅读对象等方面都存在着比较明显的差异,下面分别对这两类调查报告的结构与写作进行介绍。

一、应用性调查报告的结构与写作

应用性调查报告虽然没有固定不变的写作格式,但一般情况下,各种应用性调查报告在结构上都包括标题、导言、主体和结尾4个部分。标题是调查报告的"眼睛",通过它,可以透视整个调查报告;导言以介绍调查情况、说明调查目的为主;主体以详细描述社会现象实况、报告调查结果为主;结尾以讨论与总结调查结论、提出解决问题的建议与对策为主。

1. 标题

调查报告的标题是引起读者注意,并决定是否阅读该调查报告的关键信息。应用性调查报告的标题应做到生动、明确、富有针对性,以便吸引读者的目光,激发读者的阅读兴趣。

标题可分为单标题和复标题两大类。

(1)单标题的具体表现形式主要有陈述式、结论式和问题式3种。

1)陈述式标题就是直接在标题中陈述调查的对象和调查的主题,如"某市大学生环境保护意识调查报告""学生对学校后勤服务满意度调查报告""××小区业主对物业服务满意度调查报告"等。陈述式标题的最大优点是使调查对象与内容一目了然,方便读者根据自己的需要迅速决定是否阅读该调查报告。其不足之处是,标题太平淡,难以吸引读者的注意力,难以激发读者的阅读兴趣,因而在应用性调查报告中不太常用。

2)结论式标题就是用某种结论性、警示性、格言式或判断性语句作为标题,如"留守儿童的生存状况令人担忧""棍棒底下未必出人才""中国年的'年味'越来越淡了"等。结论式标题的优点是在标题中表明了调查的主要结论,具有较强的针对性,且比较醒目。不足之处是,比较严肃,且理论色彩较浓,因而在应用性调查报告中也不太常用。

3)问题式标题就是以一个与调查主题相关的问题作为调查报告的标题,如"哪个年代出生的人最有幸福感""家长们的教育负担到底有多重""当今青年学生的社会责任感如何"等。问题式标题的突出优点是非常醒目,能够吸引读者的注意力,有助于激发读者进一步阅读整个调查报告的兴趣,因而这种标题形式受到了众多应用性调查报告撰写者的青睐。

(2)复标题也称双标题,由主标题和副标题共同构成。在复标题中,主标题多以提问式或结论式形式出现,而副标题则多以陈述式形式出现,如"小学生的书包为何如此之重——关于某市2 000名小学生书包内容的调查""中国人的社会安全感到底有多高——2018年全国群众安全感抽样调查""当今大学生在读什么样的课外书——关于某市大学生课外阅读状况的调查"等。这种形式的标题集上述3种标题的优点于一身,因而在应用性调查报告中经常被采用。

2. 导言

应用性调查报告的导言位于报告正文的第一部分,其主要任务是向读者介绍整个调查的有关背景,主要内容包括调查的目的、内容、对象、时间、地点、方法等。在具体写法上,有直述式、悬念式和结论式3种常见形式。

(1)直述式导言开门见山,平铺直叙,直接把调查的目的、内容、对象、时间、地点、方法等一一写出。例如,"为了全面而深入地了解最低生活保障制度在昆明市的实施情况,为加强最低生活保障服务工作提供一手资料,××机构于 2023 年 3～4 月,在云南省昆明市调查了 450 位市民对低保制度实施状况的看法与意见。下面将介绍本次调查所使用的方法和主要调查结果"。

(2) 悬念式导言往往一开始就指出某种社会现象或社会问题在现实社会中的存在,并对其做一个简要描述,然后就其影响及其产生原因提出一系列疑问,最后介绍调查的基本情况。例如,"近年来,婚姻庆典服务这个古老而又时尚的行业在我国焕发出勃勃生机。2021 年全国全年依法办理结婚登记 764.3 万对。如此庞大的结婚数字对婚姻庆典服务机构意味着什么?婚姻庆典服务机构能够提供一些什么样的服务?这些服务能否满足新人们的个性化结婚消费需求?婚姻庆典服务机构怎么才能在竞争中取胜?为了弄清这些问题,笔者于 2022 年 12 月,对重庆市 10 家婚姻庆典服务机构和 30 对在 2021 年 1 月 1 日至 2021 年 12 月 31 日结婚的新人进行了调查"。

(3) 结论式导言常常在描述现象、提出问题的同时,直接写出调查结论。例如,"为小学生'减负'是全社会普遍关心的一个问题。有关部门多次出台了为小学生'减负'的政策文件。那么,在这一片'减负'声中,小学生的学习负担到底减轻了吗?2022 年 7 月,笔者对我市 4 所小学 400 名学生的抽样调查结果表明:从小学生的书包重量、周课时数、家庭作业所需时间、考试次数以及学生对考试压力的主观感受等 5 个指标综合来看,小学生的学习负担与 3 年前相比,并没有得到明显减轻"。

3. 主体

应用性调查报告的主体位于报告正文的第二部分,其主要作用是向读者展现调查资料与调查结果。撰写的关键是如何恰当地组织与安排数量众多的调查资料、统计数据和调查结果。报告主体部分的结构安排,通常有纵向式、横向式和纵横结合式 3 种形式。

(1) 纵向式结构主要是按照时间的先后顺序来组织与安排调查资料与调查结果,以突出某一社会现象或问题的发展过程以及不同发展阶段的差别。例如,一项关于 20 世纪 70 年代至 90 年代出生的人的幸福感的调查,就可以按照纵向式结构来撰写,将主体部分划分为"70 后"的幸福感、"80 后"的幸福感、"90 后"的幸福感等 3 个部分。

(2) 横向式结构主要是按照调查的内容来组织撰写,以突出某一社会现象或问题各个方面的情况。例如,一项对学生食堂满意度的调查,就可以采用横向式结构,将报告主体分解为食堂就餐环境与卫生状况、饭菜质量与价格状况、工作人员服务态度等 3 个部分。

(3) 纵横结合式结构就是将上述两种方式结合起来,以一种方式为主,另一种方式为辅。根据组合方式的不同,又可以分为两种类型:一种是以纵向式结构为主,纵中有横;另一种是以横向式结构为主,横中有纵。例如,在纵向式结构中所提到的关于 20 世纪 70 年代至 90 年代出生的人的幸福感的调查,"70 后""80 后""90 后"的幸福感,这 3 个部分里具体内容的撰写,又可以采用横向式结构,这便构成了一种以纵向式结构为主的纵横结合式。

4. 结尾

应用性调查报告的结尾位于报告正文的最后,其中心内容是小结调查的过程和主要结果,陈述调查研究结论,提出有关对策或研究建议。在写作上,要求语言精练,陈述简明扼要,表达清晰明确。

二、学术性调查报告的结构与写作

学术性调查报告的主要阅读对象是相关学科的专业研究人员，其撰写往往有比较固定的格式。通常，学术性调查报告在结构上包括标题、摘要、导言、方法、结果、讨论、参考文献、附录等 8 个组成部分。

1. 标题

学术性调查报告的标题形式与应用性调查报告的一样，也分为陈述式、结论式和问题式 3 种单标题和由主副两个标题所组成的复标题。所不同的是，除了问题式和复标题式标题在学术性调查报告中同样受青睐之外，陈述式、结论式这两种在应用性调查报告中不太常用的标题形式，在学术性调查报告也经常被采用。

2. 摘要

学术性调查报告一般都需要撰写摘要，作为一个相对独立的部分，置于标题与报告正文之间。其主要内容是对导言、方法、结果、讨论等 4 个部分的内容进行简要概括，以使读者能够很快地对该调查研究有一个初步的总体了解，进而决定是否继续阅读整个报告的具体内容。

3. 导言

学术性调查报告的导言部分，主要是说明所调查研究的问题及其研究意义，一般包括以下 3 个方面的内容。

（1）介绍调查所研究的问题，说明选择这一问题进行研究的理由，以及说明这一问题的来源与研究背景。这一点在写法上通常采用"沙漏式"手法，即从广阔的社会背景开始，逐渐缩小到自己所研究的社会现象或问题，以便使读者从中了解该项调查研究的重要意义，进而提高其对调查报告的重视程度。

（2）对有关文献进行评论。由于科学研究是一个知识积累的过程，因而，新的科学研究总是在前人已有研究成果的基础上进行的。研究者应当尽可能全面掌握与自己所研究的社会现象或问题相关的最新研究动态，并对此做必要的综述与评价。文献评论的重点是与自己的研究相关的调查结果和研究结论，其主要作用是帮助读者了解该领域中已有的研究成果和研究结论，为其阅读和评价调查报告打下基础。

（3）介绍自己的调查研究。对已有文献进行评论之后，通常应当简要介绍一下自己的调查研究。其主要内容包括研究的问题、研究的理论假设、研究的基本框架、研究的主要变量等。在介绍过程中，要突出说明自己的调查研究与已有的调查研究有什么不同，进而说明自己的调查研究的独特意义。

4. 方法

学术性调查报告的方法部分，主要是说明调查所采用的方式、方法、工具与调查程序。与应用性调查报告将方法放在导言中进行简单介绍不同，在学术性调查报告中，对方法的说明是一个非常重要的组成部分，这也是学术性调查报告区别于应用性调查报告的一个突出标志。学术性调查报告的读者既关心研究的结果，同时也关心研究的方法，即研究结果是如何得到的。只有明白了这些，才能评估该项调查研究是否具有科学性与严谨性，研究结果是否可信，是否有价值。

一般来说，学术性调查报告的方法部分包括以下 5 个方面的内容：

（1）介绍调查方式。告诉读者该项调查所采取的调查方式，以及实际调研工作是如何开展的。比如，所采用的是问卷调查还是访问调查，调查的时间与任务安排、调查地点选择、调查相关工具的准备等。

（2）介绍调查对象。对所研究的总体和抽取的样本进行详细的介绍，说明调查总体的构成、调查样本的构成及其抽样方法和抽样程序。只有这样，才能让读者了解该项调查的总体与样本状况，进而对研究成果的适用性与局限性做出适当的评估。

（3）说明研究的主要变量。对研究的主要变量及其操作化定义和具体指标进行详细的介绍，以使读者明白哪个变量是用哪个（或哪些）指标来测量的，其具体的计分方法与计算方法是什么。

（4）说明资料收集过程及其所使用的工具。对实地收集调查资料的工作过程和资料收集工具进行详细的介绍。例如，如果实地调查是派访问员进行入户访谈，那么最好能够对访问员的构成及其挑选与培训做一定的说明；如果资料是通过自填式问卷来收集的，那么就需要说明问卷是如何发到调查对象手中的，是如何回收的，回收率有多高，有效回收率是多少，以及实地调查的组织与监控等。对资料收集工具的介绍，内容可能包括具体工具是什么（如自填问卷、访问问卷或访谈提纲等），工具中包括多少个问题，工具是否经过检验（如试调查）等。

（5）说明资料分析方法。不同的调查研究，由于在调查的目的、方式、样本规模、资料收集方法等方面可能存在差异，因而，其资料分析方法也不完全一样。例如，有的以定量分析为主，有的以定性分析为主；有的只需要进行一般性的描述分析，有的则需要进行比较深入的相关分析与因果分析。

5. 结果

学术性调查报告的结果部分，主要是说明通过调查研究发现了什么。这一部分是调查报告的主体，其结构形式与应用性调查报告主体的结构形式一样，也可以分为纵向式、横向式和纵横结合式等 3 种基本形式。

结果部分的撰写原则是：先"森林"（即总体），后"树木"（即个别）；先一般，后特殊。也就是先陈述调查的基本结果，再分别陈述调查每一个方面的结果；先描述整个调查的一般情况，再描述每一个方面的具体情况。在具体写法上，常常先归纳出结论，再展示论证过程。

在撰写学术性调查报告结果部分时，要注意以下 3 个方面的问题：

（1）恰当处理结果与讨论的关系。当调查报告的内容较少时，宜将结果与讨论两部分合在一起写，共同构成"结果与讨论"部分；当调查报告的内容较多，比较复杂时，宜将结果与讨论作为两个部分分开写。此时，结果部分侧重于陈述调查各个方面的分支结果，讨论各结果的直接内涵；讨论部分则侧重于陈述研究的整体结果，讨论结果的深层内涵与推广。

（2）恰当处理观点和材料关系。注意从材料中提炼观点，用观点统领材料，用材料论证观点，以避免在调查报告中出现统计数字、统计图表和调查材料的简单罗列与堆砌。

（3）恰当处理图表表达与文字表述的关系。图表表达的突出优点是直观、简洁、形象，但图表中所蕴含的意义往往还需要借助文字表达来说明，以便图表解读能力高低不一的不同读者都能够更好地理解图表。在实际撰写过程中，应注意避免用文字将图表中的统计数字重新叙述一遍的简单做法。

6. 讨论

学术性调查报告的讨论部分，主要是说明调查发现及其意义，以及从这些调查发现出发，还能够得到什么，或还能够继续做些什么。一般来说，这部分不宜写得太长。

在具体写法上，常常是一开始就以明确的叙述说明研究假设是否得到证实，或明确回答导言部分所提出的问题。撰写时应注意，不能简单地再次解释和重复在结果部分已经总结了的观点与结论，而应当在结果部分的基础上，挖掘新的、更深层次的东西。例如，调查研究结果具有什么样的理论与实践意义，从这些结果中还能得到一些什么样的推论等，从而增加读者对所研究的问题的理解。

此外，讨论部分还可能包括以下内容：①将研究结果与其他同类研究结果进行对比分析；②指出推广该研究结论时的限制条件；③提醒读者注意样本特征及其对调查结果可能产生的影响；④如实陈述与深入讨论那些与预期相反或未曾预料的结果；⑤对研究本该回答但却未能回答的问题进行讨论；⑥对研究过程中新出现或新发现的问题进行讨论，并提出进一步研究的建议。

7. 参考文献

学术性调查报告的参考文献部分，主要列出调查报告中所涉及的著作、论文以及其他类型文献的目录。

参考文献的写作格式因文献类别的不同而有所不同。一般来说，图书类参考文献应当指明作者、图书名称、图书标识代码、出版地、出版者、出版年等项目；论文类参考文献应当指明作者、论文名、期刊标识代码、刊物名、年（期）、页码等项目。

8. 附录

附录部分是将那些可以帮助读者更好地了解研究细节的资料编排在一起，作为正文的补充，放在学术性调查报告的最后面。这些资料主要有调查研究过程中所使用的问卷、量表、有关计算公式的推导、数据的计算方法等。由于这些资料所占篇幅往往较大，因而，在学术刊物上发表调查报告时，常常略去附录；但在以学位论文形式出现的调查报告中，则必须列出附录部分。

实作训练

一、任务描述

以实际调查报告为例，对应用性调查报告和学术性调查报告的差异进行对比。

二、任务分析

这一实作训练包括两个任务：一是准备应用性调查报告和学术性调查报告各1篇；二是对这两类调查报告进行对比阅读与分析，找出其结构与写作上的差异。

三、操作过程

（1）查阅社会调查类教材、专著等著作和期刊论文（包括电子图书与电子期刊），复印或下载应用性调查报告和学术性调查报告若干篇。

（2）初步阅读所复印或下载的应用性调查报告和学术性调查报告。

（3）选择其中写得比较规范的应用性调查报告和学术性调查报告各1篇，分解报告的各个组成部分，并比较其在写作上的差异。

四、实训小结

应用性调查报告和学术性调查报告是两类常用的调查报告。本实训以实际调查报告为例，对应用性调查报告和学术性调查报告的差异进行对比。通过差异比较，更好地理解应用性调查报告和学术性调查报告的不同，更好地掌握不同调查报告的撰写方法，尤其是应用性调查报告的撰写方法。学生还可以从公开出版的正规刊物或著作中寻找调查报告，并对其进行分析，如果发现调查报告中存在不够完善的地方，应进一步思考如何利用所学的知识对其进行修正。

本项目质量评价标准

序号	检测内容	分值（分）	评价标准	得分（分）
1	调查报告的特点分析	10	1. 每一项检测内容的评分都分为4个档次 （1）会：85%及以上 （2）基本会：60%～84% （3）会一点：20%～59% （4）基本不会：20%以下（不含20%） 2. 在每一个评分档次中，视出错的次数扣分，扣至本档最低分为止	
2	调查报告的类型分析	10		
3	调查报告的撰写步骤	20		
4	调查报告的行文规则	20		
5	应用性调查报告的结构与写作方法	20		
6	学术性调查报告的结构与写作方法	20		
	合计	100		

知识拓展

学术性调查报告中参考文献的著录格式与示例

1. 专著

（1）著录格式

主要责任者. 题名：其他题名信息 [文献类型标识/文献载体标识]. 其他责任者. 版本项. 出版地：出版者，出版年：引文页码 [引用日期]. 获取和访问路径. 数字对象唯一标识符.

（2）示例

[1] 风笑天. 现代社会调查方法 [M]. 6版. 武汉：华中科技大学出版社，2021.

[2] 约克奇. SPSS 其实很简单：第 3 版 [M]. 胡强, 译. 北京：中国人民大学出版社, 2019.

[3] BECKER H S. Tricks of the trade：how to think about your research while you're doing it[M]. Chicago：University of Chicago Press, 1997.

2. 连续出版物中的析出文献

（1）著录格式

析出文献主要责任者. 析出文献题名 [文献类型标识 / 文献载体标识]. 连续出版物题名：其他题名信息, 年, 卷（期）：页码 [引用日期]. 获取和访问路径. 数字对象唯一标识符.

（2）示例

[1] 风笑天. 独生子女青少年的社会化过程及其结果 [J]. 中国社会科学, 2000（6）：118-131.

[2] CAPLAN P. Cataloging internet resources [J]. The public access computer systems review, 1993, 4（2）：61-66.

思考与练习

一、判断题

1. 调查报告具有针对性、实证性、时效性和价值性等基本特点。（　　）
2. 根据调查报告的性质，可以将其分为应用性调查报告与专题性调查报告。（　　）
3. 根据调查报告的主要目的，可以将其分为描述性调查报告和综合性调查报告。（　　）
4. 语言简单平实，通俗易懂，陈述事实力求客观中立是撰写调查报告时的重要行文规则。（　　）
5. 学术性调查报告在结构上通常包括标题、摘要、导言、方法、结果、讨论、参考文献、附录等 8 个组成部分。（　　）

二、简答题

1. 调查报告的主要特点有哪些？
2. 撰写调查报告一般要经过哪些步骤？
3. 调查报告在行文上有什么突出特点？
4. 应用性调查报告包括哪些组成部分？
5. 学术性调查报告包括哪些组成部分？

三、实训题

以"调查分析""现状调查""影响因素分析"等为关键词，从中国知网（https://www.cnki.net/）或国家哲学社会科学文献中心（http://www.ncpssd.org/）下载若干篇调查分析报告，仔细阅读并分析其基本结构和行文特点。

附　　录

附录A　随　机　数　表

10 09 73 25 33	76 52 01 35 86	34 67 35 48 76	80 95 90 91 17	39 29 27 49 45
37 54 20 48 05	64 89 47 42 96	24 80 52 40 37	20 63 61 04 02	00 82 29 16 65
08 42 26 89 53	19 64 50 93 03	23 20 90 25 60	15 95 33 47 64	35 08 03 36 06
99 01 90 25 29	09 37 67 07 15	38 31 13 11 65	88 67 67 43 97	04 43 62 76 59
12 80 79 99 70	80 15 73 61 47	64 03 23 66 53	98 95 11 68 77	12 17 17 68 33
66 06 57 47 17	34 07 27 68 50	36 69 73 61 70	65 81 33 98 85	11 19 92 91 70
31 06 01 08 05	45 57 18 24 06	35 30 34 26 14	86 79 99 74 39	23 40 30 97 32
85 26 97 76 02	02 05 16 56 92	68 66 57 48 18	73 05 38 52 47	18 62 38 85 79
63 57 33 21 35	05 32 54 70 48	90 55 35 75 48	28 46 82 87 09	83 49 12 56 24
73 79 64 57 53	03 52 96 47 78	35 80 83 42 82	60 93 52 03 44	35 27 38 84 35
98 52 01 77 67	14 90 56 86 07	22 10 94 05 58	60 97 09 34 33	50 50 07 39 98
11 80 50 54 31	39 80 82 77 32	50 72 56 32 48	29 40 52 42 01	52 77 56 78 51
83 45 29 96 34	06 28 89 80 83	13 74 67 00 78	18 47 54 06 10	68 71 17 78 17
88 68 54 02 00	86 50 75 34 01	36 76 66 79 51	90 36 47 64 93	29 60 91 10 62
99 59 46 73 48	37 51 76 49 69	91 82 60 89 28	93 78 56 13 68	23 47 83 41 13
65 48 11 76 74	17 46 85 09 50	58 04 77 69 74	73 03 95 71 86	40 21 81 65 44
80 12 43 56 35	17 72 70 80 15	45 31 32 23 74	21 11 57 82 53	14 38 55 37 63
74 35 09 98 17	77 40 27 72 14	43 23 60 02 10	45 52 16 42 37	96 28 60 26 55
69 91 62 68 03	66 25 22 91 48	36 93 68 72 03	76 62 11 39 90	94 40 05 64 18
09 89 32 05 05	14 22 56 85 14	46 42 75 67 88	96 29 77 88 22	54 38 21 45 98
53 85 34 13 77	36 06 69 48 50	58 83 87 38 59	49 36 47 33 31	96 24 04 36 42
24 63 73 87 36	74 38 48 93 42	52 62 30 79 92	12 36 91 86 01	03 74 28 38 73
83 08 01 24 51	38 99 22 28 15	07 75 95 17 77	97 37 72 75 85	51 97 23 78 67
16 44 42 43 34	36 15 19 90 73	27 49 37 09 39	85 13 03 25 52	54 84 65 47 59
60 79 01 81 57	57 17 86 57 62	11 16 17 85 76	45 81 95 29 79	65 13 00 48 60
91 49 91 45 23	68 47 92 76 86	46 16 23 35 54	94 75 08 99 23	37 03 92 00 48
80 33 69 45 98	26 94 03 63 58	70 29 73 41 35	53 14 03 33 40	42 05 08 23 41
44 10 48 19 49	85 15 74 79 54	32 97 92 65 75	57 60 04 08 81	22 22 20 64 13
12 55 07 37 42	11 10 00 20 40	12 86 07 46 97	96 64 48 94 39	28 70 72 58 15
63 60 64 93 29	16 50 53 44 84	40 21 95 25 63	43 65 17 70 82	07 20 73 17 90
07 63 87 79 29	03 06 11 80 72	96 20 74 41 56	23 32 19 95 38	04 71 36 69 94
60 52 88 34 41	07 95 41 98 14	59 17 52 06 95	05 53 35 21 39	61 21 20 64 55
83 59 63 56 55	06 95 89 29 83	05 12 80 97 19	77 43 35 37 83	92 30 15 04 98
10 85 06 27 46	99 59 91 05 07	13 49 90 63 19	53 07 57 18 39	06 41 01 93 62
39 82 09 89 52	43 62 26 31 47	64 42 18 08 14	43 80 00 93 51	31 02 47 31 67
59 58 00 64 78	75 56 97 88 00	88 83 55 44 86	23 76 80 61 56	04 11 10 84 08
38 50 80 73 41	23 79 34 87 63	90 82 29 70 22	17 71 90 42 07	95 95 44 99 53
30 69 27 06 68	94 68 81 61 27	56 19 68 00 91	82 06 76 34 00	05 46 26 92 00
65 44 39 56 59	18 28 82 74 37	49 63 22 40 41	08 33 76 56 76	96 26 99 08 36
27 26 75 02 64	13 19 27 22 94	07 47 74 45 06	17 98 54 89 11	97 34 13 03 58

(续)

91 30 70 69 91 68 43 49 46 88 48 90 81 58 77 06 91 34 51 97 10 45 51 60 19	19 07 22 42 10 84 47 31 36 22 54 74 52 45 91 42 67 27 86 01 14 21 03 37 12	36 69 95 37 28 62 12 69 84 08 35 70 00 47 54 11 88 30 95 28 91 34 23 78 21	28 82 53 57 93 12 84 38 25 90 83 82 45 26 92 63 01 19 89 01 88 32 58 08 51	28 97 66 62 52 09 81 59 31 46 54 13 05 51 60 14 97 44 03 44 43 66 77 08 83
12 88 39 73 43 21 77 83 09 76 19 52 35 95 15 67 24 55 26 70 60 58 44 73 77	65 02 76 11 84 38 80 73 69 61 65 12 25 96 59 35 58 31 65 63 07 50 03 79 92	04 28 50 13 92 31 64 94 20 96 86 28 36 82 58 79 24 68 66 86 45 13 42 65 29	17 97 41 50 77 63 28 10 20 23 69 57 21 37 98 76 46 33 42 22 26 76 08 36 37	90 71 22 67 69 08 81 64 74 49 16 43 59 15 29 26 65 59 08 02 41 32 64 43 44
53 85 34 13 77 24 63 73 87 36 83 08 01 24 51 16 44 42 43 34 60 79 01 81 57	36 06 69 48 50 74 38 48 93 42 38 99 22 28 15 36 15 19 90 73 57 17 86 57 62	58 83 87 38 59 52 62 30 79 92 07 75 95 17 77 27 49 37 09 39 11 16 17 85 76	49 36 47 33 31 12 36 91 86 01 97 37 72 75 85 85 13 03 25 52 45 81 95 29 79	96 24 04 36 42 03 74 28 38 73 51 97 23 78 67 54 84 65 47 59 65 13 00 48 60
03 99 11 04 61 38 55 59 55 54 17 54 67 37 04 32 64 35 28 61 69 57 26 87 77	93 71 61 68 94 32 88 65 97 80 92 05 24 62 15 95 81 90 68 31 39 51 03 59 05	66 08 32 46 53 08 35 56 08 60 55 12 12 92 81 00 91 19 89 36 14 06 04 06 19	84 60 95 82 32 29 73 54 77 62 59 07 60 79 36 76 35 59 37 79 29 54 96 96 16	88 61 81 91 61 71 29 92 38 53 27 95 45 89 09 80 86 30 05 14 33 56 46 07 80
24 12 26 65 91 61 19 63 02 31 30 53 22 17 04 03 78 89 75 99 48 22 86 33 79	27 69 90 64 94 92 96 26 17 73 10 27 41 22 02 75 86 72 07 17 85 78 34 76 19	14 84 54 66 72 41 83 95 53 82 39 68 52 03 09 74 41 65 31 66 53 15 26 74 33	61 95 87 71 00 17 26 77 09 43 10 06 16 88 29 35 20 83 33 74 35 66 35 29 72	90 89 97 57 54 78 03 87 02 67 55 98 66 64 85 87 53 90 88 23 16 81 86 03 11
60 36 59 46 53 83 79 94 24 02 32 96 00 74 05 19 32 25 38 45 11 22 09 47 47	35 07 53 39 49 56 62 33 44 42 36 40 98 32 32 57 62 05 26 06 07 39 93 74 08	42 61 42 92 97 34 99 44 13 74 99 38 54 16 00 66 49 76 86 46 48 50 92 39 29	01 91 82 83 16 70 07 11 47 36 11 13 30 75 86 78 13 86 65 59 27 48 24 54 76	98 95 37 32 31 09 95 81 80 65 15 91 70 62 53 19 64 09 94 13 85 24 43 51 59
31 75 15 72 60 88 49 29 93 82 30 93 44 77 44 22 88 84 88 93 78 21 21 69 93	68 98 00 53 39 14 45 40 45 04 07 48 18 38 28 27 49 99 87 48 35 90 29 13 86	15 47 04 83 55 20 09 49 89 77 73 78 80 65 33 60 53 04 51 28 44 37 21 54 86	88 65 12 25 96 74 84 39 34 13 28 59 72 04 05 74 02 28 46 17 65 74 11 40 14	03 15 21 92 21 22 10 97 85 08 94 20 52 03 80 82 03 71 02 68 87 48 13 72 20
41 84 98 45 47 46 35 23 30 49 11 08 79 62 94 52 70 10 83 37 57 27 53 68 98	46 85 05 23 26 69 24 89 34 60 14 01 33 17 92 56 30 38 73 15 81 30 44 85 85	34 67 75 83 00 45 30 50 75 21 59 74 76 72 77 16 52 06 96 76 68 65 22 73 76	74 91 06 43 45 61 31 83 18 55 76 50 33 45 13 11 65 49 98 93 92 85 25 58 66	19 32 58 15 49 14 41 34 09 51 39 66 37 75 44 02 18 16 81 61 88 44 80 35 84
20 85 77 31 56 15 63 38 49 24 92 69 44 82 97 77 61 31 90 19 38 68 83 24 86	70 28 42 43 26 90 41 59 36 14 39 90 40 21 15 88 15 20 00 80 45 13 46 35 45	79 37 59 52 20 33 52 12 66 65 59 58 94 90 67 20 55 49 14 09 59 40 47 20 59	01 15 96 32 67 55 82 34 76 41 66 82 14 15 75 96 27 74 82 57 43 94 75 16 80	10 62 24 83 91 86 22 53 17 04 49 76 70 40 37 50 81 69 76 16 43 85 25 96 93
25 16 30 18 89 65 25 10 76 29 36 81 54 36 25 64 39 71 16 92 04 51 52 56 24	70 01 41 50 21 37 23 93 32 95 18 63 73 75 09 05 32 78 21 62 95 09 66 79 46	41 29 06 73 12 05 87 00 11 19 82 44 49 90 05 20 24 78 17 59 48 46 08 55 58	71 85 71 59 57 92 78 42 63 40 04 92 17 37 01 45 19 72 53 32 15 19 11 87 82	68 97 11 14 03 18 47 76 56 22 14 70 79 39 97 83 74 52 25 67 16 93 03 33 61
83 76 16 08 73 14 38 70 63 45 51 32 19 22 46 72 47 20 00 08 05 46 65 53 06	43 25 38 41 45 80 85 40 92 79 80 08 87 70 74 80 89 01 80 02 93 12 81 84 64	60 83 32 59 83 43 52 90 63 18 88 72 25 67 36 94 81 33 19 00 74 45 79 05 61	01 29 14 13 49 38 38 47 47 61 66 16 44 94 31 54 15 58 34 36 72 84 81 18 34	20 36 80 71 26 41 19 63 74 80 66 91 93 16 78 35 35 25 41 31 79 98 26 84 16

39 52 87 24 84	82 47 42 55 93	48 54 53 52 47	18 61 91 36 74	18 61 11 92 41
81 61 61 87 11	53 34 24 42 76	75 12 21 17 24	74 62 77 37 07	58 31 91 59 97
07 58 61 61 20	82 64 12 28 20	92 90 41 31 41	32 39 21 97 63	61 19 96 79 40
90 76 70 42 35	13 57 41 72 00	69 90 26 37 42	78 26 42 25 01	18 62 79 08 72
40 18 82 81 93	29 59 38 86 27	94 97 21 15 98	62 09 53 67 87	00 44 15 89 97
34 41 48 21 57	86 88 75 50 87	19 15 20 00 23	12 30 28 07 83	32 62 46 86 91
63 43 97 53 63	44 98 91 68 22	36 02 40 09 67	76 37 84 16 05	65 96 17 34 88
67 04 90 90 70	93 39 94 55 47	94 45 87 42 84	05 04 14 98 07	20 28 83 40 60
79 49 50 41 46	52 16 29 02 86	54 15 83 42 43	46 97 83 54 82	59 36 29 59 38
91 70 43 05 52	04 73 72 10 31	75 05 19 30 29	47 66 56 43 82	99 78 29 34 78

附录 B 标准正态分布表

B1 标准正态分布左右两部分累计概率表

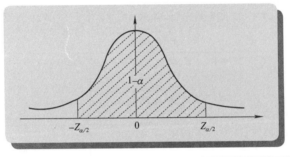

Z	.00	.01	.02	.03	.04	.05	.06	.07	.08	.09
.0	.000000	.007978	.015956	.023932	.031906	.039878	.047844	.055806	.063762	.071712
.1	.079656	.087590	.095516	.103434	.111340	.119236	.127118	.134990	.142848	.150690
.2	.158520	.166332	.174128	.181908	.189670	.197412	.205136	.212840	.220522	.228184
.3	.235822	.243440	.251032	.258600	.266144	.273662	.281152	.288618	.296054	.303464
.4	.310844	.318194	.325514	.332804	.340062	.347290	.354484	.361644	.368772	.375866
.5	.382924	.389948	.396936	.403888	.410802	.417680	.424520	.431322	.438086	.444810
.6	.451494	.458138	.464742	.471306	.477828	.484308	.490746	.497142	.503496	.509806
.7	.516072	.522296	.528476	.534610	.540700	.546746	.552746	.558700	.564610	.570472
.8	.576290	.582060	.587784	.593462	.599092	.604674	.610210	.615700	.621140	.626534
.9	.631880	.637178	.642428	.647628	.652782	.657888	.662944	.667954	.672914	.677826
1.0	.682690	.687504	.692272	.696990	.701660	.706282	.710856	.715380	.719858	.724286
1.1	.728668	.733000	.737286	.741524	.745714	.749856	.753952	.758000	.762000	.765954
1.2	.769860	.773722	.777536	.781302	.785024	.788700	.792330	.795916	.799454	.802950
1.3	.806400	.809804	.813164	.816482	.819754	.822984	.826170	.829314	.832414	.835472
1.4	.838486	.841460	.844392	.847282	.850132	.852942	.855710	.858438	.861126	.863776
1.5	.866386	.868956	.871490	.873984	.876440	.878858	.881240	.883584	.885894	.888166

（续）

Z	.00	.01	.02	.03	.04	.05	.06	.07	.08	.09
1.6	.890402	.892602	.894768	.896898	.898994	.901058	.903086	.905080	.907042	.908972
1.7	.910870	.912734	.914568	.916370	.918140	.919882	.921592	.923272	.924924	.926546
1.8	.928140	.929704	.931240	.932750	.934232	.935686	.937114	.938516	.939892	.941242
1.9	.942566	.943866	.945142	.946394	.947620	.948824	.950004	.951162	.952296	.953410
2.0	.954500	.955568	.956616	.957644	.958650	.959636	.960602	.961548	.962474	.963382
2.1	.964272	.965142	.965994	.966828	.967646	.968444	.969228	.969994	.970742	.971476
2.2	.972194	.972894	.973582	.974252	.974910	.975552	.976178	.976792	.977392	.977978
2.3	.978552	.979112	.979660	.980194	.980716	.981226	.981726	.982212	.982688	.983152
2.4	.983604	.984048	.984480	.984902	.985312	.985714	.986106	.986488	.986862	.987226
2.5	.987580	.987926	.988264	.988594	.988914	.989228	.989532	.989830	.990120	.990402
2.6	.990678	.990946	.991208	.991462	.991710	.991950	.992186	.992414	.992638	.992854
2.7	.993066	.993272	.993472	.993666	.993856	.994040	.994220	.994394	.994564	.994730
2.8	.994890	.995046	.995198	.995346	.995488	.995628	.995764	.995896	.996024	.996148
2.9	.996268	.996386	.996500	.996610	.996718	.996822	.996924	.997022	.997118	.997210
3.0	.997300	.997388	.997472	.997554	.997634	.997712	.997786	.997860	.997930	.997998
3.1	.998064	.998130	.998192	.998252	.998310	.998368	.998422	.998476	.998528	.998578
3.2	.998626	.998672	.998718	.998762	.998804	.998846	.998886	.998924	.998962	.998998
3.3	.999034	.999068	.999100	.999132	.999162	.999192	.999220	.999248	.999276	.999302
3.4	.999326	.999350	.999374	.999396	.999418	.999440	.999460	.999480	.999498	.999516
3.5	.999534	.999552	.999568	.999584	.999600	.999614	.999630	.999644	.999656	.999670
3.6	.999682	.999694	.999706	.999716	.999728	.999738	.999748	.999758	.999766	.999776
3.7	.999784	.999792	.999800	.999808	.999816	.999824	.999830	.999836	.999844	.999850
3.8	.999856	.999862	.999866	.999872	.999876	.999882	.999886	.999892	.999896	.999900
3.9	.999904	.999908	.999912	.999916	.999918	.999922	.999926	.999928	.999932	.999934
4.0	.999936	.999940	.999942	.999944	.999946	.999948	.999950	.999952	.999954	.999956
4.1	.999958	.999960	.999962	.999964	.999966	.999966	.999968	.999970	.999970	.999972
4.2	.999974	.999974	.999976	.999976	.999978	.999978	.999980	.999980	.999982	.999982
4.3	.999982	.999984	.999984	.999986	.999986	.999986	.999986	.999988	.999988	.999988
4.4	.999990	.999990	.999990	.999990	.999992	.999992	.999992	.999992	.999992	.999992
4.5	.999994	.999994	.999994	.999994	.999994	.999994	.999994	.999996	.999996	.999996
4.6	.999996	.999996	.999996	.999996	.999996	.999996	.999996	.999996	.999998	.999998
4.7	.999998	.999998	.999998	.999998	.999998	.999998	.999998	.999998	.999998	.999998
4.8	.999998	.999998	.999998	.999998	.999998	.999998	.999998	.999998	.999998	.999998
4.9	1.00000	1.00000	1.00000	1.00000	1.00000	1.00000	1.00000	1.00000	1.00000	1.00000

B2 标准正态分布双尾累计概率表

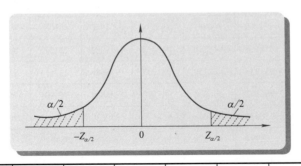

Z	.00	.01	.02	.03	.04	.05	.06	.07	.08	.09
.0	1.00000	.992022	.984044	.976068	.968094	.960122	.952156	.944194	.936238	.928288
.1	.920344	.912410	.904484	.896566	.888660	.880764	.872882	.865010	.857152	.849310
.2	.841480	.833668	.825872	.818092	.810330	.802588	.794864	.787160	.779478	.771816
.3	.764178	.756560	.748968	.741400	.733856	.726338	.718848	.711382	.703946	.696536
.4	.689156	.681806	.674486	.667196	.659938	.652710	.645516	.638356	.631228	.624134
.5	.617076	.610052	.603064	.596112	.589198	.582320	.575480	.568678	.561914	.555190
.6	.548506	.541862	.535258	.528694	.522172	.515692	.509254	.502858	.496504	.490194
.7	.483928	.477704	.471524	.465390	.459300	.453254	.447254	.441300	.435390	.429528
.8	.423710	.417940	.412216	.406538	.400908	.395326	.389790	.384300	.378860	.373466
.9	.368120	.362822	.357572	.352372	.347218	.342112	.337056	.332046	.327086	.322174
1.0	.317310	.312496	.307728	.303010	.298340	.293718	.289144	.284620	.280142	.275714
1.1	.271332	.267000	.262714	.258476	.254286	.250144	.246048	.242000	.238000	.234046
1.2	.230140	.226278	.222464	.218698	.214976	.211300	.207670	.204084	.200546	.197050
1.3	.193600	.190196	.186836	.183518	.180246	.177016	.173830	.170686	.167586	.164528
1.4	.161514	.158540	.155608	.152718	.149868	.147058	.144290	.141562	.138874	.136224
1.5	.133614	.131044	.128510	.126016	.123560	.121142	.118760	.116416	.114106	.111834
1.6	.109598	.107398	.105232	.103102	.101006	.098942	.096914	.094920	.092958	.091028
1.7	.089130	.087266	.085432	.083630	.081860	.080118	.078408	.076728	.075076	.073454
1.8	.071860	.070296	.068760	.067250	.065768	.064314	.062886	.061484	.060108	.058758
1.9	.057434	.056134	.054858	.053606	.052380	.051176	.049996	.048838	.047704	.046590
2.0	.045500	.044432	.043384	.042356	.041350	.040364	.039398	.038452	.037526	.036618
2.1	.035728	.034858	.034006	.033172	.032354	.031556	.030772	.030006	.029258	.028524
2.2	.027806	.027106	.026418	.025748	.025090	.024448	.023822	.023208	.022608	.022022
2.3	.021448	.020888	.020340	.019806	.019284	.018774	.018274	.017788	.017312	.016848
2.4	.016396	.015952	.015520	.015098	.014688	.014286	.013894	.013512	.013138	.012774
2.5	.012420	.012074	.011736	.011406	.011086	.010772	.010468	.010170	.009880	.009598
2.6	.009322	.009054	.008792	.008538	.008290	.008050	.007814	.007586	.007362	.007146
2.7	.006934	.006728	.006528	.006334	.006144	.005960	.005780	.005606	.005436	.005270
2.8	.005110	.004954	.004802	.004654	.004512	.004372	.004236	.004104	.003976	.003852

（续）

Z	.00	.01	.02	.03	.04	.05	.06	.07	.08	.09
2.9	.003732	.003614	.003500	.003390	.003282	.003178	.003076	.002978	.002882	.002790
3.0	.002700	.002612	.002528	.002446	.002366	.002288	.002214	.002140	.002070	.002002
3.1	.001936	.001870	.001808	.001748	.001690	.001632	.001578	.001524	.001472	.001422
3.2	.001374	.001328	.001282	.001238	.001196	.001154	.001114	.001076	.001038	.001002
3.3	.000966	.000932	.000900	.000868	.000838	.000808	.000780	.000752	.000724	.000698
3.4	.000674	.000650	.000626	.000604	.000582	.000560	.000540	.000520	.000502	.000484
3.5	.000466	.000448	.000432	.000416	.000400	.000386	.000370	.000356	.000344	.000330
3.6	.000318	.000306	.000294	.000284	.000272	.000262	.000252	.000242	.000234	.000224
3.7	.000216	.000208	.000200	.000192	.000184	.000176	.000170	.000164	.000156	.000150
3.8	.000144	.000138	.000134	.000128	.000124	.000118	.000114	.000108	.000104	.000100
3.9	.000096	.000092	.000088	.000084	.000082	.000078	.000074	.000072	.000068	.000066
4.0	.000064	.000060	.000058	.000056	.000054	.000052	.000050	.000048	.000046	.000044
4.1	.000042	.000040	.000038	.000036	.000034	.000034	.000032	.000030	.000030	.000028
4.2	.000026	.000026	.000024	.000024	.000022	.000022	.000020	.000020	.000018	.000018
4.3	.000018	.000016	.000016	.000014	.000014	.000014	.000014	.000014	.000012	.000012	.000012
4.4	.000010	.000010	.000010	.000010	.000008	.000008	.000008	.000008	.000008	.000008
4.5	.000006	.000006	.000006	.000006	.000006	.000006	.000006	.000004	.000004	.000004
4.6	.000004	.000004	.000004	.000004	.000004	.000004	.000004	.000004	.000002	.000002
4.7	.000002	.000002	.000002	.000002	.000002	.000002	.000002	.000002	.000002	.000002
4.8	.000002	.000002	.000002	.000002	.000002	.000002	.000002	.000002	.000002	.000002
4.9	.000000	.000000	.000000	.000000	.000000	.000000	.000000	.000000	.000000	.000000

B3　标准正态分布单尾概率表

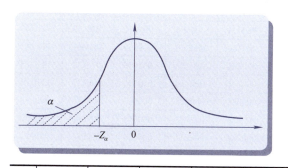
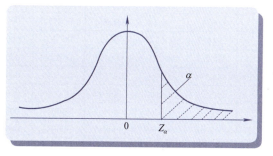

Z	.00	.01	.02	.03	.04	.05	.06	.07	.08	.09
.0	.500000	.496011	.492022	.488034	.484047	.480061	.476078	.472097	.468119	.464144
.1	.460172	.456205	.452242	.448283	.444330	.440382	.436441	.432505	.428576	.424655
.2	.420740	.416834	.412936	.409046	.405165	.401294	.397432	.393580	.389739	.385908
.3	.382089	.378280	.374484	.370700	.366928	.363169	.359424	.355691	.351973	.348268
.4	.344578	.340903	.337243	.333598	.329969	.326355	.322758	.319178	.315614	.312067
.5	.308538	.305026	.301532	.298056	.294599	.291160	.287740	.284339	.280957	.277595
.6	.274253	.270931	.267629	.264347	.261086	.257846	.254627	.251429	.248252	.245097

（续）

Z	.00	.01	.02	.03	.04	.05	.06	.07	.08	.09
.7	.241964	.238852	.235762	.232695	.229650	.226627	.223627	.220650	.217695	.214764
.8	.211855	.208970	.206108	.203269	.200454	.197663	.194895	.192150	.189430	.186733
.9	.184060	.181411	.178786	.176186	.173609	.171056	.168528	.166023	.163543	.161087
1.0	.158655	.156248	.153864	.151505	.149170	.146859	.144572	.142310	.140071	.137857
1.1	.135666	.133500	.131357	.129238	.127143	.125072	.123024	.121000	.119000	.117023
1.2	.115070	.113139	.111232	.109349	.107488	.105650	.103835	.102042	.100273	.098525
1.3	.096800	.095098	.093418	.091759	.090123	.088508	.086915	.085343	.083793	.082264
1.4	.080757	.079270	.077804	.076359	.074934	.073529	.072145	.070781	.069437	.068112
1.5	.066807	.065522	.064255	.063008	.061780	.060571	.059380	.058208	.057053	.055917
1.6	.054799	.053699	.052616	.051551	.050503	.049471	.048457	.047460	.046479	.045514
1.7	.044565	.043633	.042716	.041815	.040930	.040059	.039204	.038364	.037538	.036727
1.8	.035930	.035148	.034380	.033625	.032884	.032157	.031443	.030742	.030054	.029379
1.9	.028717	.028067	.027429	.026803	.026190	.025588	.024998	.024419	.023852	.023295
2.0	.022750	.022216	.021692	.021178	.020675	.020182	.019699	.019226	.018763	.018309
2.1	.017864	.017429	.017003	.016586	.016177	.015778	.015386	.015003	.014629	.014262
2.2	.013903	.013553	.013209	.012874	.012545	.012224	.011911	.011604	.011304	.011011
2.3	.010724	.010444	.010170	.009903	.009642	.009387	.009137	.008894	.008656	.008424
2.4	.008198	.007976	.007760	.007549	.007344	.007143	.006947	.006756	.006569	.006387
2.5	.006210	.006037	.005868	.005703	.005543	.005386	.005234	.005085	.004940	.004799
2.6	.004661	.004527	.004396	.004269	.004145	.004025	.003907	.003793	.003681	.003573
2.7	.003467	.003364	.003264	.003167	.003072	.002980	.002890	.002803	.002718	.002635
2.8	.002555	.002477	.002401	.002327	.002256	.002186	.002118	.002052	.001988	.001926
2.9	.001866	.001807	.001750	.001695	.001641	.001589	.001538	.001489	.001441	.001395
3.0	.001350	.001306	.001264	.001223	.001183	.001144	.001107	.001070	.001035	.001001
3.1	.000968	.000935	.000904	.000874	.000845	.000816	.000789	.000762	.000736	.000711
3.2	.000687	.000664	.000641	.000619	.000598	.000577	.000557	.000538	.000519	.000501
3.3	.000483	.000466	.000450	.000434	.000419	.000404	.000390	.000376	.000362	.000349
3.4	.000337	.000325	.000313	.000302	.000291	.000280	.000270	.000260	.000251	.000242
3.5	.000233	.000224	.000216	.000208	.000200	.000193	.000185	.000178	.000172	.000165
3.6	.000159	.000153	.000147	.000142	.000136	.000131	.000126	.000121	.000117	.000112
3.7	.000108	.000104	.000100	.000096	.000092	.000088	.000085	.000082	.000078	.000075
3.8	.000072	.000069	.000067	.000064	.000062	.000059	.000057	.000054	.000052	.000050
3.9	.000048	.000046	.000044	.000042	.000041	.000039	.000037	.000036	.000034	.000033
4.0	.000032	.000030	.000029	.000028	.000027	.000026	.000025	.000024	.000023	.000022
4.1	.000021	.000020	.000019	.000018	.000017	.000017	.000016	.000015	.000015	.000014
4.2	.000013	.000013	.000012	.000012	.000011	.000011	.000010	.000010	.000009	.000009
4.3	.000009	.000008	.000008	.000007	.000007	.000007	.000007	.000006	.000006	.000006
4.4	.000005	.000005	.000005	.000005	.000004	.000004	.000004	.000004	.000004	.000004
4.5	.000003	.000003	.000003	.000003	.000003	.000003	.000003	.000002	.000002	.000002
4.6	.000002	.000002	.000002	.000002	.000002	.000002	.000002	.000002	.000001	.000001
4.7	.000001	.000001	.000001	.000001	.000001	.000001	.000001	.000001	.000001	.000001
4.8	.000001	.000001	.000001	.000001	.000001	.000001	.000001	.000001	.000001	.000001
4.9	.000000	.000000	.000000	.000000	.000000	.000000	.000000	.000000	.000000	.000000

附录C Z检验表

常用显著性水平（α）与否定域（|Z| ≥）

$p \leq \alpha$ (α=)	|Z| ≥	
	单尾检验	双尾检验
.10	1.29	1.65
.05	1.65	1.96
.02	2.06	2.33
.01	2.33	2.58
.005	2.58	2.81
.001	3.10	3.30

附录D χ^2 分布表

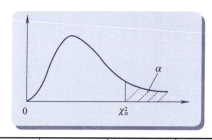

df	α =.30	.20	.10	.05	.02	.01	.001
1	1.074	1.642	2.706	3.841	5.412	6.635	10.827
2	2.408	3.219	4.605	5.991	7.824	9.210	13.815
3	3.665	4.642	6.251	7.815	9.837	11.345	16.268
4	4.878	5.989	7.779	9.488	11.668	13.277	18.465
5	6.064	7.289	9.236	11.070	13.388	15.086	20.517
6	7.231	8.558	10.645	12.592	15.033	16.812	22.457
7	8.383	9.803	12.017	14.067	16.622	18.475	24.322
8	9.524	11.030	13.362	15.507	18.168	20.090	26.125
9	10.656	12.242	14.684	16.919	19.679	21.666	27.877
10	11.781	13.442	15.987	18.307	21.161	23.209	29.588
11	12.899	14.631	17.275	19.675	22.618	24.725	31.264
12	14.011	15.812	18.549	21.026	24.054	26.217	32.909
13	15.119	16.985	19.812	22.362	25.472	27.688	34.528
14	16.222	18.151	21.064	23.685	26.873	29.141	36.123
15	17.322	19.311	22.307	24.996	28.259	30.578	37.697
16	18.418	20.465	23.542	26.296	29.633	32.000	39.252
17	19.511	21.615	24.769	27.587	30.995	33.409	40.790
18	20.601	22.760	25.989	28.869	32.346	34.805	42.312
19	21.689	23.900	27.204	30.144	33.687	36.191	43.820
20	22.775	25.038	28.412	31.410	35.020	37.566	45.315
21	23.858	26.171	29.615	32.671	36.343	38.932	46.797
22	24.939	27.301	30.813	33.924	37.659	40.289	48.268
23	26.018	28.429	32.007	35.172	38.968	41.638	49.728
24	27.096	29.553	33.196	36.415	40.270	42.980	51.179
25	28.172	30.675	34.382	37.652	41.566	44.314	52.620
26	29.246	31.795	35.563	38.885	42.856	45.642	54.052
27	30.319	32.912	36.741	40.113	44.140	46.963	55.476
28	31.391	34.027	37.916	41.337	45.419	48.278	56.893
29	32.461	35.139	39.087	42.557	46.693	49.588	58.302
30	33.530	36.250	40.256	43.773	47.962	50.892	59.703

附录 E t 分布表

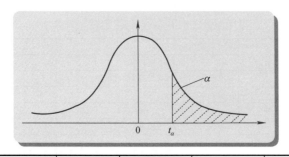

df	α =.25	.10	.05	.025	.01	.005	.0005
1	1.000	3.078	6.314	12.706	31.821	63.657	636.619
2	.817	1.886	2.920	4.303	6.965	9.925	31.598
3	.765	1.638	2.353	3.182	4.541	5.841	12.941
4	.741	1.533	2.132	2.776	3.747	4.604	8.610
5	.727	1.476	2.015	2.571	3.365	4.032	6.859
6	.718	1.440	1.943	2.447	3.143	3.707	5.959
7	.711	1.415	1.895	2.365	2.998	3.500	5.405
8	.706	1.397	1.860	2.306	2.897	3.355	5.041
9	.703	1.383	1.833	2.262	2.821	3.250	4.781
10	.700	1.372	1.813	2.228	2.764	3.169	4.587
11	.697	1.363	1.796	2.201	2.718	3.106	4.437
12	.696	1.356	1.782	2.179	2.681	3.055	4.318
13	.694	1.350	1.771	2.160	2.650	3.012	4.221
14	.692	1.345	1.761	2.145	2.625	2.977	4.140
15	.691	1.341	1.753	2.132	2.603	2.947	4.073
16	.690	1.337	1.746	2.120	2.584	2.921	4.015
17	.689	1.333	1.740	2.110	2.567	2.898	3.965
18	.688	1.330	1.734	2.101	2.552	2.878	3.922
19	.688	1.328	1.729	2.093	.540	2.861	3.883
20	.687	1.325	1.725	2.086	2.528	2.845	3.850
21	.685	1.323	1.721	2.080	2.518	2.831	3.819
22	.686	1.321	1.717	2.074	2.508	2.819	3.792
23	.685	1.320	1.714	2.069	2.500	2.807	3.767
24	.685	1.318	1.711	2.064	2.492	2.797	3.745
25	.684	1.316	1.708	2.060	2.485	2.787	3.725
26	.684	1.315	1.706	2.056	2.479	2.779	3.707
27	.684	1.314	1.703	2.052	2.473	2.771	3.690
28	.683	1.313	1.701	2.048	2.467	2.763	3.674
29	.683	1.311	1.699	2.045	2.462	2.756	3.659
30	.683	1.310	1.697	2.042	2.457	2.750	3.646
40	.681	1.303	1.684	2.021	2.423	2.705	3.551
60	.679	1.296	1.671	2.000	2.390	2.660	3.460
120	.677	1.289	1.658	1.980	2.358	2.617	3.373
∞	.674	1.282	1.645	1.960	2.326	2.576	3.291

附录 F F 分布表

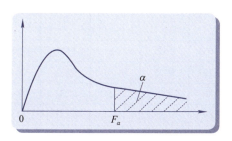

df_2 \ df_1	1	2	3	4	5	6	8	12	24	∞
					$\alpha=0.05$					
1	161.40	199.50	215.70	224.60	230.20	234.00	238.90	243.90	249.00	254.30
2	18.51	19.00	19.16	19.25	19.30	19.33	19.37	19.41	19.45	19.50
3	10.13	9.55	9.28	9.12	9.01	8.94	8.84	8.74	8.64	8.53
4	7.71	6.94	6.59	6.39	6.26	6.16	6.04	5.91	5.77	5.63
5	6.61	5.79	5.41	5.19	5.05	4.95	4.82	4.68	4.53	4.36
6	5.99	5.14	4.76	4.53	4.39	4.28	4.15	4.00	3.84	3.67
7	5.59	4.74	4.35	4.12	3.97	3.87	3.73	3.57	3.41	3.23
8	5.32	4.46	4.07	3.84	3.69	3.58	3.44	3.28	3.12	2.93
9	5.12	4.26	3.86	3.63	3.48	3.37	3.23	3.07	2.90	2.71
10	4.96	4.10	3.71	3.48	3.33	3.22	3.07	2.91	2.74	2.54
11	4.84	3.98	3.59	3.36	3.20	3.09	2.95	2.79	2.61	2.40
12	4.75	3.88	3.49	3.26	3.11	3.00	2.85	2.69	2.50	2.30
13	4.67	3.80	3.41	3.18	3.02	2.92	2.77	2.60	2.42	2.21
14	4.60	3.74	3.34	3.11	2.96	2.85	2.70	2.53	2.35	2.13
15	4.54	3.68	3.29	3.06	2.90	2.79	2.64	2.48	2.29	2.07
16	4.49	3.63	3.24	3.01	2.85	2.74	2.59	2.42	2.24	2.01
17	4.45	3.59	3.20	2.96	2.81	2.70	2.55	2.38	2.19	1.96
18	4.41	3.55	3.16	2.93	2.77	2.66	2.51	2.34	2.15	1.92
19	4.38	3.52	3.13	2.90	2.74	2.63	2.48	2.31	2.11	1.88
20	4.35	3.49	3.10	2.87	2.71	2.60	2.45	2.28	2.08	1.84
21	4.32	3.47	3.07	2.84	2.68	2.57	2.42	2.25	2.05	1.81
22	4.30	3.44	3.05	2.82	2.66	2.55	2.40	2.23	2.03	1.78
23	4.28	3.42	3.03	2.80	2.64	2.53	2.38	2.20	2.00	1.76
24	4.26	3.40	3.01	2.78	2.62	2.51	2.36	2.18	1.98	1.73
25	4.24	3.38	2.99	2.76	2.60	2.49	2.34	2.16	1.96	1.71
26	4.22	3.37	2.98	2.74	2.59	2.47	2.32	2.15	1.95	1.69
27	4.21	3.35	2.96	2.73	2.57	2.46	2.30	2.13	1.93	1.67
28	4.20	3.34	2.95	2.71	2.56	2.44	2.29	2.12	1.91	1.65
29	4.18	3.33	2.93	2.70	2.54	2.43	2.28	2.10	1.90	1.64
30	4.17	3.32	2.92	2.69	2.53	2.42	2.27	2.09	1.89	1.62
40	4.08	3.23	2.84	2.61	2.45	2.34	2.18	2.00	1.79	1.51
60	4.00	3.15	2.76	2.52	2.37	2.25	2.10	1.92	1.70	1.39
120	3.92	3.07	2.68	2.45	2.29	2.17	2.02	1.83	1.61	1.25
∞	3.84	2.99	2.60	2.37	2.21	2.09	1.94	1.75	1.52	1.00

（续）

df_2 \ df_1	1	2	3	4	5	6	8	12	24	∞
					$\alpha=0.01$					
1	4 052	4 999	5 403	5 625	5 764	5 859	5 981	6 106	6 234	6 366
2	98.49	99.01	99.17	99.25	99.30	99.33	99.36	99.42	99.46	99.50
3	34.12	30.81	29.46	28.71	28.24	27.91	27.49	27.05	26.60	26.12
4	21.20	18.00	16.69	15.98	15.52	15.21	14.80	14.37	13.93	13.46
5	16.26	13.27	12.06	11.39	10.97	10.67	10.27	9.89	9.47	9.02
6	13.74	10.92	9.78	9.15	8.75	8.47	8.10	7.72	7.31	6.88
7	12.25	9.55	8.45	7.85	7.46	7.19	6.84	6.47	6.07	5.65
8	11.26	8.65	7.59	7.01	6.63	6.37	6.03	5.67	5.28	4.86
9	10.56	8.02	6.99	6.42	6.06	5.80	5.47	5.11	4.73	4.31
10	10.04	7.56	6.55	5.99	5.64	5.39	5.06	4.71	4.33	3.91
11	9.65	7.20	6.22	5.67	5.32	5.07	4.74	4.40	4.02	3.60
12	9.33	6.93	5.95	5.41	5.06	4.82	4.50	4.16	3.78	3.36
13	9.07	6.70	5.74	5.20	4.86	4.62	4.30	3.96	3.59	3.16
14	8.86	6.51	5.56	5.03	4.69	4.46	4.14	3.80	3.43	3.00
15	8.68	6.36	5.42	4.89	4.56	4.32	4.00	3.67	3.29	2.87
16	8.53	6.23	5.29	4.77	4.44	4.20	3.89	3.55	3.18	2.75
17	8.40	6.11	5.18	4.67	4.34	4.10	3.79	3.45	3.08	2.65
18	8.28	6.01	5.09	4.58	4.25	4.01	3.71	3.37	3.00	2.57
19	8.18	5.93	5.01	4.50	4.17	3.94	3.63	3.30	2.92	2.49
20	8.10	5.85	4.94	4.43	4.10	3.87	3.56	3.23	2.86	2.42
21	8.02	5.78	4.87	4.37	4.04	3.81	3.51	3.17	2.80	2.36
22	7.94	5.72	4.82	4.31	3.99	3.76	3.45	3.12	2.75	2.31
23	7.88	5.66	4.76	4.26	3.94	3.71	3.41	3.07	2.70	2.26
24	7.82	5.61	4.72	4.22	3.90	3.67	3.36	3.03	2.66	2.21
25	7.77	5.57	4.68	4.18	3.86	3.63	3.32	2.99	2.62	2.17
26	7.72	5.53	4.64	4.14	3.82	3.59	3.29	2.96	2.58	2.13
27	7.68	5.49	4.60	4.11	3.78	3.56	3.26	2.93	2.55	2.10
28	7.64	5.45	4.57	4.07	3.75	3.53	3.23	2.90	2.52	2.06
29	7.60	5.42	4.54	4.04	3.73	3.50	3.20	2.87	2.49	2.03
30	7.56	5.39	4.51	4.02	3.70	3.47	3.17	2.84	2.47	2.01
40	7.31	5.18	4.31	3.83	3.51	3.29	2.99	2.66	2.29	1.80
60	7.08	4.98	4.13	3.65	3.34	3.12	2.82	2.50	2.12	1.60
120	6.85	4.79	3.95	3.48	3.17	2.96	2.66	2.34	1.95	1.38
∞	6.64	4.60	3.78	3.32	3.02	2.80	2.51	2.18	1.79	1.00

（续）

$\alpha=0.001$

df_2 \ df_1	1	2	3	4	5	6	8	12	24	∞
1	405 284	500 000	540 379	562 500	576 405	585 937	598 144	610 667	623 497	636 619
2	998.5	999.0	999.2	999.2	999.3	999.3	999.4	999.4	999.5	999.5
3	167.5	148.5	141.1	137.1	134.6	132.8	130.6	128.3	125.9	123.5
4	74.14	61.25	56.18	53.44	51.71	50.53	49.00	47.41	45.77	44.05
5	47.04	36.61	33.20	31.09	29.75	28.84	27.64	26.42	25.14	23.78
6	35.51	27.00	23.70	21.90	20.81	20.03	19.03	17.99	16.89	15.75
7	29.22	21.69	18.77	17.19	16.21	15.52	14.63	13.71	12.73	11.69
8	25.42	18.49	15.83	14.39	13.49	12.86	12.04	11.19	10.30	9.34
9	22.86	16.39	13.90	12.56	11.71	11.13	10.37	9.57	8.72	7.81
10	21.04	14.91	12.55	11.28	10.48	9.92	9.20	8.45	7.64	6.76
11	19.69	13.81	11.56	10.35	9.58	9.05	8.35	7.63	6.85	6.00
12	18.64	12.97	10.80	9.63	8.89	8.38	7.71	7.00	6.25	5.42
13	17.81	12.31	10.21	9.07	8.35	7.86	7.21	6.52	5.78	4.97
14	17.14	11.78	9.73	8.62	7.92	7.43	6.80	6.13	5.41	4.60
15	16.59	11.34	9.34	8.25	7.57	7.09	6.47	5.81	5.10	4.31
16	16.12	10.97	9.00	7.94	7.27	6.81	6.19	5.55	4.85	4.06
17	15.72	10.66	8.73	7.68	7.02	6.56	5.96	5.32	4.63	3.85
18	15.38	10.39	8.49	7.46	6.81	6.35	5.76	5.13	4.45	3.67
19	15.08	10.16	8.28	7.26	6.61	6.18	5.59	4.97	4.29	3.52
20	14.82	9.95	8.10	7.10	6.46	6.02	5.44	4.82	4.15	3.38
21	14.59	9.77	7.94	6.95	6.32	5.88	5.31	4.70	4.03	3.26
22	14.38	9.61	7.80	6.81	6.19	5.76	5.19	4.58	3.92	3.15
23	14.19	9.47	7.67	6.69	6.08	5.65	5.09	4.48	3.82	3.05
24	14.03	9.34	7.55	6.59	5.98	5.55	4.99	4.39	3.74	2.97
25	13.88	9.22	7.45	6.49	5.88	5.46	4.91	4.31	3.66	2.89
26	13.74	9.12	7.36	6.41	5.80	5.38	4.83	4.24	3.59	2.82
27	13.61	9.02	7.27	6.33	5.73	5.31	4.76	4.17	3.52	2.75
28	13.50	8.93	7.19	6.25	5.66	5.24	4.69	4.11	3.46	2.70
29	13.39	8.85	7.12	6.19	5.59	5.18	4.64	4.05	3.41	2.64
30	13.29	8.77	7.05	6.12	5.58	5.12	4.58	4.00	3.36	2.59
40	12.61	8.25	6.60	5.70	5.13	4.73	4.21	3.64	3.01	2.23
60	11.97	7.76	6.17	5.31	4.76	4.37	3.87	3.31	2.69	1.90
120	11.38	7.31	5.79	4.95	4.42	4.04	3.55	3.02	2.40	1.56
∞	10.83	6.91	5.42	4.62	4.10	3.74	3.27	2.74	2.13	1.00

参 考 文 献

[1] 巴比. 社会研究方法：第 14 版 [M]. 邱泽奇，译. 北京：清华大学出版社，2022．

[2] 范伟达，范冰. 社会调查研究方法 [M]. 上海：复旦大学出版社，2010.

[3] 范伟达. 现代社会研究方法 [M]. 上海：复旦大学出版社，2001.

[4] 风笑天. 社会调查中的问卷设计 [M]. 3 版. 北京：中国人民大学出版社，2014.

[5] 风笑天. 社会研究方法 [M]. 6 版. 北京：中国人民大学出版社，2022.

[6] 风笑天. 现代社会调查方法 [M]. 6 版. 武汉：华中科技大学出版社，2021.

[7] 柯惠新，沈浩. 调查研究中的统计分析法·基础篇 [M]. 3 版. 北京：中国传媒大学出版社，2015.

[8] 李静萍. 多元统计分析：原理与基于 SPSS 的应用 [M]. 2 版. 北京：中国人民大学出版社，2015.

[9] 李沛良. 社会研究的统计应用 [M]. 北京：社会科学文献出版社，2002.

[10] 卢淑华. 社会统计学 [M]. 5 版. 北京：北京大学出版社，2021.

[11] 倪雪梅. 精通 SPSS 统计分析 [M]. 北京：清华大学出版社，2010.

[12] 阮桂海. 数据统计与分析：SPSS 应用教程 [M]. 北京：北京大学出版社，2005.

[13] 水延凯. 社会调查案例教程 [M]. 北京：中国人民大学出版社，2008.

[14] 江立华，水延凯. 社会调查教程 [M]. 7 版. 北京：中国人民大学出版社，2018.

[15] 水延凯. 怎样搞好社会调查 [M]. 北京：中国人民大学出版社，2009.

[16] 水延凯. 专题调查及实例评析 [M]. 北京：中国人民大学出版社，2003.

[17] 徐映梅. 市场分析方法 [M]. 北京：中国财政经济出版社，2006.

[18] 薛薇. 基于 SPSS 的数据分析 [M]. 5 版. 北京：中国人民大学出版社，2022.

[19] 袁方. 社会研究方法教程（重排本）[M]. 北京：北京大学出版社，2013.

[20] 约克奇. SPSS 其实很简单：第 3 版 [M]. 胡强，译. 北京：中国人民大学出版社，2019.

[21] 张彦，吴淑凤. 社会调查研究方法 [M]. 上海：上海财经大学出版社，2006.

[22] 赵轶. 市场调查与预测 [M]. 4 版. 北京：清华大学出版社，2020.